10대를
위한
직업의
세계

KB075083

KIASEC

01
실재형(R)

스토리텔링연구소 지음

(주) 삼양미디어

C O N T E N T S

Realistic

01 홀랜드 검사란?

세상에는 수많은 직업이 있고, 사람들은 다양한 직업에 종사하며 살아갑니다. 그런데 직업을 가진 어른들 중에서 자신이 정말 원하는 직업을 갖고 있는 경우는 의외로 드물다고 합니다. 자신의 적성과 능력에 잘 맞는 직업을 선택하여 살아간다면 일이 즐겁고, 능력을 발휘할 기회도 많아져서 삶 자체가 더욱 행복해질 수 있겠지요. 그렇지만 자신의 적성과 흥미에 맞는 직업이 무엇인지 아는 일은 쉽지 않습니다. 이럴 때 적성 검사나 흥미 검사를 활용하면 도움이 됩니다. 이러한 검사를 통해 자신이 좋아하고 관심 있는 것과 잘할 수 있는 것을 알 수 있고, 자신의 성격과 장점을 보다 잘 파악할 수 있습니다.

오늘날 진로와 적성을 탐색하는 검사 방법이 많이 개발되어 있는데, 그 중에서 이 책에 소개하고자 하는 것은 홀랜드 검사 방법입니다.

홀랜드 검사는 미국의 저명한 심리학자 존 홀랜드가 사람의 직업적 성격 이론에 근거하여 만든 진로 및 적성 탐색 검사입니다. 홀랜드 검사에서는 이 세상에 존재하는 모든 직업을 특성이나 종사하는 사람들의 성격에 따라 6개의 유형으로 구분하고 있으며, 6가지 진로 유형을 'RIASEC 유형'이라고 합니다. RIASEC은 R형(Realistic, 실재형), I형(Investigative, 탐구형), A형(Artistic, 예술형), S형(Social, 사회형), E형(Enterprising, 기업형), C형(Conventional, 관습형)의 앞 글자를 딴 용어입니다.

• 존 홀랜드(John L. Holland, 1919~2008) 미국 존스홉킨스 대학 심리학과 명예 교수로서 진로 발달 및 선택 이론인 홀랜드 직업 적성 검사를 개발했습니다. 그가 개발한 '직업적 성격 이론'은 개인의 성격과 직업적 환경과의 상호 연관성에 바탕을 두고 확립되었으며, 이 이론은 현재 전 세계의 진로 발달 및 상담 학계에서 가장 많이 이용되고 있습니다.

그의 저서 〈직업의 선택(Making Vocational Choices)〉은 진로 상담 부문에서 최고의 책으로 인정받고 있으며, 고트프레드슨과 함께 출간한 〈직업 코드 사전(DHOC)〉을 통하여 직업 사전에 있는 거의 모든 직업을 홀랜드 코드화하였습니다. 이러한 공로를 인정받아 1995년 미국 심리학회에서 수여하는 '저명한 학자로서의 학술상'을 받았습니다.

그의 검사 중 특히 홀랜드 SDS(Self Directed Search, 자기 탐색 검사)가 가장 널리 인정받고 있으며, 그 밖에 NEO 청소년 성격 검사, NEO 성인 성격 검사 등도 많이 이용되고 있습니다.

홀랜드 검사의 직업 유형 6가지

홀랜드 검사에서는 6가지 유형을 기본으로 하여 검사 결과에서 가장 많이 나타나는 두 가지 유형을 자신의 성격 유형 및 진로 코드로 정합니다(예 SC형). 왜냐하면 한 사람의 유형을 한 가지 유형으로 단정할 수 없기 때문입니다. 경우에 따라 세 가지 유형을 묶어서 표현할 수도 있습니다(예 SCA형). 검사 결과에서 가장 많은 유형을 제1유형, 그 다음으로 제2유형, 제3유형이 결정됩니다.

• 홀랜드의 RIASEC 유형 모형

실재형 (R)

성격 · 적성 말이 적고 운동을 좋아함 / 신체 활동을 좋아하고 소박하고 솔직함 / 성실하며 기계적 적성이 높음

대표 직업 항공기정비사, 항공기조종사, 비파괴검사원, 조리사, 제과제빵사, 칵테일 조주기능사, 소믈리에, 바리스타, 경찰관, 소방관, 안경사, 응급구조사, 연극영화 및 방송기술감독, 자동차기술자, 전기기술자, 치과기공사, 통신기술사

탐구형 (I)

성격 · 적성 탐구심이 많고 논리적이며 분석적임 / 합리적이며 지적 호기심이 많고 수학적 · 화학적 적성이 높음

대표 직업 미래직업트렌드 연구원, 비파괴검사원, 경영컨설턴트, 경제학 연구원, 마케팅 및 여론조사 전문가, 물리학 연구원, 생물학 연구원, 심리학 연구원, 언어치료사, 의사, 치과의사, 통역가, 화학 연구원

관습형 (C)

성격 · 적성 책임감이 강하고 빈틈이 없음 / 조심성이 있고 변화를 좋아하지 않음 / 계획성이 있으며 사무 능력과 계산 능력이 높음

대표 직업 공무원, 경리사무원, 공인회계사, 관세사, 보험계리사, 비서, 사서, 손해사정사, 안전관리사, 증권분석가, 출납창구사무원, 출판물편집자, 컴퓨터보안전문가(프로그래머), 텔레마케터

기업형 (E)

성격 · 적성 지도력과 설득력이 있음 / 열성적이고 경쟁적이며 이상적임 / 외향적이고 통솔력이 있으며 언어 적성이 높음

대표 직업 검사, 광고기획자, 사업가(CEO), 방송기자, 변호사, 정치가, 영업사원, 외교관, 부동산중개인, 선박항해사, 세무사, 아나운서, 연예인 매니저, 행사기획자, 호텔관리자

예술형 (A)

성격 · 적성 상상력이 풍부하고 감수성이 풍부함 / 자유분방하며 개방적임 / 예술적 소질이 있으며 창의적 적성이 높음

대표 직업 헤어디자이너, 메이크업 아티스트, 피부관리사, 건축설계사, 게임그래픽디자이너, 만화가, 음악가, 방송연출가, 작가, 번역가, 사진기자, 안무가, 영화배우 및 탤런트, 인테리어 디자이너, 일러스트레이터, 카피라이터

사회형 (S)

성격 · 적성 다른 사람에게 친절하고 이해심이 많음 / 남을 잘 도와주고 봉사적임 / 인간관계 능력이 높으며 사람들을 좋아함

대표 직업 경찰, 항공기객실승무원, 이미지컨설턴트, 간호사, 레크레이션 강사, 물리치료사, 미용사, 사회복지사, 상담전문가, 영양사, 유치원 교사, 중고등학교 교사, 직업능력개발훈련 교사

What's your DREAM?

03 홀랜드 검사 영역과 진행 순서

홀랜드 검사는 일선 초등학교와 중·고등학교에서 학교 차원에서 이루어지기도 하고, 지방 자치 단체에서 청소년들을 대상으로 시행하기도 하며, 한국심리적성검사연구소 등 사설 심리연구소에서도 시행하고 있습니다.

홀랜드 검사 영역은 크게 진로 탐색 검사, 적성 탐색 검사, 자기 탐색 검사(SDS)로 나뉩니다. 검사 주최나 기관에 따라 조금씩 차이가 있지만, 검사 질문지의 주요 내용은 활동적 흥미 66문항, 직업적 흥미 84문항, 성격 72문항, 적성 유능감 66문항, 자기 평정 12문항 등으로 구성됩니다. 그 밖에 가치관에 관한 문항이나 진로 코드의 전공 및 직업 찾기 문항은 검사 영역에 따라 문항 수에 차이가 납니다.

• 홀랜드 검사의 진행 순서

1 홀랜드 직업적 성격 유형 6가지, 즉 RIASEC의 '기본적 설명과 직업 예'를 보고 자신이 생각하는 유형의 순위를 매깁니다.

▼

2 자신이 좋아하고 자신에게 잘 맞을 것 같은 학과 및 직업을 〈간편 진로 코드 분류표〉를 이용하여 각각 3개씩 작성합니다.

▼

3 흥미/가치/성격/능력(유능감)/자기 평정 등 스스로 자기를 점검한다는 생각으로 솔직하게 체크합니다.

▼

4 검사 전과 검사 후의 코드를 비교하고, 진로 코드 및 유형 간의 일치도/변별도/일관도를 알아보고, 검사 후 밝혀진 객관적인 자기 유형을 알아봅니다.

▼

5 RIASEC 유형에 대해 진행자의 설명을 듣고 이해합니다. 이때 진행자는 '가치관 검사'를 병행할 수도 있습니다.

▼

6 간편 진로 코드 분류표를 보고, 자신이 좋아하고 관심이 많이 가는 직업(자신의 진로 코드를 기준으로)을 20여 개 정도 알아봅니다.

▼

7 진행자는 〈직업 정보 시스템〉과 〈직업 사전〉을 통해 직업 정보를 찾아보도록 합니다.

04 홀랜드 검사의 결과 활용

홀랜드 검사 결과로 나온 각 유형별 성격 및 특징, 직업 활동 선호도, 적성 유능감* 및 대표 직업은 다음과 같습니다.

유형	실재형(R형)	탐구형(I형)	예술형(A형)
성격 및 특징	• 남성적이고 솔직하며, 성실하고 검소하다. • 지구력이 있고, 신체적으로 건강하며, 소박하다. • 말수가 적으며 고집이 있고, 직선적이며 단순하다.	• 탐구심이 많고 논리적·분석적·합리적이다. • 정확하고 지적 호기심이 많으며, 비판적이다. • 내성적이고 수줍음을 잘 타며, 신중하다.	• 상상력과 감수성이 풍부하다. • 자유 분방하며 개방적이다. • 감정이 풍부하고 독창적이며, 개성이 강하다. • 협동성이 떨어진다.
직업 활동 선호도	• 분명하고 질서 정연하며, 체계적인 조작을 주로 하는 기술을 좋아한다. • 교육적이거나 치료적 활동은 좋아하지 않는다.	• 물리적·생물학적·문화적 현상의 창조적 활동에 흥미를 보인다. • 사회적이고 반복적인 활동에는 관심이 떨어진다.	• 변화와 다양성을 좋아한다. • 체계적이고 구조화된 활동에는 흥미가 없다.
적성 유능감	• 기계를 다루는 능력과 운동 능력은 있으나 대인 관계 능력은 부족하다.	• 연구 능력이 높다. • 학구적이며, 지적인 자부심이 있다. • 수학적·과학적 능력은 높으나 지도력이나 설득력은 부족하다.	• 미술적·음악적 능력은 있으나, 사무적 기술은 부족하다. • 상징적·자유적·비체계적인 능력은 있으나 체계적·순서적인 능력은 부족하다.
대표 직업	엔지니어, 운동선수, 농부, 요리사, 군인, 항공기 조종사, 항공기 정비사, 전기 기계 기사 등	과학자, 의사, 심리학자, 수학자, 교수, 인류학자, 지질학자, 의료기술자 등	음악가, 작가, 건축가, 방송연출가, 만화가, 무대감독, 배우, 미술가, 무용가, 디자이너 등

* **유능감** 개인이 감각과 운동 능력을 사용하고 발전시키려는 강한 내적 경향성

사회형(S형)	기업형(E형)	관습형(C형)
• 사람들을 좋아하고, 사람들과 어울리는 것을 즐겨한다. • 친절하고 이해심이 많으며, 남을 잘 도와주고, 봉사 정신이 강하다. • 감정적이고 이상주의적이다.	• 지배적이고 통솔력과 지도력이 있다. • 말을 잘하고 설득력이 있다. • 경쟁적이고 야심이 많다. • 외향적이고 낙관적이며, 열성적이다.	• 정확하고 빈틈이 없다. • 조심성이 있으며, 세밀하고 계획성이 있다. • 변화를 좋아하지 않으며 완고하다. • 책임감이 강하다.
• 타인의 문제를 듣고 이해하는 데 흥미를 보이지만, 질서 정연하고 체계적 활동에는 흥미가 없다.	• 조직의 목적과 경제적 이익을 얻기 위해 타인을 이끌고 통제하는 것을 좋아한다. • 권위를 얻거나 남에게 인정받는 활동을 좋아한다. • 관찰적·체계적 활동에는 흥미가 없다.	• 정해진 원칙과 계획에 따라 자료를 정리·조작하는 일을 좋아한다. • 창의적·자율적·모험적인 활동에는 혼란을 느낀다.
• 사회적·교육적 지도력과 대인 관계 능력은 있으나, 기계를 다루는 능력과 과학적 능력은 부족하다.	• 적극적이고 사회적이다. • 지도력과 언어 능력은 있으나 과학적인 능력은 부족하다. • 대인 관계 능력과 남을 설득하는 능력은 있으나 체계적 능력은 부족하다.	• 사무적이며 계산적이다. • 회계 정리 능력은 있지만 예술적인 면이나 상상하는 능력은 부족한 편이다. • 체계성·정확성은 있으나 탐구적·독창적 능력은 부족하다.
교육자, 사회복지사, 경찰, 항공기 객실승무원, 간호사, 종교지도자, 상담사, 임상치료사, 언어치료사 등	사업가(CEO), 정치가, 변호사, 영업사원, 외교관, 관리자 등	공인회계사, 행정공무원, 비서, 은행원, 컴퓨터보안전문가(프로그래머), 경제분석가, 세무사, 경리사원, 감사원, 안전관리사, 사서, 법무사 등

　홀랜드 검사를 통해 자신의 적성과 흥미를 파악한 후, 미래에 종사하고 싶은 직업을 정했다면 이제 목표를 이루기 위해 꾸준히 노력해야 합니다. 이렇게 하고 싶은 일을 일찍 준비하여 능력을 가꾸어 나간다면 꿈을 이루는 순간이 더욱 빨리 찾아올 것입니다.

요리사
실재형

R

COOK

요리사(실재형)

최근 텔레비전에서 요리 프로그램이 자주 방영되고, 요리를 소재로 한 드라마도 많이 제작되고 있습니다. 하얀 가운과 모자를 착용한 잘생긴 요리사가 방송에 등장하여 현란한 칼질을 선보이고 마치 묘기를 부리듯 프라이팬을 돌리곤 합니다. 그리고 완성된 예술 같은 요리들! 장래 직업으로 요리사를 꿈꾸기에 충분한 장면들입니다. 이러한 영향으로 요리사를 꿈꾸는 청소년들이 점점 늘어나고 있습니다.

01 요리사 이야기

1 요리사란?

요리사는 호텔이나 식당에서 손님이 원하는 음식을 만들어 제공하는 일을 합니다. 맛있는 요리를 만들기 위해서는 무엇보다 신선한 재료를 구입하는 것이 가장 중요합니다. 그 다음으로 적정한 조리 기구와 알맞은 조리법을 사용하여 음식을 만드는데, 이때 영양소의 손실을 최소화하면서도 특유의 맛을 살려야 합니다.

호텔이나 규모가 큰 식당에서는 주방을 총괄하고 책임지는 주방장이 있고, 그 밑에 여러 명의 요리사가 있습니다. 요리사들은 주방장의 지시에 따라 자신이 맡은 분야의 업무를 행합니다.

2 요리사의 종류

Tip

복어에는 인체에 유해한 '테트로도톡신'이라는 독소가 들어 있기 때문에 복어를 전문적으로 요리하기 위해서는 반드시 복어조리사 자격증을 따야 합니다.

요리사는 전문 분야에 따라 한식, 양식, 중식, 일식 요리사 등으로 나뉘고, 복어 조리사도 전문 분야로 인정됩니다. 그 밖에 제빵사(파티시에), 바리스타, 조주사(바텐더), 소믈리에 등도 요리사에 포함시킬 수 있습니다.

한식 요리사는 밥을 기본으로 하여 국과 찌개 위주의 국물 요리와 찜, 조림, 무침 등 다양한 조리법으로 한식을 요리합니다. 양식 요리사는 주로 육류, 향신료 등을 이용하여 스테이크, 파스타, 샐러드 등의 서양 요리를 만듭니다. 요즘엔 양식 조리법을 응용하여 한국인의 입맛에 맞는 퓨전 요리를 선보이기도 하고, 그것이 사람들의 인기를 끌기도 합니다. 중식 요리사는 중국의 베이징(北京), 상하이(上海), 광둥(廣東), 쓰촨(四川) 요리를 기본으로 자장면, 탕수육 등 센 불에서 단시간 내에 조리하는 음식을 주로 만듭니다. 일식 요리사는 날생선을 이용한 회, 초밥 등을 주로 요리하며, 식당에 따라 고객과 대화하며 고객이 원하는 요리를 바로바로 만들어 주기도 합니다.

한식, 양식, 중식, 일식 이외에 각종 면류, 김밥, 샌드위치, 튀김 등의 분식을 만드는 요리사도 있고, 터키나 멕시코, 인도 등의 전통 요리를 전문적으로 만드는 요리사도 있습니다.

그 밖에 돌잔치, 생일잔치, 집들이 등 음식 접대가 필요한 곳에 가서 의뢰자가 요구한 음식을 요리해 주거나 적합한 요리를 추천해 만들어 주는 출장 요리사도 있습니다.

병원에서 근무하는 주방장 및 조리사는 영양사가 작성한 식단표에 따라 조리할 식품을 다듬고 씻어 준비한 뒤 일반 환자식과 치료식으로 구분하여 적절한 조리법에 따라 음식을 만듭니다.

그리고 빵과 과자를 만드는 제과·제빵사(파티시에), 커피 전문점에서 커피를 추출하는 바리스타, 손님의 주문에 따라 각종 알코올 음료나 비알코올 음료를 만드는 조주사(바텐더), 와인을 취급하는 레스토랑이나 바에서 와인의 구입과 보관을 책임지고 고객에게 적합한 와인을 추천하여 와인 선택에 도움을 주는 소믈리에도 넓은 의미에서 요리사에 포함됩니다.

3 요리사의 근무 환경

요리사는 위생과 청결을 위해 보통 하얀 가운과 모자를 착용합니다. 많은 사람을 대상으로 음식을 만드는 일을 하므로 조리 시설과 기구를 위생적으로 관리하고 유지하는 일에 각별히 신경을 써야 합니다.

요리사의 출퇴근 시간은 근무하는 곳에 따라 차이가 있습니다. 아침 식사를 판매하지 않는 식당은 출근 시간이 다소 늦은 대신 밤늦게까지 근무합니다. 호텔이나 규모가 큰 음식점은 보통 아침부터 저녁까지 2교대 혹은 3교대로 근무하여 근무 시간이 규칙적인 편입니다.

그런데 요리사들은 식사 시간대에 가장 바쁘게 일하는 탓에 정작 본인의 식사 시간은 매우 불규칙할 수 있습니다. 또한 조리 과정에서 화상을 입거나 칼에 상처를 입을 수도 있습니다.

4 요리사의 직급

호텔이나 대형 음식점의 요리사들은 직급이 있습니다. 주로 주방장(executive chef, head cook), 부주방장(sous-chef), 퍼스트 쿡(first cook), 세컨드 쿡(second cook), 쿡 헬퍼(cook helper) 등으로 나뉩니다.

15

Tip_____.

호텔 주방의 가장 큰 장점은 다양한 식자재로 메뉴를 만들고 각기 다른 맛을 경험할 수 있다는 점입니다. 또 다양하고 예술적인 프레젠테이션(메뉴 세팅)이 가능합니다. 게다가 자동 슬라이스 기기가 갖춰져 있어 칼질을 직접 할 필요가 없고 빠른 시간 안에 요리를 할 수 있습니다.

주방장은 주방의 총지휘자이자 책임자로 인원 관리, 매출 관리, 행정, 시설 유지 등을 책임집니다. 뛰어난 경영 감각이 필요하고, 부하 조리사들의 업무를 적절히 분배하여 주방을 조화롭고 짜임새 있게 운영해야 하지요. 그 밖에 정기적인 메뉴 개발, 스페셜 요리나 계절 요리 등 신상품을 개발하는 데도 신경 써야 합니다.

부주방장은 주방장을 보좌하고 현장에서 주방 인원을 감독하는 일을 합니다. 주방장을 대신하여 기능적인 면, 실무적인 일을 주로 담당합니다. 즉 완성된 요리 체크, 부서 간 유기적인 협조 도모, 주방 기기 및 기물 청소, 주방 창고 관리, 조리사들의 연장·휴일·야근 수당 등을 주방장에게 보고하기도 합니다.

퍼스트 쿡은 각 부서의 조장으로서 요리 실무 면에서 뛰어난 능력을 갖추고 있습니다. 즉 조리장, 전문 조리사로 불리며 업무 노하우를 가장 많이 알고 있습니다. 또한 중간 관리자로서 주방 내의 사항을 주방장에게 보고하는 1차 보고자이며, 주방장이나 부주방장의 유고나 부재 시 업무를 대행합니다.

세컨드 쿡은 퍼스트 쿡을 보좌하고 기능상 실무 경력이 풍부하여 부하 조리사들을 가르치고 조리의 중요 업무를 수행합니다. 식재료의 상태와 재고량을 파악하고 필요한 식재료를 신청하며 담당 부서의 베이

스 요리를 준비하기도 합니다.

쿡 헬퍼는 주방 청소 및 생식품 조리 과정을 담당합니다. 선배들로부터 업무를 배우면서 기초 식재료를 정리하고, 주방 청소를 담당합니다.

5 훌륭한 요리사가 되려면

1) 초보 요리사의 자세

훌륭한 요리사가 되기 위해서는 무엇보다 튼튼하고 건강한 체력이 뒷받침되어야 합니다. 요리사는 하루 종일 서서 일합니다. 거기다 식재료를 담은 무거운 박스를 나르거나 육중한 프라이팬을 드는 등 힘든 육체노동을 많이 합니다. 따라서 규칙적인 운동을 통해 체력을 단련해야 하고, 운동할 시간을 내기 어렵다면 일하는 틈틈이 스트레칭을 해 주어야 합니다. 퇴근하여 집에 돌아오면 뜨거운 물로 발을 찜질하여 피로를 푸는 등 건강 관리에 신경 써야 합니다.

두 번째는 재료를 고르는 안목을 길러야 합니다. 음식 맛의 기본은 질 좋은 재료에 있습니다. 그런데 재료의 성분이나 맛은 계절이나 날씨에 따라 달라지므로 싱싱하고 알찬 재료를 고르기 위해 끊임없이 노력해야 합니다.

세 번째는 메모하는 습관을 가져야 합니다. 초보 요리사의 기본은 배우는 자세입니다. 자신이 '완벽하지 않다'는 것을 전제로 선배들에게 끊임없이 묻고, 알게 된 내용을 메모해 두었다가 복습하여 자신의 것으로 만들어야 합니다. 선배들도 적극적이고 긍정적인 후배에게 하나라도 더 가르쳐 주고 싶을 것입니다.

네 번째는 인내심을 가져야 합니다. 단기간에 유명한 요리사가 되려는 성급함을 버리고 매일매일 조금씩 알아 가려는 자세를 가져야 합니다. 인내와 노력 없이 저절로 요리사가 될 것이라 기대하는 사람들에겐 기회가 없습니다.

2) 최고의 요리사가 되기 위한 조건

이제 초보 요리사라는 딱지를 떼고, 요리사로서 실력도 인정받고 자신감도 생겼습니다. 그러나 최고의 요리사가 되려면 여기서 멈춰선 안 됩니다. 여태껏 하던 대로 그냥 하면 되겠지 하는 안일한 자세로는 승산이 없습니다. 새로운 시도를 하고 지속적으로 노력해야 합니다. 그러기 위해서는 다음의 다섯 가지를 명심해야 합니다.

1	고객의 입맛에 맞는 음식을 최대한 이끌어 내야 합니다. 그러기 위해서는 대충. 적당히 넘어가지 않는 장인 정신이 필요합니다.
2	요리는 한 사람이 만드는 것이 아니라 여러 사람이 협력해 만드는 종합 예술체인 만큼 주방에서 혼자 잘나고 잘하는 독불장군이 되어서는 안 됩니다.
3	예술적인 감각이 필요합니다. 현대의 요리는 맛뿐만 아니라 시각적인 요소도 중요합니다. 미적인 감각을 타고나지 않았더라도 노력으로 보완할 수 있습니다.
4	요리사라는 직업을 자랑스럽게 여기는 직업의식이 필요합니다. 자신의 요리를 찾는 사람들의 건강을 위해 음식을 만든다는 자부심을 갖고 음식 맛은 정성이 70%라는 말을 늘 가슴에 새겨야 합니다.
5	시간이 있을 때마다 맛있다고 소문난 음식점을 돌아다니며 맛을 보는 노력이 필요합니다. 그러면서 '어떻게 만들었을까?' 하는 질문을 던지며 스스로 연구하는 자세를 지녀야 합니다.

6 직업 전망

　최근 생활 수준이 높아지고 여성의 사회 활동이 증가하면서 가족 단위의 외식 문화가 발전하고 있으며, 패밀리 레스토랑이나 외국 요리 전문점도 급속히 늘어나고 있습니다. 이러한 외식 산업과 호텔 산업의 발달로 전문적인 기능과 관리 능력을 겸비한 요리사가 많이 필요해지고 있습니다.

　또한 웰빙 문화의 확산과 한류 열풍 등으로 전통 음식에 대한 관심이 높아지고 있고, 이로 인해 정부에서도 전통 음식 조리법 표준화를 비롯해 전통 음식 육성 정책을 추진하고 있어 향후 한식을 비롯한 전통 음식 분야의 조리사 수요가 늘어날 것으로 예상됩니다.

　초보 요리사들이 가장 가고 싶어 하는 곳은 단연 호텔입니다. 근무 조건이 양호하고 연봉이 높기 때문입니다. 그렇지만 호텔에 취업하지 못했다고 해서 실망할 필요는 없습니다. 호텔 외에도 외식 사업체, 식품 연구소, 외식 산업 관련 컨설팅 회사, 조리 기능 교사, 조리 관련 실업계 고등학교 교사, 직업 훈련 조리 관련 강사, 단체 급식 업체 등 다양한 분야로의 진출이 가능합니다. 따라서 요리사의 미래는 밝다고 할 수 있습니다.

7 요리의 새로운 흐름, 퓨전 요리

요즘 퓨전(fusion)이라는 말이 유행입니다. '퓨전'은 라틴어의 'fuse(섞다)'에서 유래한 말로, 어원적으로는 '이질적인 것들의 뒤섞임, 조합, 조화'를 뜻합니다. 퓨전은 예술의 각 장르들이 기존의 고유함을 해체하고 다른 것과 합쳐지면서 대안을 모색하는 예술의 한 경향입니다. 따라서 퓨전 문화에서는 일상의 고정 관념이나 틀은 과감히 제거되고 새로운 어울림의 문화가 나타납니다. 대중문화의 획일성에 식상해 있는 현대인의 감성을 자극하여 크게 유행되고 있는 추세이지요.

퓨전은 50과 50을 섞어 100을 만드는 게 아니라 100과 100을 섞어 200을 만드는 것으로, 이런 현상은 요리에서 특히 두드러집니다. 우리가 즐겨 먹는 자장면이나 짬뽕도 퓨전 요리로 봐야 합니다. 특히 짬뽕은 중국 사람들이 일본 땅에서 만들어 일본 사람들에게 판매한 요리입니다. 그것이 일제 강점기에 우리나라에 들어와 매운 맛이 더해졌고, 지금은 일본인들보다 우리나라 사람들이 훨씬 즐겨 먹는 요리가 되었습니다. 짬뽕 한 그릇에 한·중·일 3국이 다 얽혀 있는 셈이지요.

최근 젊은 층을 중심으로 서양 조리 기법과 동양 조리 기법의 장점만을 추출해 서로 잘 어울리게 새로운 맛을 만들어 내는 퓨전 요리에 대한 수요가 높아짐에 따라 한식, 양식, 일식 등 여러 분야의 전문적인 조리 능력을 갖춘 조리사에 대한 수요가 증가할 것으로 보입니다.

퓨전 요리를 성공적으로 만들려면 한식, 양식, 중식, 일식 중 하나는 자신의 영역이 확고하게 있어야 합니다. 그래야 그것을 바탕으로 다른 요리와 융합할 수 있습니다.

19

02 세계의 요리사를 찾아서

1 한식 요리사

한식은 우리나라에서 나는 재료로 만든, 우리나라 사람들이 즐겨 먹는 음식입니다. 한정식이라고도 하는데, 한정식은 흔히 궁중 음식을 가리킵니다. 한식은 특별히 가리는 것 없이 모든 재료를 다 사용하고, 절이는 음식과 발효 음식이 많으며, 한 상에 모든 요리를 올려놓고 한꺼번에 먹는 특징이 있습니다.

한식의 핵심은 발효입니다. 김치, 된장, 간장, 젓갈 등의 발효 식품을 직접 먹기도 하고, 찌개를 끓일 때나 나물을 무칠 때 넣기도 합니다. 발효를 시키는 데는 시간과 정성이 필요합니다. 날씨를 감안하고 계절을 섬세하게 고려해야 제맛이 납니다.

음식만 발효 과정을 거치는 것이 아니라 한식을 만드는 방법을 배우는 데도 발효 과정을 거쳐야 합니다. 즉 끈기를 가지고 배워야 합니다. 또한 맛을 내기 위해 설탕이나 간장 등 조미료를 많이 넣으면 안 됩니다. 맛있는 음식은 각 재료의 맛이 조화를 이루며 살아 있어야 합니다. 한식을 담아내는 그릇은 도자기나 유기를 사용합니다.

> **Tip**
>
> 한식은 조리 과정을 표준화, 계량화하기 어려운데, 그 까닭은 같은 재료도 해마다 계절마다 그 맛이 다르기 때문입니다. 이것이 한식을 만드는 데 있어 어려움이자 매력이라 할 수 있습니다.

2 양식 요리사

양식은 눈, 코, 입을 다 만족시키는 어우러짐을 중요시합니다. 양식의 대표적인 쌍두마차는 이탈리아 요리와 프랑스 요리입니다. 그런데 프랑스 요리는 이탈리아 공주가 프랑스로 시집가면서 데려간 요리사의 영향으로 완성된 만큼 두 나라의 요리는 비슷한 점이 많습니다. 굳이 특징을 따지면 이탈리아 요리가 창의적인 면을 중시한다면, 프랑스 요리는 기술적인 면을 좀 더 중시한다고 말할 수 있습니다.

우리나라에는 프랑스 요리보다 이탈리아 요리가 더 잘 알려져 있고, 많은 사람들이 이탈리아 요리를 즐겨 먹고 있습니다. 따라서 이탈리아 식당이 프랑스 식당보다 압도적으로 많고, 요리사 역시 프랑스 요리사보다 이탈리아 요리사가 훨씬 많습니다.

1) 이탈리아 요리사

반도에 위치한 이탈리아에는 해산물, 육류, 채소를 활용한 무척 다양한 요리가 존재합니다. 특히 피자와 파스타는 세계인의 입맛에 보편적으로 어울리며, 우리나라 사람들도 즐겨 먹고 있습니다.

이탈리아 요리에는 몸에 좋은 토마토가 많이 쓰이고, 서양 요리에 많이 들어가는 치즈는 물론 우리나라처럼 마늘과 고추를 즐겨 쓰기도 합니다.

이탈리아 사람들은 한 끼를 먹어도 잘 차려 먹으려 애씁니다. 패스트푸드로 간단히 때우는 걸 싫어하며, 코스 요리를 즐깁니다. 이탈리아의 코스 요리를 소개하면 다음과 같습니다.

1. 아페르티보 식사 전에 먹는 간단한 음식과 음료수
2. 안티 파스토 주 요리를 먹기 전에 입맛을 돋우기 위한 것으로, 채소와 과일을 주재료로 하여 화려하게 꾸민 간편한 요리
3. 프리모 피아토 첫 번째 주 요리로 파스타나 리소토, 피자가 있음
4. 세콘도 피아토 두 번째 주 요리로 생선과 고기로 조리한 음식
5. 돌체 '달콤한 후식'이란 뜻으로 케이크나 과일, 아이스크림이 나옴
6. 카페 음식을 다 먹고 나서 마시는 차. 주로 에스프레소 같은 진한 커피가 나옴

창의성이 중시되는 이탈리아 음식의 특성상 이탈리아 요리사들은 주방에 머물지 않고 다방면의 독서나 영화 감상, 여행, 사람들과의 대화

를 통해 사고의 폭을 넓히기 위해 노력합니다. 또한 맛있는 음식점에 직접 찾아가 먹어 보면서 '이걸 어떻게 만들었을까?' 고민하고 연구합니다.

2) 프랑스 요리사

프랑스 요리는 이탈리아 요리의 영향을 받아 발달하였는데, 초기에는 왕과 귀족의 전유물이었습니다. 그 후 프랑스 혁명을 거치고 나폴레옹이 집권하면서 요리사 길드(노동조합)가 만들어졌습니다. 또한 이 시기에 프랑스 요리의 계량법이 체계화되어 대중에게 널리 퍼졌고, 요리사들이 대도시에 레스토랑을 열게 되었습니다.

프랑스 요리는 육류, 생선, 채소를 주 재료로 하여 버터, 달걀, 양념, 향신료를 더해 정교한 수법으로 요리합니다. 소스가 매우 발달해 있고, 소스를 변화시켜 다양한 메뉴를 개발합니다.

식사할 때는 와인이 곁들여지는데, 육류 요리에는 레드 와인, 생선 요리에는 화이트 와인을 마시면서 식사합니다. 정찬(dinner)은 코스에 따라 진행되는데, 오르되브르, 수프, 생선 요리, 고기 요리(수육과 닭고기), 채소 요리, 디저트, 과일, 커피의 순서로 나옵니다. 가정 요리나 일상식의 경우는 정찬의 약식이 됩니다.

프랑스 요리사들은 요리를 예술이라고 생각합니다. 또한 중식, 일식, 인도의 카레 등 다른 나라의 요리를 받아들이고 응용하여 프랑스인들의 입맛에 맞는 새로운 요리를 만들어 내기도 합니다.

3 중식 요리사

중국요리는 재료와 요리법의 다양성 측면에서 세계 최고입니다. 영토가 넓고 인구가 많은 만큼 네 발 달린 것 중에서 탁자 빼고 다 먹고, 날아다니는 것 중에서 비행기 빼고 다 먹는다는 우스갯소리가 있을 정도로 다양한 재료를 활용하며 음식의 종류 또한 많습니다.

우리나라의 중식은 중국에서는 거의 찾아보기 힘든 한국화한 요리입니다. 중국에는 우리나라와 같은 자장면도 짬뽕도 없습니다. 우리나라의 중식은 튀기고 볶는 것이 대부분이지만, 실제로 중국에서는 찌고 삶는 요리가 많습니다.

　중식은 크게 산둥식, 광둥식, 쓰촨식의 세 종류로 나누거나 산둥식을 베이징식과 상하이식으로 분류하여 베이징식, 상하이식, 광둥식, 쓰촨식의 네 종류로 나누기도 합니다. 여기서는 네 종류로 분류하였는데, 다음과 같이 네 종류의 요리는 재료와 조리법이 완전히 다른 모습을 보입니다.

베이징 요리 **(황허 유역)**	튀김과 볶음 등 맛이 진하고 기름진 요리가 발달해 있습니다. 베이징 덕(베이징 오리 요리)이 유명합니다. 또 황허 유역에서 밀이 많이 생산되어 국수, 만두 등 밀가루 음식을 즐겨 먹습니다. 우리나라 중화요리 식당의 대부분은 베이징식 조리법을 따른 것입니다.
상하이 요리 **(양쯔강 유역)**	상하이는 바다와 가까워 해산물 요리가 많습니다. 또한 간장과 설탕을 많이 써서 진한 단맛이 특징입니다. 일찍부터 문화가 발달했던 이 지역의 음식은 색이 화려하고 선명한 것이 자랑입니다.
광둥 요리 **(남부 연안 지방)**	일찍이 서양과의 교류가 많아 국제적인 맛을 자랑합니다. 자연의 맛을 살리는 담백한 맛이 특징으로, 간을 싱겁게 하고 기름도 적게 써서 중국요리 중 가장 보편적인 맛을 내 세계인들의 입맛에 잘 맞습니다. 한 입 크기로 만든 중국 만두 딤섬도 광둥 요리입니다.
쓰촨 요리 **(서부 대분지)**	향신료를 많이 쓴 요리가 발달했습니다. 추운 날씨를 이기기 위해 마늘, 파, 고추 등을 사용한 매운 요리가 많은데, 그중 마파두부가 우리나라에 잘 알려져 있습니다.

중식 요리사가 되기 위해서는 프라이팬을 닦는 것에서부터 양파 껍질 벗기기, 뜨겁고 위험한 불 다루기 등을 몇 년 동안 쉴 새 없이 훈련해야 합니다. 중식용 프라이팬은 전 세계 어느 프라이팬보다도 크고 무겁습니다. 따라서 중식 요리사로 입문했다면 처음 몇 달 간은 팔목에 파스를 붙일 각오를 해야 합니다. 이렇게 초보 시절에 프라이팬을 닦으면서 팔에 힘과 근육을 길러 두면, 나중에 정식 요리사가 되어 불 위에서 무거운 프라이팬을 자유자재로 돌릴 수 있게 됩니다.

중국은 오랜 역사와 드넓은 땅, 많은 인구를 가진 나라답게 중식 역시 흥미로운 사연을 담고 있는 요리가 많습니다. 중국요리와 친해지려면 중국 음식 속에 담긴 역사와 문화를 이해하는 것도 중요합니다.

4 일식 요리사

일식은 한식과 비슷한 점이 많지만 매운 요리가 거의 없고, 간장과 맛술, 가다랑어포 등으로 맛을 내는 것이 특징입니다. 최소한의 양념으로 신선한 재료 본연의 맛을 살려 맛이 담백합니다.

일식집에서 가장 인기 있는 메뉴는 생선회(사시미)와 초밥(스시)입니다. 생선회를 만드는 데는 칼 기술과 손 기술이 중요하므로 일식 요리사는 항상 칼날을 잘 다듬어 두고, 길이 잘 든 도마를 준비합니다.

맛있는 초밥을 위해서는 밥을 짓는 기술도 중요합니다. 다시마, 술, 찹쌀 등을 살짝 우려낸 물로 밥을 짓고 뜸을 들입니다. 밥이 다 되면 밥알이 뭉개지지 않도록 조심스럽게 헤쳐 김을 빼야 합니다. 그리고 초밥용 초를 살짝 섞은 뒤, 마르지 않도록 초밥 통에 잘 보관해 둡니다. 초밥은 사람의 체온과 비슷한 37C° 정도일 때 제맛이 나며, 방금 만든 것일수록 맛이 있습니다.

일식 요리사는 날생선을 많이 다루므로 깨끗한 환경과 위생에 무엇보다 신경 써야 합니다. 더구나 일식집은 손님과의 거리가 매우 가까운 경우가 많기 때문에 조리 도구가 손님 눈에 쉽게 띌 수 있습니다. 손님 가까이에서 초밥을 만들 때는 하나를 만들 때마다 손을 씻고, 도마를 행주로 닦아야 합니다.

이처럼 손님과 가까이 있는 곳에서 요리하는 것이 부담스러울 수 있습니다. 그러나 자신이 만든 음식이 맛있다는 칭찬을 바로바로 들을 수 있고, 일부 미식가들은 음식에 관한 조언도 해 주어 실력 향상에도 도움이 됩니다. 반면, 까다롭거나 거만한 손님을 상대할 때는 화를 꾹꾹 눌러야 합니다.

5 제과 · 제빵사(파티시에)

원래 빵을 만드는 제빵사를 블랑제, 과자를 만드는 사람을 파티시에라고 하는데, 우리나라에서는 제과 · 제빵사를 통틀어 파티시에라고 부릅니다.

초보 제빵사는 4개월 동안 제과 · 제빵 훈련을 받고, 밀가루, 설탕, 우유, 효모, 버터 같은 중요한 재료부터 체계적으로 공부합니다. 그 후 2개월 동안 제과점으로 실습을 나가 실제 경험을 쌓지요. 훈련원을 졸업할 때까지 100여 가지 반죽으로 다양한 종류의 빵, 과자, 케이크를 구워 봐야 합니다. 아무리 완벽한 조리법을 써도 계량(재료의 분량이나 무게를 잼)이 틀리면 제대로 된 빵을 만들 수 없습니다. 특히 물이나 우유, 생크림 같은 액체는 실수하기가 더 쉽습니다. 따라서 재료의 계량은 제빵의 생명이라 할 수 있습니다.

6 바리스타

'바리스타'는 '바(bar) 안에 있는 사람'이란 뜻의 이탈리아어에서 유래한 말로 바에서 에스프레소 커피를 기본

으로 하는 음료를 만드는 일을 합니다. 우리나라에서는 커피를 추출하는 사람을 총칭하여 쓰이고 있습니다.

바리스타가 되는 데 학력 제한은 없지만 정규 대학 과정을 통해서 보다 전문적인 바리스타 교육을 받고 싶다면 몇몇 대학의 바리스타 관련 학과에 진학하면 됩니다. 바리스타에 관한 국가 공인 자격증은 없지만, 민간협회에서 주관하는 1·2급 바리스타 자격증이 있습니다. 그리고 요즘 추세가 케이크나 와플 등 디저트를 포함한 커피 문화에 대한 관심이 커지고 있으므로, 베이킹 기술을 익혀 두면 훗날 자신의 가게를 창업할 때 도움이 됩니다.

7 바텐더(조주사)

바텐더는 고객의 주문에 따라 각종 알코올 음료 및 비알코올 음료를 만들어 제공하는 일을 합니다. 16세기경 영국에서 주류 판매를 전문으로 하는 상점이 생겼는데, 이 상점에서 술이나 음식을 제공하는 카운터를 바(bar)라고 일컬었으며, 바 안에서 일하는 사람을 바텐더라고 불렀습니다. 그 후 미국에서 칵테일이 보급됨에 따라 칵테일 제조 기술자를 바텐더로 지칭하게 되었습니다.

바텐더는 고객의 취향에 맞는 칵테일을 서비스하기 위하여 알코올의 농도, 맛, 향이 각기 다른 알코올성 음료와 청량음료, 기타 부재료를 적당한 비율로 혼합하여 맛을 냅니다. 생과일, 올리브 등을 잔 위에 걸쳐 시각적인 장식 효과를 내거나 칵테일을 만들 때 화려한 기술을 선보이며 셰이커를 흔드는 등 고객에게 볼거리도 제공합니다.

외식업체나 전문 바에서 바텐더로 일하기 위해서는 다재다능한 개인

기를 익혀 두는 것이 좋습니다. 술병을 잡고, 던지고, 치고, 받는 등의 기술은 물론 마술이나 춤 등 엔터테이너적인 기술을 가지고 있다면 더욱 유리합니다. 직접 바를 운영할 경우 경제학 공부도 필요하고, 고객과의 대화에 응하기 위해 평소 시사 상식과 같은 교양을 쌓아 두는 것이 필요합니다. 이 밖에 호텔이나 고급 레스토랑의 바텐더로 일하면 외국인 고객과 접할 기회가 많으므로 외국어 공부를 해 두는 것이 좋습니다.

8 소믈리에

호텔, 레스토랑, 와인바 등에서 와인을 전문적으로 관리하고 추천하는 직업이나 그 일을 하는 사람을 말합니다. 중세 유럽, 식품 보관을 담당하던 솜(somme)이라는 직책에서 유래했습니다. 소믈리에는 고객의 입맛에 맞는 와인을 골라 주고, 식사와 어울리는 와인을 추천해야 하므로 각종 와인의 종류와 맛을 잘 알아야 합니다. 이를 위해 와인의 원산지, 숙성 방법, 수확 연도 등 와인의 특징에 대한 풍부한 지식을 갖추고 있어야 합니다.

최근에는 바텐더로 활동하다가 소믈리에로 전향하여 활동하는 경우도 늘고 있습니다. 국내에서 취득할 수 있는 공인 자격증은 없지만, 소믈리에로서의 자질을 평가하는 소믈리에 대회가 있습니다. 이 대회는 라벨을 보지 않고 와인의 특징을 맞추는 블라인드 테스팅, 음식과의 조화, 와인의 찌꺼기를 거르기 위해 다른 병에 옮겨 담는 디켄딩 등을 평가하는 자리로, 우승하면 해외 연수의 기회와 명예가 주어집니다.

03 책과 영화 속에서 만나는 요리사

1 관련 책

1) 〈요리사가 말하는 요리사〉 강병택 외 지음, 부키, 2006

다양한 요리 전문가들이 직접 말하는 요리사들의 세계를 알 수 있는 책입니다. 한식, 일식, 중식, 양식, 제과ㆍ제빵사 등 다양한 요리 전문가들이 자신들의 생생한 경험담과 맛있는 요리를 하는 방법, 메뉴 개발

에 이르기까지 다양한 이야기를 풀어내고 있습니다. 거기다 요리사들의 독특한 문화도 소개하고 있습니다.

2) 〈지중해 태양의 요리사〉 박찬일 지음. 창비. 2009

이탈리아 요리 전문가인 박찬일 셰프가 이탈리아 요리 학교에서 공부하고, 졸업 후 시칠리아의 작은 마을 식당에서 일하며 겪은 일들을 재미있게 쏟아 낸 책입니다. 고된 유학 생활과 식당 실습의 생생한 이야기를 통해 이탈리아의 요리와 문화를 엿볼 수 있습니다. 저자는 진정한 요리사란 사람을 움직이고 마음을 요리하는 사람, 단순히 음식을 만드는 것이 아닌 이 세상을 좀 더 나은 미래로 이끌 수 있는 사람이라고 말합니다. 또한 언제나 식탁을 자세히 관찰하고, 시장과 들판을 자기 손바닥처럼 잘 아는 요리사가 되어야 한다고 말합니다. 어떤 요리사가 될지 고민하는 요리사 지망생이나 초보 요리사에게 재미와 함께 생각할 거리를 주고 있습니다.

3) 〈밤비노〉 세키야 테츠지 지음. 대원. 2006~2009

한 아르바이트 주방 보조원이 진짜 요리사가 되어 가는 과정을 재미있고 흥미진진하게 다룬 일본 만화책입니다.

지방의 한 대학교에 다니던 반 쇼고는 방학을 이용해 도쿄에 올라와 가장 번화한 곳의 이탈리아 식당 주방 보조로 일하게 됩니다. 고향에서 웬만한 메뉴는 다 만들어 봤다고 자신했던 쇼고는 식당 일을 하면서 자신이 얼마나 우물 안 개구리였는지 깨닫습니다.

그 식당의 요리사들은 주문을 받으면 손님이 원하는 시간 안에 수준 있는 음식을 내놓기 위해 날카로운 칼에 손가락을 베어도 손에서 일을 놓지 않고, 손목 인대가 나가도 프라이팬을 놓지 않습니다. 그야말로 목숨을 걸고 요리하는 프로 요리사들이었습니다. 프로들이 모인 주방은 전쟁터나 다름없었습니다. 이런 모습을 보면서 반 쇼고는 요리사라는 직업에 대해 진지하게 고민하게 되고, 전문 요리사가 되기 위해 학교를 그만두고 정식 직원으로 식당에 들어옵니다.

식당에서 일하면서 매번 벽에 부딪히지만 쇼고는 굴하지 않고 과정을 하나씩 겪어 나갑니다. 거친 주방에서 진정한 요리 실력을 갖춘 요리사가 되려면 어떤 벽을 넘어야 하는지 실감나게 느낄 수 있는 책입니다.

2 관련 영화 및 드라마

1) 〈대장금(大長今)〉

조선 시대 중종의 신임을 받았던 의녀(醫女) 장금(長今)의 삶을 재구성한 드라마로, 주인공 장금의 성공과 사랑을 그리고 있습니다. 주인공 서장금(徐長今)은 폐비 윤씨의 폐위 사건 당시 궁중 암투에 휘말려 부모를 잃고 수라간 궁녀로서 궁궐에 들어가 중종의 주치의인 최초 어의녀(御醫女)가 되었습니다.

2003년 9월 15일~2004년 3월 23일까지 MBC에서 방영된 이 드라마는 우리나라는 물론 중국, 홍콩, 대만, 일본, 미국 등지에도 수출되어 큰 인기를 끌었고, 장금 역할을 했던 배우 이영애는 한류 스타로 발돋움하였습니다.

2) 〈식객〉

영화 〈식객〉에서는 화려한 궁중 요리는 물론, 누룽지나 된장찌개처럼 평소 밥상에 오르는 소박한 음식까지 다양한 한국 요리를 접할 수 있습니다.

성찬은 운암정에서 수련하고 있는 천재 요리사입니다. 성찬은 요리를 할 때 음식에 마음을 담는 것을 가장 중요하게 생각합니다. 봉주는 이런 성찬을 경쟁자로 여기는 야심만만한 요리사입니다. 이때 운암정 최고의 맛을 이어갈 사람을 뽑기 위한 요리 대회가 열립니다. 요리 대회의 과제는 복어로 만든 회. 두 사람은 우열을 가리기 힘들 정도로 훌륭한 요리를 내놓지만 성찬의 요리를 먹은 심사위원들이 갑자기 복통을 일으키고 봉주가 운암정의 후계자로 결정됩니다. 5년 후, 운암정 요리 대회에서 실수한 뒤 은둔하고 있던 성찬은 한 요리 방송 피디의 끈질긴 권유로 다시 한 번 봉주와 요리 대결을 펼치게 됩니다.

3) 〈음식남녀(飲食男女)〉

1994년에 상영된 타이완 영화로, 중국 전통 요리들을 볼 수 있는 영화로는 최고입니다. 주 사부는 특급 호텔에서 일하는 타이완 최고의 요리사입니다. 오래전 아내를 잃고 세 딸과 살아가는 주 사부는 매년 딸들을 위해 성대한 만찬을 준비합니다. 이때 주 사부가 펼치는 중국 전통 요리의 향연이 화려한 볼거리를 이룹니다.

그러나 그가 힘들여 차려 낸 진수성찬은 이제 딸들에게 환영받지 못합니다. 그가 차츰 미각을 잃어 가고 있기 때문입니다. 주 사부는 그 사실을 받아들이지 않으려 합니다. 또한 딸들도 하나둘 곁을 떠나갑니다. 제일 먼저 떠나는 딸은 남자친구와의 사이에 아이를 임신하여 동거에 들어가는 셋째 가령입니다. 첫째 가진도 어느 날 갑자기 동료 교사와 결혼식을 치렀다고 알려 옵니다.

이제 집에는 주 사부와 둘째 가천만이 남게 됩니다. 두 딸이 떠나가고 친구 노온조차 심장병으로 세상을 떠나자 더욱 적적해진 주 사부는 옆집 금영 모녀와 가까이 지냅니다. 미각을 잃은 주 사부의 요리는 점점 형편없어지지만, 금영 모녀에게는 여전히 최고의 요리로 대접받습니다.

어느 날 모처럼 가족 전원이 모인 일요 만찬에서 주 사부는 딸 또래인 금영과의 결혼을 발표하여 모두를 놀라게 합니다. 몇 개월 뒤 둘째 가천은 암스테르담 근무를 결정하고, 주 사부는 가천의 요리로 미각을 되찾습니다.

거대한 호텔 주방에서 벌어지는 역동적인 중국 음식의 조리 과정과 주 사부의 부엌에서 만들어지는 다양한 중국 전통 요리들을 볼 수 있는 것이 이 영화의 가장 큰 매력입니다.

04 요리사는 무슨 일을 할까?

1 요리사의 하루

우리나라의 요리사는 대부분 아침 9~10시에 출근해서 밤 9~10시까지 일합니다. 이렇듯 요리사는 일반 직장인들에 비해 훨씬 더 많이 일하지만, 최고의 셰프가 되기 위해서는 반드시 거쳐야 하는 과정으로 인식되고 있습니다.

지금부터 호텔 요리사들의 하루를 살펴보겠습니다. 호텔 요리사들은 직급이 있는데, 주방장(executive chef, head cook), 부주방장(sous-chef), 퍼스트 쿡(first cook), 세컨드 쿡(second cook), 쿡 헬퍼(cook helper) 등으로 나누어집니다.

아침에 출근하면 가장 먼저 주방의 모든 시스템을 가동시킵니다. 안전장치를 걸어 둔 가스를 열어서 조리 준비를 하고, 오븐도 미리 켜 예열합니다. 이후 지난밤에 주문한 재료들이 잘 도착했는지 확인합니다. 육류, 해산물, 채소, 기타 재료가 주문서에 맞게 왔는지 맞춰 보는 것입니다. 특히 해산물은 선도가 좋은지 일일이 점검해야 합니다. 간혹 해산물의 선도가 떨어지는 경우가 있는데, 이때는 공급자에게 연락하여 바꿔달라고 하거나 그게 안 되면 주방장에게 보고하여 대안을 찾아야 합니다.

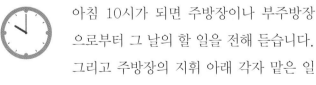

아침 10시가 되면 주방장이나 부주방장으로부터 그 날의 할 일을 전해 듣습니다. 그리고 주방장의 지휘 아래 각자 맡은 일을 시작합니다. 재료를 다듬고 소스를 끓이며, 요리의 기본이 되는 육수를 만듭니다. 모두들 바쁘게 칼질을 하고, 바삐 손을 놀려 재료를 손질합니다. 고기와 생선, 달걀 같은 재료들도 잘 살피고, 가짓수가 많은 밑반찬도 세심하게 챙겨야 합니다. 특히 한식은 채소와

고기가 골고루 다양하게 조리되어 상에 오르므로 끝까지 손이 많이 갑니다.

점심시간인 12시가 가까워 오면 예약 손님을 확인하고, 준비한 재료에 문제가 없는지 다시 한 번 확인합니다. 그리고 재빨리 요리할 수 있도록 모든 재료를 제자리에 준비해 놓습니다. 대부분의 요리는 주문이 들어오면 15~20분 안에 완성해서 손님 상에 나가야 하므로 미리 재료를 다듬고, 소스를 만들어 두는 것입니다.

12시가 좀 지나면 점심 주문서가 밀려들기 시작합니다. 전자 시스템에 의해 홀에서 받은 주문이 실시간으로 주방에 떨어집니다. 뭘 더 넣거나 빼 달라고 요구하는 손님, 메뉴에 없는 특별 요리를 만들어 달라고 요구하는 손님도 있는데, 이런 요구에 차질이 없도록 꼼꼼하게 체크해야 합니다. 이때부터 주방에는 주문서가 들어오는 소리, 주방장이나 부주방장이 지시하는 소리, 프라이팬이 움직이는 소리 등으로 가득하고, 볶고 굽는 연기로 주방 안이 자욱해집니다.

1시가 넘어서면 주문이 줄어듭니다. 이제 어질러진 주방을 정리하고 설거지를 하면서 간간이 들어오는 주문을 소화하고, 저녁에 쓸 요리 재료들을 다듬거나 준비해 둡니다.

3시쯤 되어 손님이 뜸해져야 점심 식사를 합니다. 식사 후에는 자기 일을 못 마친 요리사들은 일을 마저 하고, 시간적 여유가 있는 요리사들은 한 시간 정도 휴식을 취합니다.

5시가 되면 저녁 식사 준비를 시작합니다. 예약자 명단을 확인하고, 특별 요리가 있는지 살핍니다. 6시부터 저녁시간이 되면 모두들 정신을 바짝 차리고 일에 집중합니다. 점심시간보다는 저녁시간에 고급 요리가 많고, 손님 수도 많기 때문입니다. 손님이 많은 날에는 재료가 떨어져 급하게 구입하기도 합니다. 이렇게 정신없이 일하다 보면 화장실 한 번 못 가는 수도 있고, 온몸은 땀으로 흠뻑 젖습니다.

9시가 되면 손님이 거의 끊어지고, 주방을 슬슬 정리합니다. 전화나 팩스로 내일 쓸 재료를 공급처에 주문하고, 특별히 직접 시장에 나가 장을 봐야 할 경우도 있습니다. 퇴근은

10시가 넘어야 합니다.

이렇듯 요리사들은 하루 12시간이 넘도록 격무에 시달립니다. 이렇게 긴 근무 시간 때문에 초보 요리사 중 상당수가 중도에 포기하기도 합니다. 그렇지만 여전히 많은 요리사들이 최고의 요리사가 되겠다는 일념으로 고된 일과를 이겨 내고 있습니다.

2 요리사가 일하는 공간, 주방

호텔이나 큰 식당에서는 요리 분야가 세분화되어 요리사들이 일하는 공간이 분야별로 나누어져 있습니다. 크게 분류하면 핫 주방(hot kitchen), 콜드 주방(cold kitchen), 부처 주방(butcher kitchen), 베이커리(bakery)로 나눌 수 있습니다.

핫 주방은 소스와 수프 등을 만드는 곳으로 손이 많이 가는 음식을 만들고, 늘 불 옆에서 일해야 하는 공간입니다. 콜드 주방은 식자재와 찬 음식을 공급하거나 요리 장식을 하는 곳입니다. 부처 주방은 육류, 어류, 소시지 등을 손질하여 보관하는 곳으로, 노동 강도가 센 공간입니다. '부처(butcher)'는 프랑스어로 '고기를 잡는 사람'을 뜻합니다. 마지막으로 베이커리는 다른 주방과 분리되어 있으며 빵, 과자, 케이크 등을 만듭니다.

Tip

남자 조리사들은 보통 와일드하고 불을 다루는 핫 주방이나 부처 주방에서 일하는 경우가 많고, 여자 조리사들은 보통 섬세함을 요구하는 콜드 주방이나 베이커리에서 일하는 경우가 많습니다.

3 선배는 하늘이다!

요리사들은 선후배 사이의 위계질서가 엄격하기로 유명합니다. 후배는 선배 요리사의 말에 절대 복종하면서 요리 기술을 배우게 됩니다. 초보 요리사를 위한 격언으로, '눈은 선배의 요리를 훔쳐 배우고, 코는 냄새를 맡고, 입은 모르는 것을 물으며, 귀는 선배의 이야기를 들으라.'는 말이 있습니다. 후배 요리사가 대학을 졸업했거나 유학을 다녀왔거나 나이가 더 많더라도 일단 주방에 신입으로 들어오면, 고등학교를 졸업하고 바로 들어와 일하고 있는 나이 어린 선배 요리사에게 깍듯이 선배 대접을 해 주어야 합니다.

초보 요리사들은 처음엔 잔심부름부터 시작합니다. 설거지와 청소는 기본이고 무거운 식재료 박스들을 나르고, 식재료를 손질하고, 어마어마한 양의 반죽도 해야 합니다. 초보 요리사라면 이런 단순노동의 통과 의례를 거쳐야 하는데, 자존심이 허락하지 않아 이런 일을 견디지 못하고 뛰쳐나가는 사람들도 간혹 있습니다.

1년이 지나도록 주방 청소나 채소 써는 일만 시키는 곳이 허다합니다. 그러다가 시간이 좀 흐르면 칼질을 배웁니다. 초보 요리사들은 칼질이 서툴게 마련입니다. 칼질은 시간과 노력을 들이는 만큼 발전하는 기술입니다. 무거운 칼을 자유자재로 다루기까지 수없이 많이 베이고 손목에 파스를 붙여야 합니다. 그야말로 피나는 노력이 필요합니다. 그 힘든 과정을 거쳐 이제 불 옆으로 올라섭니다.

이런 식으로 5~10년 정도 강도 높은 훈련을 받으면 훌륭하게 자기 일을 해낼 수 있을 정도가 됩니다. 그러나 여기서 머물러서는 안 됩니다. 이때부터는 자신만의 영역을 개척해야 합니다. 그러자면 창의성이 필요하고, 무엇보다도 요리를 즐길 수 있어야 합니다.

이렇듯 어마어마한 노동 강도에 시달리는 요리사들은 동료들 간에 연대 의식이 높습니다. 어려울 때 서로 도와주고 마음을 써 줍니다.

4 휴일에는 무엇을 할까?

요리사로 성공하고 싶다면 주방에만 머물러선 안 됩니다. 휴일에는 맛집 순례를 해 보는 것도 좋습니다. 유명한 식당을 찾아가서 맛을 보면서 이 집은 이래서 맛있고, 저 집은 저래서 맛이 없다는 걸 평가하고, 맛있는 요리를 먹으면서 '어떻게 해서 이런 맛을 냈을까?' 생각하며 연구합니다. '모방은 창조의 어머니다'는 말처럼 먹어본 걸 흉내내는 게 요리의 시작입니다.

또한 외국어 공부도 게을리해선 안 됩니다. 호텔이나 대형 식당에는 외국인들이 많이 찾아오므로 간혹 그들을 직접 대면해야 할 때도 있습니다. 또한 요리 연구를 하려면 영어 원서로 된 책을 읽어야 할 경우도 많습니다. 따라서 쉬는 날에 틈틈이 외국어 공부를 해 두어야 합니다.

마지막으로 시장에 나가 봅니다. 음식 맛의 절반은 좋은 재료에서 온다는 말이 있듯이 시장에 나가 다양한 재료의 질을 파악하고, 제철에 나는 좋은 재료는 무엇인지, 원하는 재료가 그 시기에 잘 나오는지 확인하다 보면 재료를 고르는 노하우도 습득할 수 있습니다.

5 10년이면 프로, 15년이면 달인, 20년 이상이면 장인

요리사는 미각과 후각이 발달해 있어야 합니다. 그러기 위해서는 선천적으로 타고나는 부분도 있지만, 풍부한 경험과 성실한 노력이 뒷받침되어야 합니다. 특히 요리사에게 있어 예민한 미각은 필수 불가결한 조건이므로 미각을 발달시키기 위해 많은 노력을 해야 합니다. 미각을 키우기 위한 노력으로, 담배를 피우지 말고 가능하면 과음이나 과로도 피해야 합니다. 직업 특성상 과로를 피할 수 없으니 건강 관리에 철저해야 합니다. 또 짜고 매운 음식도 자주 먹지 말아야 합니다. 술, 담배와 더불어 혀의 감각을 마비시키는 작용을 하기 때문입니다. 이 중 담배는 반드시 피해야 합니다. 특히 소믈리에(와인 전문가), 바리스타(커피 전문가), 조향사(화장품 향료나 향수를 다루는 향장품 연구자)들은 담배를 피우면 미각과 후각이 둔해져서 맛과 냄새를 잘 감별할 수가 없으므로 절대적으로 불리합니다.

실제로 예민한 미각을 유지하기 위한 요리사들의 노력은 눈물겹습니다. 하루 세 번 양치질을 할 때마다 '혀 마사지'를 해서 맛을 느끼는 혀의 돌기를 자극하기도 하고, 수시로 녹차를 마셔 입 안의 잡내를 털어 내기도 합니다. 배부른 요리사는 맛을 모른다는 지론에 따라 늘 배고픈 상태에서 요리를 하는 사람도 있습니다.

한 가지 더, 항상 공부하는 자세로 메모하는 습관을 길러야 합니다. 또 일과를 정리하는 일기를 쓰는 것도 좋습니다.

끊임없이 공부하고 자신을 되돌아보는 과정을 통해 자신만의 진짜 레시피가 나오기 때문입니다.

요리사에게 필요한 기술을 완벽하게 익히는 데는 대개 10년 정도 걸립니다. 그래서 요리사 10년이면 프로라는 말을 들을 수 있고, 15년이면 달인, 20년 정도가 되어야 장인의 경지에 오를 정도가 됩니다.

05 요리사가 되기 위해 필요한 능력

1 강인한 체력

요리사가 되기 위해서는 무엇보다도 강인한 체력이 우선입니다. 요리 분야의 일은 하루 10시간 이상의 격한 노동을 해야 합니다. 대부분의 시간을 서서 일해야 하고, 무거운 식재료를 나르고 다듬는 등 끊임없이 몸을 써야 합니다. 따라서 강인한 체력을 유지하려면 꾸준한 운동은 물론 술과 담배를 멀리 하는 편이 좋습니다. 체력이 있어야 집중력이 유지되어 칼에 손을 베거나 조미료를 잘못 넣는 등의 실수도 줄일 수 있습니다.

2 창의성

10년 정도의 요리 경력이면 자기 분야에서 필요한 기술을 어느 정도 완성하게 됩니다. 그렇지만 여기서 멈추어서는 훌륭한 요리사가 될 수 없습니다. 자신만의 영역을 개척해야 합니다. 그러기 위해서는 몸에 익힌 기술을 바탕으로 새로운 요리법을 개발해 나가야 하는데, 새로운 요리를 만들어 내기 위해서는 창의성이 필수적입니다.

요리사가 창의성을 기르려면 요리만 들여다봐선 안 됩니다. 다방면에 관심을 가져야 합니다. 책을 많이 읽고, 다른 사람의 얘기도 잘 듣는 사람이 더 훌륭한 요리를 만들 수 있습니다. 칼질을 잘하는 요리사는 일정한 단계까지는 이르지만, 그것만으로는 최고의 요리사가 될 수 없습니다. 창조적인 사람들은 정해진 형식을 따라하는 것을 거부하고 사물을 다른 시선으로 볼 수 있습니다. 그런 사람들이 요리도 재미있게 하고, 특이한 발상을 많이 내놓습니다.

3 원만한 인간관계

요리사들은 선후배 사이의 질서가 엄격합니다. 대학을 나왔거나 나이가 많거나에 상관없이 일단 주방에서는 무조건 선참자가 선배입니다. 따라서 선배가 자기보다 나이가 어린 경우도 있을 수 있습니다. 나이 어린 선배가 매일같이 "이거 해라, 저거 해라." 시키고, 지시에 따라 온갖 자질구레한 일을 하다 보면 화가 부글부글 끓어오를 수 있습니다. 그럼에도 후배 요리사는 꾹 참고 깍듯이 선배 대접을 해 주어야 합니다.

요리는 혼자서 하는 게 아니라 협력을 필요로 하는 작업입니다. 이럴 때 서로 마음이 맞지 않으면 손님이 원하는 요리가 나오기 힘듭니다.

동료 간의 관계뿐만 아니라 손님과의 관계를 잘 풀어 나가는 데도 원만한 성격이 좋습니다. 특히 일식 요리사, 바텐더(조주사), 바리스타, 소믈리에 등은 손님을 가까이에서 응대해야 하는 경우가 많으므로 손님이 원하는 것을 바로바로 파악할 수 있는 감각이나 판단력을 길러야 합니다.

4 인내심과 끈기

최근 텔레비전에 요리 프로그램이 늘어나면서 거기에 맞춰 스타 셰프들도 자주 출연합니다. 멋진 유니폼에 잘생긴 얼굴, 묘기 같은 칼솜씨 끝에 나오는 예술 작품 같은 요리……

이런 모습을 꿈꾸며 요리사를 선택하는 젊은이들이 늘고 있습니다. 그렇지만 요리사의 길은 이렇게 멋지고 폼 나는 과정이 아닙니다. 이런 생각으로 요리사를 직업으로 선택한 사람은 오래가지 못합니다. 음식물 쓰레기 처리나 설거지 같은 허드렛일을 성실히 해야 하고, 엄격하고 무서운 선배 밑에서 오랜 수련 기간을 견뎌야만 비로소 요리사로서의 자격이 주어집니다. 따라서 요리 전문가들이 첫째로 꼽는 요리사의 자질은 인내심과 끈기입니다.

흔히 요리사로 성공하려면 뛰어난 손재주와 미각을 타고나야 한다고 합니다. 그렇지만 손재주와 미각은 타고나기보다는 수천 수백 번의 연습으로 얻는 후천적 능력이라 할 수 있습니다. 여기에 음식을 맛깔스럽게 보일 수 있는 연출력, 즉 미적 감각을 겸비한다면 금상첨화라 할 것입니다.

이렇듯 열정을 가지고 자신의 능력을 100% 발휘한다면, 또 자거나 깨어 있을 때에도 요리를 생각한다면 최고의 요리사가 될 수 있을 것입니다.

5 조리사 자격증 및 외국어 실력

요리사가 되려면 한국산업인력공단에서 실시하는 조리사 자격증을 따는 것이 필수적입니다. 특히 호텔처럼 규모 있는 곳에 취업하려면 반드시 조리사 자격증이 있어야 합니다. 또한 자신의 식당을 차리려 한다면 조리사 면허증이 있어야 영업 허가가 떨어집니다.

게다가 외국어 실력도 중요합니다. 요즘 호텔 조리사 채용 시험에서 영어 구사 능력이 필수이므로 좀 더 나은 조건에서 요리사 생활을 시작하고 싶다면 외국어 공부를 하는 것이 유리합니다. 일류 호텔이나 공항 안에 있는 레스토랑에서 일하는 경우는 더욱 그렇습니다. 이들 식당에는 외국인 손님이 많으므로 손님을 적절하게 접대하고, 손님의 요구 사항을 알아듣고 그에 응할 수 있어야 합니다. 어떤 외국인은 자신만의 레시피를 건네며 똑같이 해 달라고 하기도 합니다. 대부분의 경우 손님의 요구를 들어주지만, 어쩔 수 없을 때는 요리사가 직접 나가서 왜 안 되는지 설명해야만 손님이 납득하는 경우가 있습니다.

더구나 양식 요리를 잘 하려면 영어로 된 원서를 읽을 수 있어야 하고, 외국 사이트에서 다양한 조리법과 정보도 얻을 수 있어야 합니다.

Tip

조리사 면허증을 발급 받으려면 우선 병원에 가서 면허 발급용 건강 진단을 받은 후 이상이 없으면 조리사 자격증 과 사진 등을 준비하여 발급 기관에 신청하면 됩니다.

06 요리사의 장단점

1 장점

요리사라는 직업을 한 마디로 정의하면 '힘들지만 보람 있는 직업'이라 할 수 있습니다.

고등학교나 대학의 조리학과를 졸업하거나 조리사 자격증을 따면 음식점에 취업할 수 있습니다. 좋은 근무 환경을 갖춘 호텔에 취업하는 초보 요리사는 소수이고, 대부분 전문 식당이나 외식업체 등에서 일하게 되지요. 그 밖에 푸드 스타일리스트나 푸드 코디네이터로 활동하거나 요리 학원, 식품 회사, 식약청, 국공립 연구소 등에 취업하는 경우도 있습니다.

초보 요리사들은 호텔에서 첫발을 내딛고 싶어 하지만, 호텔 근무가 반드시 좋은 것만은 아닙니다. 호텔 주방은 분야별로 나뉘어져 있기 때문에 자신이 속한 분야밖에 배우지 못하는 경우가 많습니다. 이럴 때는 다른 식당으로 자리를 옮기거나 자신만의 식당을 차리는 데 한계가 있지요. 미래를 위해서는 좀 고생스럽지만 일반 음식점에 취업하는 것도 고려해 볼 만합니다. 일반 음식점의 경우 선배 조리사로부터 일대일로, 빠른 시간 안에, 전문적으로 배울 수 있는 장점이 있습니다.

요리사로서 열심히 노력하여 호텔 주방장이 되면 거액의 연봉과 함께 능력 있는 셰프로서 명예도 안게 됩니다. 호텔 요리사의 경우 보통 55세가 정년입니다.

> **Tip**
>
> 요리사로서 가장 보람을 느낄 때는 손님들이 음식을 먹은 후 맛있다고 얘기해 줄 때라고 합니다. 더 나아가 자신이 개발한 메뉴가 좋은 반응을 얻어 많이 팔릴 때 회사에 근무하는 경우 보너스와 함께 스타 셰프로서 명성을 얻게 되고, 식당을 경영한다면 맛집으로 소문이 나서 손님들의 발길이 끊이지 않는 식당이 될 것입니다.

또 자신의 식당을 차려 성공하면 많은 돈을 벌게 되고, 따로 정년 없이 건강이 허락되는 한 평생을 일할 수 있다는 것이 요리사의 장점입니다.

2 단점

요리사는 칼을 많이 사용하므로 손가락을 베거나 찔릴 수 있습니다. 또 뜨거운 불에 요리를 하다가 화상을 입을 수 있고, 늘 불 옆에서 일해야 하므로 더위에 시달려야 합니다. 날카로운 칼에 베이거나 뜨거운 기름에 데이는 일이 잦은 요리사의 손은 그야말로 흉터투성이입니다. 더러는 심각한 중상을 입고 수술을 받는 경우도 있습니다. 따라서 다치지 않도록 항상 긴장하며 일해야 합니다. 이러한 노력으로 거친 손끝에서 맛나고 예쁜 음식이 나오는 것입니다.

이처럼 요리사는 노동 시간이 매우 길고, 노동 강도도 셉니다. 주 5일 근무도 거의 없이 일주일에 한 번 쉬거나 한 달에 두 번만 쉬는 곳도 있습니다. 대체로 주 6일 근무하고, 주당 60시간 정도 일합니다. 쉬는 날은 주 1회 정도이고, 한 달에 한두 번 월차가 있습니다. 호텔 같은 경우는 이보다 20~30% 정도 근무 시간이 짧습니다. 이러한 사정은 우리나라뿐만 아니라 선진국인 유럽이나 미국, 일본 요리사들도 마찬가지입니다. 그들은 오히려 우리나라 요리사들보다 일하는 시간이 더 깁니다.

요리사는 장시간 서서 근무하므로 피로도가 크고, 재료를 나르는 과정에서 몸을 구부리거나 비트는 일이 많아 허리에 무리를 주기도 합니다. 하루 종일 서서 하는 일이므로 관절에 무리가 갈 수 있으므로 관절이 약해지지 않도록 신경 써야 합니다. 그러나 근무 환경이나 여건이 차츰 나아지고 있는 추세이니 너무 부정적으로 생각할 필요는 없습니다.

3 요리사의 연봉

회사에 따라, 어떤 곳에서 일하는가에 따라 차이가 있지만 정식 직원이 아닌 아르바이트로 시작하면 월 100여만 원 정도의 급여를 받는다고 합니다. 수련 기간이 끝나고 정식 직원으로 채용되면 연봉 1,400만 원 정도, 대학에서 조리학과를 전공한 경우에는 연봉 1,800~2,400만 원 정도 됩니다. 그러나 숙련된 셰프가 되어 이사급 정도가 되면 연봉이 1억을 넘는 경우도 있습니다. 물론 창업을 한다면 본인의 능력 여부에 따라 더 높은 수입도 가능할 수 있습니다. 특급 호텔은 외식업체 및 일반 음식점에 비해 급여와 복지 수준이 높은 편입니다. 호텔이나 대형 음식점의 경우 대학에서 조리학과를 전공한 사람을 선호하고, 신입보다는 경력자를 선호하는 편입니다.

4 왜 남자 요리사가 많을까?

텔레비전에 나오는 유명 요리사의 대부분은 남성입니다. 특히 한식 이외의 양식, 중식, 일식 분야에서 남성이 차지하는 비율이 더욱 높습니다. 일반 가정에서는 대부분 여성들이 요리를 하는데, 왜 유명 요리사에는 남성이 많을까요? 그 까닭은 남자들이 요리에 탁월한 능력이 있다기보다는 체력과 관련이 큽니다. 호텔이나 대형 식당에서 매일 수백 명 분량의 요리를 만들어야 하는 요리사의 노동 강도는 매우 셉니다. 9시에 출근하여 오전 내내 주방에서 시간을 보내야 하고, 3~4시쯤 점심과 저녁 시간 사이에 잠깐 숨을 돌린 뒤 저녁 손님 맞을 채비를 합니다. 밤 늦게까지 문을 여는 음식점이 많은 우리나라의 특성상 요리사들은 밤늦게까지 근무하는 경우가 많으므로 남성보다 상대적으로 체력이 약한 여성들에겐 버거울 수밖에 없습니다. 특히 무거운 고깃덩어리를 다뤄야 하는 양식 요리 부문에서는 일찍부터 남성들이 두각을 나타냈습니다.

07 요리사가 되기 위한 과정

요리사가 되기 위한 학교 교육 과정으로는 조리 과학 고등학교, 특성화 고등학교를 비롯해 전문 대학 및 대학교의 조리과, 조리과학과, 전통조리과, 외식조리과, 호텔조리과, 호텔외식조리과, 관광호텔조리과 등이 있으며, 그 외 조리 직업 전문 학교 등이 있습니다.

1 고등학교의 요리 관련 학과

전국의 특성화 고등학교에 조리과, 외식과, 외식조리경영과, 레저식품경영과, 관광조리경영과 등 요리 관련 과목이 개설되어 있습니다. 일찌감치 자신의 진로를 요리사로 정했다면, 남들과 똑같이 인문계 고등학교에 진학하여 대학 입시에 매달리기보다는 특성화 고등학교에 진학하여 곧바로 꿈을 향해 나아갈 수 있습니다. 그만큼 사회에 일찍 진출했으니 경력 등에서 유리하다는 것이 장점입니다.

요리 관련 학과가 있는 고등학교		
지역	학교명	학과명
서울특별시	서울관광고등학교	외식조리과
부산광역시	부산관광고등학교	한식조리과
부산광역시	해운대관광고등학교	관광조리과
대구광역시	대구관광고등학교	관광조리과
경기도	성보경영고등학교	외식조리경영과
경기도	일죽고등학교	레저식품경영과
경기도	한국조리과학고등학교	–
충청남도	서산중앙고등학교	식품가공과
충청남도	천안제일고등학교	식품가공과
전라남도	순천효산고등학교	관광조리과, 관광외식서비스과
전라남도	여수정보과학고등학교	관광조리과
경상북도	삼성생활예술고등학교	관광조리과
경상남도	경남관광고등학교	관광조리과, 호텔제과제빵과

2 전문대 및 4년제 대학의 조리학과

요리사가 되기 위한 가장 무난한 방법은 대학의 조리 관련 학과에 진학해 대학 교육 과정에 맞추어 교육을 받는 것입니다. 1988년 이후 전국 전문 대학에서 조리학과를 개설하였고, 현재 100여 개의 전문 대학

과 20여 개의 4년제 대학에 조리 관련 학과가 개설되어 매년 2만 명에 달하는 졸업생이 배출되고 있습니다.

호텔이나 레스토랑, 전문 식당은 채용 시 응시 자격을 전문 대학 이상의 조리 관련 학과 졸업자로 제한할 때가 많으므로 요리사로 진출하기를 희망한다면 조리 관련 학과를 전공해야 합니다. 조리학과에서는 한식, 일식, 중식, 양식, 제과·제빵을 골고루 배울 수 있습니다.

2년제 전문 대학의 경우 1학년 동안 이들 과목을 배운 뒤 2학년에 올라가서 전공을 선택하는 게 일반적입니다.

4년제 대학의 경우에는 전체 4년을 나눠 2년 동안 기초 과목을 수강한 뒤 3학년에 올라가서 전공을 선택하게 됩니다. 4학년이 되면 대부분의 강의는 1학기에 마치고, 2학기부터는 현장에 나가 실습을 하게 됩니다.

3 학원

조리 관련 학교를 나오지 않았다면 조리 기술을 가르쳐 주는 학원에 다녀도 됩니다. 하지만 학원은 학교에 비해 과정이 짧고 비용이 적게 드는 만큼 충분히 배우는 데는 한계가 있습니다. 취업에도 불리하므로 되도록 조리 관련 학교를 졸업하는 것이 좋습니다.

4 유학

외국 요리를 좀 더 전문적이고 본격적으로 배우고 싶다면 유학을 가

는 경우도 있습니다. 요리사들이 많이 가는 곳은 미국, 일본, 이탈리아, 프랑스, 중국, 호주 등입니다. 유학을 마친 후에는 그곳에서 취업을 하여 3년 정도의 경력을 쌓고 돌아오는 것이 유리합니다. 우리나라 식당에서는 외국에서의 실무 경력을 많이 인정해 주는 편입니다.

5 조리사 자격증

조리사 자격증은 한국산업인력공단에서 실시하는 조리기능사 자격시험을 통과해야 얻을 수 있습니다. 이 시험에는 학력이나 나이 제한이 없지만, 대체로 조리 학원이나 대학에서 공부한 뒤 자격시험에 도전하는 것이 일반적입니다.

'식품위생법'에 따르면 병원, 학교, 정부 투자 기관 등의 집단 급식소, 복어 조리업, 120㎡ 이상인 식품 접객업자는 조리사 자격증을 소지한 사람을 채용하게 되어 있으며, 호텔을 비롯해 규모가 큰 음식점에서도 자격 소지자에 한해 조리사를 채용하는 경우가 많습니다.

자격증 시험에는 초보적인 내용이 나오므로 일반인들도 조금만 배우면 누구나 딸 수 있습니다. 자격증이 있으면 취업하는 데 유리하고, 나중에 외국에 나갈 일이 생긴다면 조리사 자격증을 딴 시점부터 조리사 활동을 한 것으로 인정받기 때문에 미리 따 놓을수록 좋습니다.

시험은 한식, 일식, 중식, 양식, 복어 조리 부문으로 나뉘며 필기시험과 실기 시험으로 나누어져 있습니다. 일단 필기시험에 합격해야 실기 시험을 볼 자격이 주어지는데, 필기시험의 합격 기준은 100점 만점에 60점 이상이면 됩니다. 필기시험에 합격한 뒤에 보는 실기 시험의 주요 평가는 위생 상태(개인 및 조리 과정), 조리의 기술(기구 취급 및 사용, 순서, 재료 성형 등), 작품 평가, 정리·정돈 및 청소 등입니다.

Tip

한식, 일식, 중식, 양식, 복어 조리의 다섯 분야 중 한 분야의 자격증을 취득하면 나머지 네 분야의 필기시험이 면제됩니다. 제과기능사와 제빵기능사 자격시험도 필기시험과 실기시험으로 나누어져 있습니다. 마찬가지로 두 분야 중 한 분야의 자격증을 취득하면 다른 한 분야 필기시험이 면제됩니다. 자격증과 관련된 사항은 한국산업인력공단 홈페이지를 보면 자세히 알 수 있습니다.

08 요리사의 마인드맵

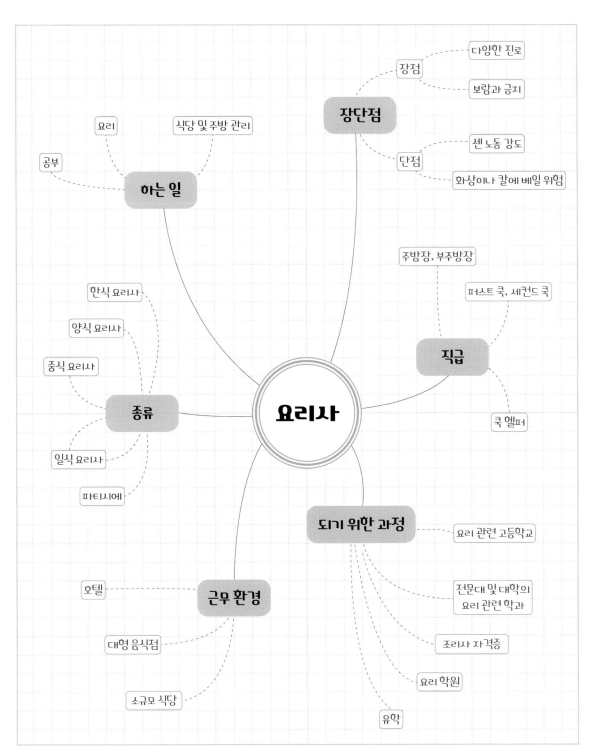

09 요리사와 관련하여 도움받을 곳

1 직업 정보를 얻을 수 있는 기관

● 고용노동부 워크넷(http://www.work.go.kr) 한국고용정보원에서 운영하는 사이트로, 무료로 직업 심리 검사를 이용할 수 있습니다. 직업 정보 검색, 직업·진로 자료실, 학과 정보 검색 등의 정보를 제공하며 직업·학과 동영상, 이색 직업, 테마별 직업 여행, 직업인 인터뷰 자료를 볼 수 있습니다. 또한 온라인 진로 상담 서비스도 제공합니다.

● 진로정보망 커리어넷(http://www.career.go.kr) 한국직업능력개발원이 운영하는 사이트로, 초등학생부터 성인, 교사에 이르기까지 대상별로 진로 및 직업 정보를 제공하며 온라인 상담도 할 수 있습니다. 심리 검사를 무료로 이용할 수 있으며, 학생들이 만든 UCC 자료도 볼 수 있습니다.

● 월드잡(http://www.worldjob.or.kr) 국내 인력의 해외 노동 시장 진출을 촉진하기 위하여 1998년부터 정부 차원의 공공 해외 취업 사업을 수행해 오고 있습니다. 해외 취업 연수 과정 운영, 해외 취업 알선 사업 등 구인·구직자를 대상으로 해외 취업에 관한 서비스를 제공하고 있습니다.

● 한국외식업중앙회(http://www.ekra.or.kr)
● (사)한국조리사협회중앙회(http://www.ikca.or.kr)

2 직업 체험 프로그램

● 코리아잡스쿨(http://www.kojobs.co.kr) 학생들이 직업 체험 프로그램에 참가하여 접하기 어려운 직업을 미리 탐색할 수 있고, 직업 세계에 대한 이해를 넓힐 수 있습니다. 또한 특정 직업에 대한 편견을 버리고 건전한 직업관을 형성할 수 있으며, 사회에 첫발을 내딛는 것에 대한 막연한 두려움에서 벗어나 자신감을 가질 수 있습니다.

현재 전국의 128개 특성화고와 고려대, 연세대, 동국대 등 37개 대학을 대상으로 교육 과정 및 취업 캠프를 운영하고 있습니다.

●서울시립 청소년 직업 체험 센터(http://www.haja.net) 일명 '하자센터'라고 부르며 연세대학교가 서울시로부터 위탁받아 운영하고 있습니다. 현재의 배움이 일을 통해 어떻게 구현되는가에 대해 고민하는 기회를 가짐으로써 청소년들이

미래 자신의 일자리에 대한 관심을 발견하게 하고, 자신이 일하려는 분야가 어떤 배움의 과정을 거쳐 진입할 수 있는지 알아봅니다. 지속적으로 흥미를 가질 수 있게 각 과정을 일, 놀이, 학습이 하나로 통합되는 과정으로 진행합니다.

'하자작업장학교'는 로드스꼴라(여행학교–트래블러스맵), 영셰프(요리학교–오가니제이션 요리), 집 밖에서 유유자적 프로젝트(무중력 청소년을 위한 음악학교–유자살롱), 소풍가는 고양이/달콤한 코끼리(청소년 창업학교–연금술사) 등 하자 내 다른 작은 학교들과 협력하는 네트워크 학교, 지역과 마을을 연결하는 적정 기술 청년 학교입니다.

또한 일일 직업 체험 프로젝트 등 일반 청소년 대상의 프로그램 역시 단순한 진로 체험이나 설계를 넘어서 '생애 설계'의 과정으로 보고, 삶 속에서 지속적으로 청소년 스스로 자활과 자립을 모색하는 교육이 되도록 하고 있습니다.

10 유명한 요리사

1 에드워드 권(1971~)

본명은 권영민으로, 서울의 한 유명 호텔에서 요리사로 일하던 중 뻔히 보이는 미래 때문에 답답함을 느껴 미국으로 유학을 떠났습니다. 미국에서 공부하면서 다양하고 낯선 미국의 식재료에 놀라고, 그곳 요리사들의 뛰어난 실력에 감탄했습니다.

그 후 새로운 미국 요리 기술을 배우기에 전념했고, 자신의 실력을 키우기 위해 최선을 다했습니다. 그 예로 일과가 끝나면 반드시 마트에 들러 다양한 식재료를 날것 그대로 맛보는 등의 노력을 기울였습니다.

그 결과 미국에서 요리사로서 정상의 자리에 우뚝 섰고, 2003년에는 미국요리협회가 선정한 젊은 요리사 10명에 들기도 했습니다. 그 후, 2007~2008년 말까지 별 일곱 개짜리 두바이 버즈 알 아랍 호텔의 수석 총괄 주방장(Hotel Head Chef)으로 일하면서 400명의 요리사를 지휘하였습니다.

현재는 ㈜이케이푸드 대표 겸 청담동 랩24, 분당 더 믹스드원 뷔페 & 다이닝 총괄 셰프로 일하면서 서울현대전문학교 호텔조리학부 학장직에 있으며 학생들도 가르치고 있습니다.

2 데이비드 장(1977~)

본명은 장석호로, 미국 뉴욕에서 '모모후쿠쌈바'라는 식당을 열어 폭발적인 인기를 누리고 있는 요리사입니다.

데이비드 장은 한국에서 대학을 졸업한 후에 직장을 다니다가 늦은 나이에 요리에 관심을 갖게 되었습니다. 요리의 매력에 푹 빠진 그는 과감하게 직장을 그만두고 미국으로 유학을 떠났습니다. 그리고 미국 뉴욕의 명문 요리학교 '컬리너리 인스티튜트'의 단기 코스를 밟은 후 요리사의 길을 걷게 되었습니다.

2013년 제임스비어드상 최우수 요리사상을 수상한 데이비드 장은 시사 주간지 〈타임〉이 선정한 2010년 '세계에서 가장 영향력 있는 100인'에 포함될 정도로 실력을 인정받고 있습니다. 그의 식당 이름인 '모모후쿠쌈바'에서 모모후쿠는 일본어이고, 쌈은 한국어, 바는 영어입니다. 이름처럼 그의 요리도 한식 · 양식 · 일식이 결합된 퓨전입니다.

3 박찬일(1965~)

대학에서 문예창작과를 전공하였고, 졸업 후 잡지사 기자로 활동하다가 요리에 흥미를 느껴 30대 초반의 늦은 나이에 요리에 입문했습니다. 1999년부터 3년간 이탈리아 요리 학교에서 요리와 와인을 공부했습니다. 요리 학교를 졸업한 후 이탈리아 시칠리아의 식당에서 일했으며, 귀국 후 서울의 고급 레스토랑에서 일하다가 현재는 홍대 앞 이탈리안 레스토랑에서 주방장으로 일하고 있습니다. 틈틈이 각종 매체에 요리에 관한 칼럼을 쓰고 있고, 〈박찬일의 와인 셀렉션〉, 〈지중해 태양의 요리사〉, 〈보통날의 파스타〉, 〈추억의 절반은 맛이다〉 등 요리와 관련한 책도 여러 권 출판했습니다.

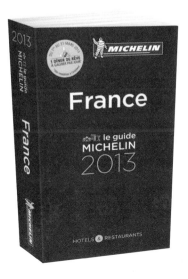

4 〈기드 미슐랭〉 – 세계 미식의 표준

흔히 '미슐랭 가이드'라고 불리는 〈기드 미슐랭〉은 세계적으로 유명한 레스토랑 소개서인데, 이를 발행하는 회사는 프랑스의 타이어 회사 '미슐랭'입니다. 타이어 회사인 미슐랭은 운전자들을 위한 서비스 차원으로 1900년부터 여행 안내서를 만들어 배포했습니다. 안내서에는 주유소 위치, 자동차 정비 요령 등과 함께 길 주변에 어떤 음식점이 맛있는지 간단한 소개글을 함께 실었습니다. 그런데 안내서를 읽은 사람들이 유독 음식점 소개에 열렬한 반응을 보였고, 급기야 이 안내서는 레스토랑 전문 정보지가 되었습니다.

1900년대에는 자동차 여행이 막 기지개를 켜던 시기였고, 여행객들은 각 지역의 먹을 만한 식당과 호텔을 소개해 주는 〈기드 미슐랭〉을 필수적으로 지참했습니다. 자동차 보급이 늘면서 이 책을 찾는 사람이 많아졌고, 공신력과 인기도 나날이 더해 갔습니

49

다. 그리고 이제는 세계 미식의 표준으로 자리 잡았습니다.

〈기드 미슐랭〉은 별 셋부터 하나까지를 최고급 식당으로 소개합니다. 〈기드 미슐랭〉이 부여하는 별은 대단한 공신력을 가지고 있어서 매년 새 로운 별점 리스트가 발표되면, 요리사와 미식가들은 흥분의 도가니에 빠 집니다. 별을 하나라도 받았다면 최고의 요리사 반열에 오른 것과 같기 때문입니다. 따라서 〈기드 미슐랭〉에서 별 3개는 최고의 찬사입니다. 오 직 그 음식점만을 위해 여행을 떠나도 아깝지 않다는 뜻이지요. 오늘날 세계 최고의 요리사들은 〈기드 미슐랭〉의 별점을 받기 위해 치열하게 경 쟁하고 있습니다.

11 이 직업을 가진 사람에게 듣는다

중식 요리사 이연복

14살에 요리를 시작해서, 17살에 당시 우리나라 최초의 호텔 중식당인 사보이 호텔에 입사,
22살엔 최연소 대만 대사관 주방장이 되었다. 겉으로는 화려해 보이지만,
전쟁터 같은 식당에서 한 순간도 마음이 해이해진 적이 없다는 이연복 셰프를 만나서
요리와 경영, 그리고 사람에 대한 흥미진진한 이야기를 들어본다.

Q1 이연복 셰프에게 요리사는 어떤 의미인가요?

저는 14살부터 요리를 시작했습니다. 저는 화교 출신인데, 당시에 화교들이 할 수 있는 일은 중국 음식점 외엔 거의 없었습니다. 내 인생에서 가장 힘들 때 요리사라는 직업을 선택한 것입니다. 요리사 외엔 선택의 여지가 없었기에 이왕이면 빨리 일을 배우고, 빨리 독립해서 내 가게를 갖고 싶었습니다. 그래서 남들보다 더 부지런히, 열심히 일했습니다. 그렇기 때문에 요리사는 나의 모든 것이자 희망, 꿈이고 지금에 와서는 그 꿈을 이뤘다고 말할 수 있습니다.

51

Q2 하루 일과는 어떻게 되나요?

요리사에게 개인적인 시간은 거의 없습니다. 아침에 출근해서 도착한 재료를 손질하고 요리에 나갈 소스를 준비합니다. 11시 30분까지 준비가 끝나면, 손님들을 맞을 준비를 합니다. 점심 손님을 대접하고 바쁜 시간이 끝나면 3시에서 5시 사이에 저녁 준비를 합니다. 9시 30분에 마지막 주문을 받고 마무리하면 보통 10시 이후에 일이 끝납니다. 일주일에 하루를 쉬는데, 저는 이때도 쉬지 못합니다. 쉬는 날에는 영업할 때 못했던 방송 출연이나 학교 강의를 나갑니다. 그러므로 요리사라는 직업을 선택하려면 각오를 단단히 해야 합니다.

Q3 신입 요리사에서 메인 셰프가 되기까지의 과정은 어떠하며 기간은 얼마나 걸리나요?

메인 셰프가 되기까지의 기간은 전적으로 자신의 능력에 달려 있습니다. 기간을 정해서 말할 수 없습니다. 옛날엔 선배나 스승이 잘 가르쳐 주지 않아서 옆에서 지켜보기만 했습니다. 하지만 요즘은 책과 인터넷이 발달되어 있어 옛날에 10년 걸렸던 기간이 요즘은 5~6년이면 가능합니다. 열심히 하는 요리사는 기간이 더 단축되기도 합니다.

저는 신입 요리사를 뽑을 때 반드시 요리 전문 학교를 나온 사람을 고집하지는 않습니다. 물론 요리 전문 학교에서 열심히 공부한 사람들에겐 장점이 있습니다. 학교를 나오지 않은 친구들에 비해 이론적인 것을 많이 알기 때문에 실전에 투입됐을 때 도움이 되는 경우가 많습니다.

그러나 저는 학교의 졸업 여부가 중요하다

고 생각하지 않습니다. 중요한 건 근성입니다. 근성 있는 친구들은 결국에 해냅니다.

신입 요리사로 들어오면 옛날엔 설거지부터 했지만 요즘엔 설거지를 하는 종업원이 따로 있습니다. 셰프들은 주문표를 보면서 신입들에게 칼질부터 시킵니다. 해물 다듬는 것도 시키고, 칼질이 빨라지면 그때부턴 시키는 게 많아집니다. 면도 만들고 만두도 만들게 되지요. 프라이팬을 잡는 건 마지막입니다. 프라이팬을 잡는 순간부터는 내가 요리한 것이 바로 손님에게 가는 것입니다. 실수하면 항의가 들어오고 책임을 져야 하기 때문에 가장 마지막 순서가 됩니다.

Q4 유명한 여성 셰프는 별로 없는데, 성별이 요리사에게 중요한 역할을 하나요?

양식이나 일식엔 여성 셰프가 있습니다. 중식에서 여성 요리사가 적은 건 일단 센 화력을 다루는 게 힘들기 때문입니다. 그리고 중식에선 연회나 회식이 많습니다. 한번에 30~40명의 손님들에게 내놓을 음식을 준비할 때 팔 힘도 중요하기 때문에 아무래도 여성들은 힘에 부칩니다.

무엇보다 여성 셰프들이 적은 건 거친 주방 현장을 이겨 내기 힘들기 때문입니다. 여성이 주방에 들어오는 걸 마다하는 건 아니지만, 일이 힘들기 때문에 못 견디고 나가는 경우가 많습니다.

노동력이 많이 요구되니까 끝까지 이겨 내는 데 여성으로서 다소 한계가 있습니다.

Q5 양식, 중식, 일식의 조리법 및 차이점은 뭘까요?

중식은 재료 본연의 맛을 살리면서 센 화력으로 기름에 순식간에 볶는 것이 특징이고, 양식은 마요네즈·생크림·토마토 소스 등의 다양한 소스가 특징입니다. 일식은 담백하면서도 날것으로 많이 먹습니다. 일식은 조리법이 다양하지는 않지만, 회나 초밥에 단순하지만 숨어 있는 기술이 필요합니다. 개인적으로는 일식을 좋아합니다.

Q6 요리할 때 가장 중요한 것은 무엇일까요?

조리대 앞에서의 마음가짐이 중요합니다. 짜증나서 하는 것과 즐거워서 하는 것은 다릅니다. 짜증나서 요리할 때는 대충대충하게 되지만 즐거운 마음으로 하면 한 접시 한 접시가 나의 작품이라는 생각에 혼이 담기게 됩니다. 물론 기술적으로 중요한 건 양념 간의 배합입니다.

예전에 일본에서 일할 때, 일본 셰프가 요리에서 마음가짐이 가장 중요하다고 말했을 때는 멋지게 보이기 위한 번드레한 말이라고 생각했습니다. 그러나 나이가 들어가면서 '아, 마음가짐이 가장 중요하구나.' 하는 것을 깨닫고 있습니다.

Q7 똑같은 재료와 레시피라도 누가 요리하느냐에 따라 맛이 달라집니다. 손맛이라는 게 정말 있을까요?

손맛은 우리나라에서 많이 쓰이는 말입니다. 우리가 흔히 "손맛이 좋아"라고 칭찬하는 분들은 요리 경력이 오래된 분들입니다. 오랜 시간 정성을 들이고 노하우가 많이 쌓였기 때문에 손맛이라고 말하는 것입니다.

저는 방송 출연 시 레시피와 재료를 하나도 빼먹지 않고 다 가르쳐 줍니다. 어차피 세세한 부분까지 쫓아오지 못하기 때문에 가르쳐 줘도 따라할 수가 없습니다. 만드는 과정과 불의 세기가 중요합니다. 파와 생강 같은 양념이 들어갈 때 불의 세기에 따라 맛이 달라지기 때문입니다.

저는 평소에 요리할 때 레시피대로 하지 않습니다. 국자로 대충 떠서 집어넣습니다. 그래서 방송에 출연하거나 강의에 나갈 때는 일부러 레시피를 만들어서 나갑니다. 방송이나 강의 전에 테스트해 보면서 양념을 각각 몇 숟가락씩 넣어야 하는지 하나하나 맛 보면서 정리합니다.

실제 상황에선 이렇게 하나하나씩 따져 가면서 요리해서는 안 됩니다. 간장, 소금 등의 양념이 음식을 만들 때 얼마만큼 들어가야 하는지 항상 머릿속에 들어 있어야 합니다. 간을 안 봐도 알아야 합니다. 즉, 몸이 알고 있어야 합니다.

Q8 공식적으로 맛있다의 기준이 있나요?

맛있다의 기준이 공식적으로 있는 건 아니지만 보통 간이 100에 가까이 가는 음식이 맛있는 음식입니다. 프로 요리사들의 요리는 간이 90~100 사이를 왔다갔다합니다.

하지만 겁이 많은 요리사들은 '짜면 어떡하지' 하는 걱정에 소금을 덜 써서 간이 60~70

에 머뭅니다. 이때 손님들이 항의를 하지는 않지만 요리가 싱겁다고 생각합니다. 100을 넘기면 당연히 짜다는 말이 나옵니다.

Q9 요리 만화를 보면 절대 미각이라는 말이 나오는데 실제로 존재하나요?

제 생각엔 절대 미각이라기보단 오랜 경험이 쌓이면 간을 잘 보게 되는 걸 말하는 것 같습니다. 그러니 간을 잘 보기 위해 끊임없이 노력해야 합니다. 저는 아침에 출근해서 밥을 먹지 않습니다. 배가 부르면 간을 보기 힘들기 때문입니다. 나이가 들어가면서 미각이 둔해지는 것 같아 담배도 끊고 술도 거의 안 마십니다. 담배를 끊은 지는 10년이 넘었습니다. 모든 요리사가 이런 노력을 하는 것은 아닙니다. 하지만 저는 요리를 하는 마지막 순간까지 최선을 다하기 위해 저 자신과 약속하면서 철저히 지켜가고 있습니다.

Q10 정통 중국요리와 한국에서 대중화된 중국요리의 차이점이 있나요?

차이점이 많습니다. 한국에서 먹는 일반적인 중국요리는 중국에는 거의 없습니다. 우리나라 중국요리는 화교들이 오랜 시간에 걸쳐서 한국 사람의 입맛에 맞게 개량한 것입니다.

옛날엔 한국 사람들이 기름진 요리를 거의 못 먹었기 때문에 정통 중국요리를 내놨다면 지금처럼 대중화되지 못했을 것입니다. 짜장면의 경우, 정통 중국요리는 더 짜고, 더 기름집니다. 베이징식 탕수육과 광둥식 탕수육도 우리나라에서 만든 말입니다. 또 우리나라에

서는 매운 중국요리에 무조건 사천을 붙이는데, 실제로 중국에 사천탕면이라는 음식은 없습니다. 망고새우나 크림새우의 경우는 정통 중국요리가 아니라 퓨전 요리에 속합니다.

Q11 좋은 요리사는 타고나는 걸까요? 아니면 노력으로 될 수 있나요?

좋은 요리사는 전적으로 타고나는 건 아닙니다. 어느 정도의 똑똑함과 순발력에 노력을 더하면 누구나 좋은 요리사가 될 수 있습니다.

오랜 경험으로 볼 때 타고나면서부터 똑똑하고 순발력이 있는 사람들이 있습니다. 하나를 가르치면 둘, 셋을 아는 사람이 있고, 하나를 가르쳐 주면 까먹는 사람도 있습니다. 똑똑하고 순발력 있는 사람은 요리뿐만 아니라 다른 분야에 가도 일을 잘할 것입니다.

그러나 순발력과 똑똑함이 좀 부족하다 해도 노력을 한다면 더디긴 하지만 좋은 요리사가 될 수 있습니다. 처음부터 잘하는 사람도 있고, 좀더 시간이 걸리는 사람도 있을 뿐입니다.

Q12 요리사가 직접 식당을 경영할 때의 장단점은 뭘까요?

개인적으로 월급쟁이 셰프보다 직접 경영할 때 스트레스를 덜 받는 편입니다. 물론 월급쟁이 셰프일 경우엔 돈 걱정 없이 최고급 재료를 척척 쓰고, 오전에 배달된 재료도 꼼꼼히 살펴보지 않고 편하게 일합니다. 반면 오너 셰프일 경우엔 재료의 상태를 꼼꼼히 살피는 등 하나부터 열까지 신경 쓸 것이 많습니다.

월급쟁이 셰프일 때는 직장 생활과 마찬가

지라서 장사가 안 되면 계속 회의를 하고 항상 머릿속에 '어떻게 하면 장사가 잘될 수 있나' 걱정하면서 하루종일 스트레스에 시달립니다. 반면 오너 셰프가 되고 나서는 장사가 안 되면 스트레스를 받기보다는 하루이틀 쉬면서 어떻게 해야 할지 전략을 세우게 됩니다.

저는 돈을 벌려면 오너 셰프를 해야 한다고 생각합니다. 그래서 저희 직원들에게도 열심히 배우고 익혀 가능하면 빨리 독립하라고 말합니다. 오너 셰프에게 가장 중요한 건 상권, 즉 어디에 식당을 차릴지 결정하는 것인데, 장사가 잘 되는 곳은 당연히 비싸게 들겠지요. 큰 욕심을 내지 않으면 독립하는 데 아주 오랜 시간이 걸리지는 않습니다.

Q13 가장 뿌듯할 때는 언제인가요?

이 질문에 대한 답은 모든 요리사가 같을 것입니다. 내가 만든 음식을 먹은 손님이 맛있다며 감탄하거나 칭찬해 줄 때입니다.

특히 제 요리를 즐기시는 분이 있습니다. 아름다운 재단에서 일하는 예종석 교수님은 대한민국에서 소문난 미식가입니다. 저는 원래 영업시간에 절대 자리를 비우지 않는데, 한번은 피치 못할 사정으로 잠시 자리를 비운 적이 있습니다. 마침 오신 예 교수님이 다른 주방장이 만든 요리를 맛보시고는 종업원을 불러서 내가 만든 요리냐고 물어본 적이 있습니다. 종업원이 우물쭈물하자 제 안사람을 불러서 다시 물어봤고, 안사람은 다른 사람이 만들었음을 고백했습니다. 예 교수님은 "어쩐지 음식 맛이 다르다"라고 말씀하셨습니다. 볼일을

마치고 돌아온 제가 다시 요리를 해서 올리자, 예 교수님은 "셰프가 돌아왔구만" 하시면서 음식을 즐겼습니다.

다들 프로 요리사고 미세한 간의 차이일 텐데 그 차이를 구분하고, 내 요리를 알아주시고 즐겨 주셔서 뿌듯하면서도 예 교수님이 오시면 긴장되기도 합니다.

Q14 가장 힘들었던 순간은 언제였나요?

처음 요리를 시작했을 때 나이도 어렸고, 악덕 업주를 만나서 힘들었습니다. 북창동의 중국집에서 일했는데, 업주가 요리집과 철물점도 함께 경영했습니다. 나는 식당 일을 하면서 철물점에 가서 창고 정리도 해야 했습니다. 지금 생각하면 월급에 비해 두 배로 일한 것입니다. 거절도 못하고 주인이 시키면 무조건 다 했습니다. 조금의 쉴 시간도 없어서 몸이 정말 힘들었지요. 밤이 되면 자는 건지 기절한 건지 모를 정도로 육체적으로 힘든 시기였습니다.

가게를 계속 옮기는 것도 힘든 일이었습니다. 한 곳에서 10년 이상 운영하기 힘들었습니다. 장사가 잘 되면 건물주가 가겟세를 올리기 때문입니다. 새로운 가게를 찾는 사이에 공백 기간이 생기는데, 그 공백 기간에 중국이나 일본 등지로 여행을 다녔습니다. 개업을 하면 꼼짝없이 얽매이기 때문에 여행 가서는 많이 먹고 잘 쉬었습니다. 사실 어렸을 때부터 여행을 많이 다니고 싶었기 때문에 이런 공백이 오히려 매력이라고 말할 수도 있습니다.

Q15 셰프님의 요리가 다른 중국집과 차별되는 비결은 무엇인가요?

저는 모든 요리를 항상 직접 만듭니다. 그러니 음식 맛이 변하지 않습니다.

흔히 맛집이라고 소문난 식당 중에서 뜨고 난 후에 맛이 변했다는 이야기를 듣는 경우가 많은데, 맛이 변하는 대부분의 이유는 메인 셰프가 요리하지 않고 사람을 고용해서 음식을 만들기 때문입니다. 저의 강점은 요리에 집중하는 것입니다. 그래서 강의나 방송은 쉬는 날이나 쉬는 시간에만 하는 것을 원칙으로 합니다.

Q16 지금의 자리에 오르기까지의 비결은 무엇이라고 생각하세요?

제가 처음 일을 배울 때는 지금처럼 출퇴근하는 게 아니라 가게에서 종업원들이 다 같이 먹고 잤는데, 당시 선배들은 자기 칼이나 프라이팬을 절대 못 만지게 해서 일을 배우기가 힘들었습니다. 저는 일을 빨리 배우고 싶어서 작은 꾀를 생각해 냈습니다. 남들보다 2~3시간 먼저 일어나서 선배들이 내려오기 전에 재료를 다 손질했습니다.

처음엔 선배들이 왜 자신의 칼을 만지냐며 화를 냈지만, 선배들도 사람인지라 편한 것에 익숙해졌습니다. 제가 재료를 다 손질했기 때문에 할 일이 없어진 선배들은 아침에 커피를 마시면서 신문을 보게 되었고 직접 가르쳐 주면서 다른 일도 저에게 맡겼습니다. 자연스럽게 저는 일도 빨리 배우고 결과적으로 친구들 중에서 제일 빨리 주방장이 되었습니다. 남들보다 조금씩 부지런했던 것이 지금의 저를 만든 것입니다.

Q17 오너 셰프로서 맛 외에 신경 쓰는 것은 무엇인가요?

요리 기술이 어느 정도 완성되면 사교에도 신경을 써야 합니다. 여건이 되면 방송, 잡지에도 적극적으로 나가고, 셰프들 모임에도 나가는 것이 좋습니다. 업계에 이름이 알려지면 일반인들에게도 알려지게 됩니다.

저는 중식 요리사들뿐만 아니라 다른 분야의 유명 셰프들은 물론, 푸드 스타일리스트들과도 자주 만나 교류합니다. 같은 분야의 사람을 만나면 이미 알고 있는 이야기만 듣게 되는데, 다른 분야의 사람들을 만나면 신세계 같은 이야기들을 들어서 재미있습니다. 비단 이름을 알리기 위해서뿐만 아니라 사람 사귀는 걸 좋아해서 영업이 끝난 늦은 시각에도 자주 만나는 편입니다.

Q18 오너 셰프에게 필요한 자질은 무엇인가요?

오너 셰프는 요리 기술뿐만 아니라 경영 전략도 갖추고 있어야 합니다.

예전에 일본에서 식당을 차린 적이 있습니다. 한 건물에 누가 식당을 해도 안 되는 자리가 있었는데, 건물주가 찾아와서 초기 창업자금으로 50만 엔을 주고 3개월 동안 월세를 안 받을 테니 식당을 운영해 보지 않겠냐는 제안을 했습니다. 동네도 외지고, 가게가 계속 망한 자리라 고민이 됐지만 아내와 의논해서 건물주의 제안을 받아들이기로 했습니다.

결과적으로 그곳에서 6년 동안 식당을 경영했습니다. 근처에 호텔이 있었는데 사람들의 입맛에 맞게 중식, 한식, 일식을 준비했습니다. 한 순간도 마음을 놓지 않고 일했지요. 지금 생각하면 뿌듯한 기억입니다.

한번은 인근 호텔에서 숙박한 중국 관광객이 단체로 주변 중국 음식점으로 향했습니다. 이유는 모든 음식에 닭날개 튀김을 서비스로 제공했기 때문입니다. 저는 호텔 직원에게 손님 중 몇 사람만이라도 우리 식당에 데려와 달라고 부탁했습니다. 그리고 중국인 손님들에게 서비스로 간장 소스에 버무린 닭발을 제공했습니다. 소문이 나자 호텔에 머무는 중국 손님들의 주문이 빗발쳤습니다. 식사 때마다 수많은 도시락이 배달되었고, 도시락 쓰레기에 화가 난 호텔에서는 우리에게 직접 쓰레기를 치우라고 말할 정도였습니다. 하루에 세 번씩 호텔에 가서 도시락 쓰레기를 치웠지만 전혀 힘들지 않았습니다.

최근엔 SNS를 잘 이용해야 한다고 생각합니다. 블로그, 트위터, 페이스북 등의 이용이 중요합니다. 아무리 요리를 잘해도 사람들이 모르면 소용이 없습니다. 사람들이 관심을 갖도록 올려서 한 사람이 '좋아요'를 누르면, 만 명의 사람들이 보게 되지요. 착한 가격과 음식을 맛있게 하는 것도 중요하지만 영업 전략도 중요합니다.

Q19 요리사를 꿈꾸는 청소년들에게 조언 부탁드립니다.

대중 매체를 통해서 접하는 요리사들은 대부분 성공한 경우가 많습니다. 그들의 방송 모습만 보면서 그 자리에 오르기까지의 중간 과정이나 내면적인 어려움을 간과하는 경우가 많지요. 성공하기도 힘들지만, 성공한 요리사들이라도 끊임없이 노력하고 힘들게 일한다는 것을 알아야 합니다.

요리사란 직업은 열심히 노력한다면 이루고자 하는 꿈에 다가갈 기회가 많습니다. 그러나 자기 시간이 없고 남보다 배로 노력해야 한다는 사실도 기억해야 합니다.

우리나라 식당 100개 중 3개만이 3년 후에도 살아남는다고 합니다. '난 할 수 있어. 해보자' 하고 죽기 살기로 달려들어야지 '대충 한번 해 보자' 하는 마음으로는 안 됩니다.

요리를 사랑해서 시작한 일이지만 지겹고 짜증나는 일도 많습니다. 어느 정도 궤도에 오르기까지는 희생할 각오가 있어야 합니다. 요리사로서 성공하는 데 시간은 걸려도 재미있고 보람된 직업이라고 말할 수 있습니다. 처음엔 칼질을 천천히 하겠지만, 시간이 지나면 빨라지고 재미있는 것과 마찬가지입니다.

Q20 앞으로의 꿈은 무엇인가요?

제 요리로 주변의 어려운 사람들에게 도움을 주고 싶은 꿈이 있습니다. 제 요리 중 12가지 정도의 맛있는 레시피를 생활이 어려운 사람들에게 가르쳐 주고, 그 사람들이 식당을 차려서 스스로 생활할 수 있게 도와주고 싶습니다. 그런데 권리금이나 월세 보증금 같은 현실적인 문제들이 만만치 않아서 고민 중입니다. 그러나 언젠가는 이룰 수 있으리라 생각합니다.

운동선수
실재형

R

SPORTSMAN

운동선수 (실재형)

올림픽이나 월드컵 등의 국제 대회에서 우리 선수들이 좋은 성적을 거두면 국민들 모두가 자기 일처럼 기뻐하고 환호합니다. 그리고 메달을 딴 선수들은 국민적인 영웅이 되곤 합니다. 박지성이나 김연아 같은 스타 운동선수들을 보면 운동선수라는 직업이 근사해 보일 것입니다. 그래서 많은 어린이나 청소년들이 커서 운동선수가 되고 싶어 하며, 그 꿈을 키우기 위해 열심히 노력하고 있습니다.

01 운동선수 이야기

1 운동선수란?

축구, 야구, 골프, 수영 등 각종 운동에 전념해서 경기에 나가 최고의 성적을 거두기 위해 노력합니다. 엄격한 규칙을 세워서 매일매일 훈련하고, 음식도 운동에 맞춰 조절해서 먹습니다. 국내외에서 열리는 각종 대회에 참가하고, 국내에서 최고의 선수가 되면 올림픽 같은 국제 대회에 국가 대표로 나갈 수 있습니다.

다양한 운동 경기만큼 다양한 운동선수가 있습니다. 축구, 야구, 농구, 배구, 핸드볼, 탁구, 배드민턴, 테니스, 볼링, 골프, 수영, 수중발레, 태권도, 레슬링, 유도, 스키, 피겨 스케이팅, 스피드 스케이팅, 아이스하키, 자동차 경주, 보디빌딩, 달리기, 마라톤, 씨름, 체조, 역도, 경마, 양궁, 사격 등 스포츠의 종목은 셀 수 없이 다양하고, 그에 따른 운동선수도 무척 많습니다.

2 운동선수가 되려면

운동선수를 직업으로 삼으려면 보통 초등학교나 중학교 때부터 시작합니다. 특정 종목에서 뛰어난 재능을 보여 운동부 지도자의 눈에 띄어 시작하는 경우가 많습니다.

이렇게 시작하여 고등학교 시절까지는 학교를 대표하는 운동선수로 활약하다가 졸업 후 바로 프로팀이나 실업팀으로 진출하는 경우도 있고, 대학의 체육 관련 학과로 진학하여 운동을 배우다가 프로팀 또는 실업팀으로 가기도 합니다.

그런데 실업팀과 프로팀이 어떻게 다른지 궁금할 것입니다. 실업팀 선수는 지방 자치 단체나 회사에 소속되어 사원 자격으로 운동하는 선수를 말하고, 프로팀 선수는 계약을 통해 경기를 위한 운동만 하는 선수를 말합니다. 뛰어난 실력을 인정받아 일찌감치 미국이나 일본, 유럽 등지의 프로팀으로 진출하는 경우도 있습니다.

이렇게 프로팀이나 실업팀 또는 대학에 소속되어 운동을 하다가 올림픽처럼 세계적인 경기에 출전하기 위해서는 먼저 국가 대표로 선발되어야 합니다. 국가 대표 선수로 선발되면 선수촌에 모여 국제 경기에 대비하여 합숙 훈련을 합니다.

3 운동선수로 성공하려면

단순히 운동을 잘하거나 즐기는 마음만으로는 최고의 운동선수가 될 수 없습니다. 해당 종목에서 뛰어난 실력을 갖추는 것은 물론, 힘든 훈련을 견딜 수 있어야 합니다. 그러자면 튼튼한 체력과 힘든 것을 참고 견디는 인내심이 필요합니다. 좋은 체력을 유지하기 위해서는 규칙적이고 지속적인 훈련과 충분한 영양 섭취를 해야 합니다.

또한 축구나 야구처럼 여러 선수가 한 팀을 이뤄 활동하는 스포츠는 동료 간에 양보와 협동, 단결을 해야 더 좋은 성적이 나올 수 있습니다. 따라서 사람들과 잘 지낼 수 있는 사회성도 필요합니다.

최근에는 우리나라 선수들이 축구, 야구, 골프 등의 종목에서 외국에 진출하는 경우가 많습니다. 따라서 외국어, 특히 영어를 잘해야 합니다. 그러므로 세계적인 운동선수가 되고 싶은 꿈을 가지고 있다면 영어 실력도 틈틈이 쌓아 두어야 합니다.

4 직업 전망

우리나라는 스포츠 관련 국제 대회에서 꾸준히 좋은 성적을 거두고 있습니다. 2006년 카타르 도하에서 열린 아시안 게임에서 2위, 2008년 베이징 올림픽 대회에서 7위, 2010년 밴쿠버 동계 올림픽에서 5위, 2012년 런던 올림픽 대회 5위 등 세계 수많은 나라를 제치고 우월한 위치를 차지하고 있습니다.

Tip
축구 · 야구 · 골프 · 농
구 · 배구 종목은 인기가
높고, 국내뿐 아니라 해
외 구단으로도 진출하는
등 진출 분야가 넓어지
면서 관심이 커지고 있
습니다. 그래서 이러한
종목의 운동선수가 되고
자 하는 사람들도 꾸준
히 늘고 있습니다. 하지
만 다수의 비인기 종목
은 미래가 불투명하여
선수층도 얇고 지원자도
점점 줄어들고 있는 실
정입니다.

앞으로도 이러한 좋은 결과가 나올 수 있도록 정부에서는 학교의 운동부나 체육계 학교를 지원하고 있고, 우수 선수를 선발하고자 체계적이고 과학적인 육성 정책을 펼치고 있습니다.

그런데 운동선수는 체력적 소모가 크기 때문에 나이가 많아지면 활동하기가 힘듭니다. 종목에 따라, 개인의 노력에 따라 다르지만 보통 30대 후반이 되면 은퇴를 합니다. 선수 생활을 하다가 은퇴를 하면 해당 종목의 감독이나 코치, 심판 등으로 활동합니다. 또한 생활 체육 지도자, 스포츠 해설자 등으로 활동하기도 하고, 스포츠 관련 사업에 종사하거나 자신이 직접 체육관, 스포츠 센터 등을 운영하기도 합니다.

02 역사, 책, 영화 속에서 만나는 운동선수

1 올림픽의 역사

올림픽은 국제 올림픽 위원회(IOC)가 선정한 도시에서 4년마다 열리는 세계에서 가장 중요한 국제 스포츠 경기 대회입니다. 세계에서 가장 뛰어난 선수들이 여러 가지 개인이나 단체 경기 종목에서 경쟁하며, 올림픽 경기장에는 경기를 보기 위해 세계 여러 나라에서 수많은 사람들이 찾아옵니다.

올림픽(하계 올림픽)은 기원전 776년 그리스 올림피아에서 신들에 대한 제전으로 시작했는데, 서기 393년 로마의 테오도시우스 황제가 크리스트교를 국교로 승격시키면서 제우스 신을 섬기는 고대 올림픽을 금지시켰습니다.

이후 1500년 동안 중단되었던 올림픽 경기 대회는 근대 올림픽의 창시자이자 국제 올림픽 위원회(IOC)의 창설자인 프랑스의 피에르 쿠베르탱 남작에 의해 부활되었습니다. 세계 평화와 우의를 다지고, 전 세계 청소년들을 위한 건전한 스포츠 경기를 조성하자는 목적으로 1896년에 고대 올림픽이 열렸던 그리스 아테네에서 근대 올림픽 1회가 개최된 것입니다.

올림픽 경기 대회는 하계 대회와 동계 대회로 나누어 치러집니다. 동계 올림픽은 1924년에 창설되어 처음에는 하계 올림픽과 같은 해에 열렸지만, 1994년부터는 하계 올림픽과 2년 간격으로 엇갈려서 4년마다 열립니다.

> **Tip**
>
> 오륜(Olympic Rings)은 1914년 피에르 쿠베르탱 남작이 만든 것으로, 당시 5대륙 대부분 국가의 국기에서 볼 수 있는 흰색(오륜기의 바탕색), 파란색, 노란색, 검정색, 녹색, 붉은색 6가지의 색으로 세계의 결속을 표현한 것입니다. 오륜기는 1920년 제7회 벨기에 앤트워프 올림픽 때부터 정식으로 게양되었습니다.

2 월드컵의 역사

월드컵은 국제 축구 연맹(FIFA)에서 주관하는 세계 축구 선수권 대회를 말합니다. 프로와 아마추어를 따지지 않고 진정한 세계 축구의 챔피언을 가리기 위해 만든 대회입니다.

Tip

월드컵 축구 대회는 각 대회마다 사용하는 공식 축구공이 따로 있습니다. 이 축구공을 '공인구'라고 하는데, 2002년 한일 월드컵의 공인구 이름은 '피버노바'였고, 2006년 독일 월드컵의 공인구는 '팀가이스트', 2010년 남아공 월드컵의 공인구는 '자블라니', 2014년 브라질 월드컵은 '브라주카'였습니다.

1930년 제1회 대회가 우루과이에서 개최되었으며, 이후 4년마다 열리고 있습니다. 아마추어와 프로에 관계없이 참가할 수 있으며, 선수는 소속된 축구단의 국적이 아니라 자기 국적에 따라 참가합니다.

월드컵 대회 본선에는 대회 3년 전부터 치른 예선전에서 결정된 31개 나라와 주최국이 합류해 모두 32개 나라가 참가하여 겨룹니다. FIFA에 가입된 나라가 209개국이나 되는 만큼, 이 대회는 단일 경기로서는 세계에서 가장 크고 권위 있는 스포츠 축제로서 인정받고 있습니다.

3 마라톤 거리는 왜 42.195km일까요?

기원전 490년 그리스의 마라톤 평원에서 아테네와 페르시아 간에 전쟁이 벌어졌습니다. 이 전쟁에서 전세가 훨씬 불리했던 아테네가 승리를 거두었는데, 그 소식을 전하기 위해 아테네의 병사 페이디피데스가 약 40km를 달려 아테네에 도착했습니다. 그렇지만 그는 승리 소식을 전하자마자 쓰러져 죽고 말았습니다. 그리하여 아테네 시민들은 승전보를 전하고 죽은 페이디피데스를 기리기 위해 올림픽에서 마라톤 대회를 종목으로 채택했습니다.

마라톤의 거리는 1896년에 개최된 제1회 아테네 올림픽 때까지만 해도 40km 정도였습니다. 그런데

1908년 제4회 런던 올림픽을 개최한 영국이 마라톤의 출발 장면을 왕이 볼 수 있도록 출발선을 왕이 있는 윈저 궁까지 2.195km 정도 연장하는 바람에 지금과 같은 42.195km로 늘어났습니다. 그러니까 마라톤의 42.195km는 역사적으로 어떤 의미가 있는 게 아니라 우연히 그렇게 된 것입니다.

4 관련 책

1) 〈재미있는 스포츠 스타 이야기〉 기영노 지음. 가나출판사. 2013

끊임없는 노력으로 스포츠계의 전설이 된 33명의 스포츠 스타들의 성공 이야기를 담고 있습니다. 베를린 올림픽의 영웅 손기정부터 아시아 출신 메이저리그 최다승 투수 박찬호, 세계 피겨의 역사를 새로 쓴 피겨 여왕 김연아, 올림픽 남자 수영의 전설 마이클 펠프스, 축구 역사상 가장 빛나는 별 펠레, 농구의 신 마이클 조던, 세계에서 가장 빠른 사나이 우사인 볼트, 한국 수영의 역사를 다시 쓴 박태환, 한국인 최초의 프리미어리거 박지성, 한국 여자 골프의 선구자 박세리 등 고된 훈련을 이겨 내고 끊임없는 노력으로 최고가 된 스포츠 스타들의 숨은 이야기가 담겨 있어 운동선수를 미래의 직업으로 삼고 있는 학생들에게 큰 도움이 될 것입니다.

그 밖에 어린이와 청소년들의 진로 선택을 위한 스포츠와 관련된 다양한 직업, 즉 운동 감독과 코치, 심판, IOC 위원, 스포츠 해설가, 스포츠 캐스터, 그리고 스포츠 에이전트 등이 소개되어 있어 학생들이 다양한 직업의 세계를 경험할 수 있습니다.

2) 〈슬램덩크〉 이노우에 타케히코 지음. 대원. 2010

농구를 통해 우정과 사랑을 그린 만화입니다. 만화를 넘어 신드롬이 된 고전이지요. '슬램덩크'란 농구에서 힘차게 덩크슛을 하는 것을 말합니다. 〈슬램덩크〉는 1990~1996년 일본의 만화잡지 〈소년점프〉에 연재되었습니다. 작가 이노우에 타케히코는 전직 농구 선수였으나 작은 키 때문에 선수 생활을 그만두었는데, 농구에 대한 열정을 저버리지 못해 농구 만화를 그리기 시작했다고 합니다.

줄거리를 살펴보면, 공부도 못하고 여학생에게 인기도 없는 주인공 강백호는 중학교 시절 여학생에게 늘 퇴짜를 맞았습니다. 북산고등학교에 입학한 강백호는 우연히 농구광인 채소연을 만나 한눈에 반하게 됩니다. 강백호는 채소연의 "농구 좋아하세요?"라는 한 마디에 곧바로 농구 선수가 되기로 마음 먹고 농구부에 들어갑니다. 농구에 대한 열정만큼 엄격한 주장 채치수, 채소연한테 멋진 모습만 보이는 슈퍼루키 서태웅의 틈바구니에서 강백호도 농구의 기초를 하나씩 익혀 갑니다. 여기에 돌아온 불꽃남자 정대만, 도내 넘버원 가드 송태섭이 가세하면서 북산 농구부는 강팀으로 거듭나게 됩니다. 마침내 북산고는 사상 처음으로 전국 대회에 진출하고 더 이상 풋내기가 아닌 강백호는 농구 인생 최고의 경기를 펼치게 됩니다.

1990년대 중반 〈슬램덩크〉의 인기에 힘입어 일본은 물론 한국에서도 농구 열풍은 대단했습니다. 마이클 조던, 데니스 로드맨, 패트릭 유잉 등 미국 프로 농구 선수들이 〈슬램덩크〉 주요 인물들의 모델로 알려지면서 미국 NBA에 대한 관심이 뜨거웠으며, 한국과 일본에서 농구의 저변을 확대하는 데 크게 기여했습니다.

5 관련 영화

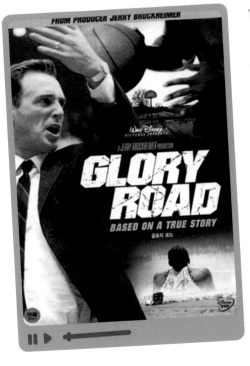

1) 〈글로리 로드〉

이 영화는 흑인에 대한 인종 차별이 한창이던 1966년 미국 농구 역사상 최초로 흑인 선수들만을 스타팅 멤버로 내보내 미국 대학 농구 토너먼트(NCAA)에서 우승을 쟁취한 텍사스 웨스턴 대학 농구팀의 실화를 바탕으로 제작되었습니다.

줄거리를 살펴보면, 텍사스 주 농구 만년 하위 팀인 텍사스 웨스턴 대학의 농구팀 마이너스에 딘 해스킨스 감독이 부임합니다. 그는 부임하자마자 마이너스 팀을 대학 최강팀으로 만들기 위해서 뛰어난 기량을 갖춘 선수들을 스카우트하려고 합니다. 그러나 우수한 선수들이 별 볼 일 없는 텍사스의 작은 대학에 오길 꺼려하자, 딘 감독은 뛰어난 기량을 갖춘 흑인들을 발굴해서 스카우트를 제안합니다. 당시 사회적 분위기로 봐서는 감히 상상할 수 없는 일이었지만 젊고 패기에 가득찬 던 해스킨스 감독은 학교 측을 설득해서 흑인 선수를 스카우트하는 데 성공합니다. 그러나 기존 멤버인 백인 선수들과 흑인 선수들을 하나로 뭉치게 하는 일부터 화려한 개인기에 익숙한 흑인 선수들에게 착실한 기본기를 연습시키는 것까지 무엇 하나 쉬운 일이 없습니다. 그러나 던 해스킨스 감독의 탁월한 지도력과 선수들의 피나는 노력으로 여러 난관을 극복하고, 이들은 마침내 1966년 미국 대학 농구 토너먼트에 진출하여 당시 대학 농구의 명문 팀이었던 켄터키 대학과 결승전에서 맞붙어 우승의 기쁨을 맛봅니다.

특히 이 영화는 〈진주만〉, 〈아마게돈〉, 〈캐리비안의 해적: 블랙펄의 저주〉, 〈내셔널 트레저〉 등 역대 흥행 대작을 제작한 할리우드의 미다스의 손으로 불리는 제리 브룩하이머가 제작을 맡으면서 더욱 관심을 끌었습니다.

2) 〈슈팅 라이크 베컴〉

축구 선수를 꿈꾸는 인도 소녀의 고군분투를 경쾌한 코미디로 그려 낸 영국 영화입니다. 영화의 원래 제목인 'Bend It Like Beckham'은 멋진 프리킥으로 골문을 가르는 데이비드 베컴의 바나나킥의 움직임을 뜻합니다. 우리나라에서는 2002년 부천 국제 판타스틱 영화제 개막작으로 상영되었습니다.

공원에서 활약하는 동네 축구단의 스트라이커 제스는 열여덟 살 소녀입니다. 그녀의 꿈은 축구 스타 베컴처럼 멋진 프리킥을 날리는 것이지만, 인도계 영국인 소녀 제스가 부모가 원하는 법대 진학의 꿈을 접고 축구 선수가 되는 것은 쉬운 일이 아니었습니다. 제스는 우연히 여자 축구단 '해리어' 팀 소속 선수 줄스의 눈에 띄게 되고, 줄스의 도움으로 두 소녀는 클럽 팀을 이끄는 공격 라인을 형성하지만 그들의 발목을 붙잡는 일이 곳곳에서 벌어집니다. 이러한 상황들을 극복하고 소망하던 미국 프로 선수 진출을 눈앞에 둔 제스와 줄스는

67

독일 원정 경기를 치르며 프로 선수가 되기 위한 중요한 관문인 클럽 결승전에 이르게 됩니다. 그러나 제스는 언니의 결혼식으로 인해 경기에 참가하기 어려운 지경에 이르고, 짝을 잃은 줄스는 경기장에서 홀로 고군분투합니다.

이 영화를 제작한 인도계 여성 거린다 차다 감독은 자신이 겪은 성장 과정을 바탕으로 남편과 함께 이 영화의 시나리오를 썼다고 합니다. 제스의 성장과 성공을 통해 서구 남성들의 전유물로 여겨 오던 축구 제도의 관습과 인도의 전통인 가부장적 질서를 유쾌하게 흔들어 놓으면서, 한편으로는 제스의 식구들을 통해 문화적 다양성을 펼쳐 보이고 있습니다.

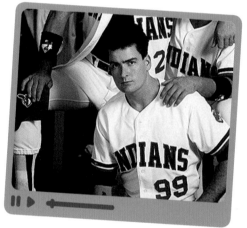

3) 〈메이저 리그〉

이 영화는 운동선수에게 동기 부여와 슬럼프 극복이 얼마나 중요한지 알게 해 주는 내용을 담고 있습니다. 한때 잘나가던 야구 선수였지만 현재는 모두 별 볼 일 없이 살아가던 선수들이 한데 모여 서로를 격려하면서 마침내 슬럼프를 극복하고 승리한다는 줄거리입니다.

아메리칸 리그, 동부 '클리블랜드 인디언스'는 전통을 가진 야구팀이지만 무려 30년 동안 우승은 고사하고 4위 이상에 한 번도 못 오른 팀으로 전락하고 말았습니다. 설상가상으로 새로운 구단주인 레이첼 필립스는 야구팀을 없애려고 합니다. 그녀는 클리블랜드에서의 이 팀의 인기를 완전히 없애려고 전국 각지에서 모은 오합지졸의 형편없는 선수들로만 새로운 야구팀을 구성하도록 합니다.

선수들의 면면을 살펴보자면, 우선 감독에는 타이어 사업을 하고 있는 소프트볼 출신 감독의 루 브라운, 포수에는 멕시칸 리그에서 날렸지만 지금은 무릎 부상으로 3류 선수로 전락한 제이크 테일러, 투수는 현재 형무소에 수감 중인 불량한 펑크족 릭키 본, 그리고 실력은 있지만 태만한 선수 로저 돈, 종교의 자유를 찾아왔다며 쿠바에서 망명한 부두교 흑인 광신자 페드로 세라노, 발은 엄청 빠르지만 멋만 부릴 줄 아는 웨일리 메이즈 헤이즈 등입니다.

아무것도 모르고 몰려든 멤버들은 메이저 리그에 출전하게 된 것에 신바람이 나기는 하나 새 구단주의 계획대로 연습부터 형편이 없습니다. 그러나 엉망진창이었던 이들은 점차 숨어 있던 재능을 발휘하고, 마침내 리그 우승을 이루며 클리블랜드의 영웅으로 부상합니다.

03 운동선수의 생활

운동선수의 생활은 1년 중 경기가 있는 시기와 없는 시기로 구분됩니다. 특히 축구, 야구, 농구, 배구 등 정기적인 리그가 있는 종목은 리그전이 있을 때와 없을 때의 생활이 크게 다릅니다. 리그전이 있는 시기는 합숙 훈련을 하며 경기 준비에 최선을 다하고, 없는 시기에는 개인 시간을 갖기도 하는 등 휴식을 취하거나 전지훈련을 떠나기도 합니다.

또한 운동선수라고 해서 연습이나 훈련만 하는 것이 아니라 코치나 감독과 함께 경기에서 이기기 위한 전략과 기술을 개발하기도 합니다. 자기 자신과 팀은 물론 경쟁 상대의 장단점을 분석하고 연구해 이기기 위한 작전을 짜는 것입니다.

1 경쟁이 치열한 선수 생활

여러 가지 운동 종목 중 프로 야구 선수들의 생활을 살펴보겠습니다. 우리나라의 프로 야구나 프로 축구는 날씨가 따뜻해져 야외 활동이 가능한 3월 말쯤에 정규 시즌이 시작되어 약 6개월간의 흥미진진한 리그전이 펼쳐집니다. 특히 프로 야구의 경우, 가을에 펼쳐지는 포스트 시즌은 치열한 승부 끝에 살아남은 5개 팀들이 우승을 가리는 최후의 무대이기 때문에 더욱 흥미진진합니다.

하나의 프로 야구 팀에는 약간의 차이는 있지만 60여 명 안

> **Tip**
>
> 운동선수라는 직업이 재미도 있고 돈도 많이 벌 수 있을 것 같지만 현실은 그렇지 않습니다. 올림픽이나 각종 대회에 출전하기 위해서는 경기가 없는 시간에도 끊임없이 연습해야 합니다. 하루에 12시간 이상 운동을 하기도 하며, 해외나 지방으로 훈련을 떠나 체력을 보강하기도 합니다.

팎의 선수들이 소속돼 있습니다. 1군에 등록된 선수는 27명이며, 이 중에서 최대 25명까지만 그라운드에 올라 경기에 출전할 수 있습니다. 나머지 선수들은 기회가 언제 올지 모르기 때문에 매일 훈련을 하고 비지땀을 흘리며 기회를 기다립니다. 이처럼 프로 운동선수들의 세계가 치열한 만큼 선수들은 저마다 고민과 사연을 가지고 있습니다. 하루아침에 주전에서 2군으로 내려가 라커룸을 비워 줘야 하기도 하고, 부상의 여파로 엔트리 탈락의 고배를 마시기도 합니다. 이 모든 사연들에도 불구하고 운동선수는 경기 결과로 자신을 보여 줘야 합니다. 오로지 실력으로만 평가받는 냉정하고 혹독한 프로의 세계이기 때문입니다.

2 추석 명절에도 쉴 수 없는 국가 대표 선수들

매년 전국 체전을 불과 한 달 남짓 남겨두고 추석이 찾아오기 때문에 전국 체전에 참가하는 선수들은 추석 연휴에도 편히 쉴 수가 없습니다. 항상 안정적인 컨디션을 유지해야 하는 운동선수들에게 하루 이틀의 휴식이 신체 리듬을 망가뜨리기도 하기 때문입니다. 무더운 여름철 굵은 땀방울을 흘리며 기량을 다져온 선수들에게 자칫 2~3일의 휴식이 심신의 안정을 주기는커녕, 기름진 명절 음식으로 컨디션을 망가뜨려 이를 회복하는 데 휴식 기간보다 몇 배 이상 많은 시간이 소요될 수도 있습니다.

특히 2014년에는 인천 아시안 게임을 열흘 남짓 앞두고 추석을 맞이하여 국가 대표 선수들은 고향에도 가지 못하고 선수촌에 남아 구슬땀을 흘리며 연습을 해야 했습니다. 이처럼 우리에게 기쁨을 주는 운동선

수들의 승리 뒤에는 추석 연휴조차 마음 놓고 쉴 수 없는 노력이 숨어
있습니다.

3 매일매일 근육 운동을 합니다

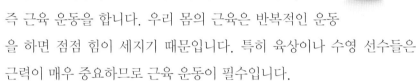

운동을 잘하려면 몸의 근육이 잘 발달해 있어야
합니다. 그래서 운동선수들은 근력이나 힘을 키
우기 위해 기구나 맨손을 이용해 웨이트 트레이닝,
즉 근육 운동을 합니다. 우리 몸의 근육은 반복적인 운동
을 하면 점점 힘이 세지기 때문입니다. 특히 육상이나 수영 선수들은
근력이 매우 중요하므로 근육 운동이 필수입니다.

웨이트 트레이닝을 처음 할 때면 안 쓰던 근육을 갑자기 사용하게 되
어 아프고 당기기도 합니다. 이럴 때는 근육이 적응할 수 있도록 하루
이틀 쉬어 주고 다시 하면 됩니다. 이런 식으로 매일매일 반복하다 보
면 근육이 아프지도 않고 힘이 생깁니다.

그런데 운동에 따라 특별히 힘을 키워야 하는 근육이 다릅니다. 이럴
때는 전문적인 트레이너에게 훈련을 받아야 합니다.

4 체중 조절도 중요합니다

운동선수들은 체중 조절에 신경 써야 합니다. 과체중이나 불필요한
군살이 많으면 순발력이 떨어져서 제 실력을 발휘할 수 없습니다. 그리
고 운동 종목 중에는 시합을 위해 반드시 체중 조절을 해야 하는 것도
있습니다. 즉 권투나 레슬링, 역도처럼 체급이 정해진 종목에서는 자신
의 체급에 맞게 체중을 관리해야 합니다.

대표적인 체급 경기인 권투의 경우 아마추어 권투는 11체급, 프로
권투는 무려 17체급이 있습니다. 만약 해당 체급의 기준에 비해 체중
이 많이 나가면 시합에 참가할 수가 없습니다. 오랫동안 훈련하고 노력
했는데 체중 때문에 실격되면 안 되겠지요.

그런데 평소에 체중 관리를 안 하다가 시합일에 닥쳐 무리하게 체중
을 조절하다가 시합을 망치는 경우도 있습니다. 갑작스러운 체중 조절
로 컨디션이 악화되어 제 실력을 발휘할 수 없기 때문입니다. 그래서
운동선수들에게 체중을 조절하는 건 훈련만큼이나 중요한 일입니다.

04 운동선수가 되기 위해 필요한 능력

1 강인한 체력

어떤 운동이든 최고의 실력을 발휘하기 위해서는 몸이 건강하고 체력이 좋아야 합니다. 앞으로 있을 경기에서 이기기 위해 하루도 빠짐없이 혹독한 훈련과 힘든 연습을 해야 하기 때문에 강인한 체력은 기본입니다. 따라서 좋은 영양 상태와 건강을 유지하기 위해 계획을 잘 세우고 꾸준히 실천해 나가야 합니다.

2 끈기와 인내심

운동은 자기 자신과의 싸움입니다. 운동을 하다 보면 아무리 연습해도 실력이 안 늘다가 어느 순간에 갑자기 실력이 늘 때가 있습니다. 따라서 꾸준한 연습이 필요합니다. 더 이상 뛸 수 없을 것 같은 때, 이제 팔을 들 힘조차 없을 것 같은 때에도 한 번 더 노력해야 합니다. 이렇게 노력해야 기본기가 탄탄해지고 운동선수로서 최고의 기량을 발휘할 수 있습니다. 호날두나 메시처럼 축구 천재라는 찬사를 듣는 선수들도 알고 보면 연습벌레입니다. 즉 타고난 재능도 중요하지만 기초적인 체력 훈련이나 기본 기술이 더욱 중요하다는 얘기입니다.

3 집중력과 마인드 컨트롤

경기에 임했을 때는 상대방을 의식하지 않고 최선을 다하는 태도가 필요합니다. 1등을 하고 싶다는 욕심, 누군가를 이기고 싶다는 마음, 좋은 기록을 세우겠다는 생각을 하면 오히려 마음이 초조해집니다. 따라서 경기를 할 때는 오로지 운동에 집중하고 최선을 다해야 합니다. 그래야 좋은 결과가 나오고, 비록 결과가 기대에 못 미치더라도 후회하는 일은 없을 것입니다.

4 동료와의 협동심

운동을 하다 보면 힘들 때가 많습니다. 혹독한 훈련을 견뎌
야 하고, 경기 성적이 기대에 못 미칠 때는 낙담하고 좌절하기도
합니다. 이럴 때 자기를 통제하고 심리적 평정을 유지하는 태도가 필
요한데, 서로 격려하고 위로해 주는 동료들과의 관계가 큰 도움이
된다고 합니다. 따라서 독불장군처럼 행동하기보다는 동료와의
관계를 잘 유지하는 것이 중요합니다.

그리고 축구, 야구, 배구, 농구 등 개인이 아닌 여러 명이 한 팀
을 이뤄 활동하는 운동의 경우는 팀원 간의 단결과 협동심이 무엇
보다 중요합니다. 개인기가 아무리 뛰어나더라도 동료들과 잘 지
내지 못하면 제 실력을 발휘할 수 없으므로 원만한 대인 관계를
유지할 수 있어야 합니다.

5 외국어 능력

박지성이나 김연아 같은 세계적인 운동선수들이 외국 기자들 앞에서
인터뷰하는 모습을 본 적이 있을 것입니다. 그들은 운동도 잘하지만 영
어 실력 또한 뛰어나다는 것을 알 수 있습니다. 요즘 우리나라 운동선
수들 중에는 미국이나 일본, 유럽 등 외국에 진출한 선수가 많습니다.
미국 LPGA에는 일일이 꼽을 수 없을 만큼 많은 여자 골프 선수들이 진
출해 있고, 미국 메이저리그에는 류현진, 추신수, 최지만 등의 야구 선
수가 진출해 있습니다. 그리고 유럽 잉글랜드 프리미어리그에는 얼마
전까지 뛴 박지성 선수와 지
금도 뛰고 있는 기성용 선수,
독일 분데스리가에서는 손흥
민, 구자철, 박주호 선수 등
이 뛰고 있습니다. 그러므로
국제 무대에 진출하고 싶은
꿈을 가지고 있다면 운동 연
습을 하는 틈틈이 외국어, 특
히 영어 공부도 해 두어야 합
니다.

05 운동선수의 장단점

1 장점

1) 하고 싶은 일을 맘껏 할 수 있습니다

초등학생들에게 미래의 꿈이 뭐냐고 물으면, 남자아이들의 경우 운동선수라는 대답이 절반 이상을 차지합니다. 하지만 중학생이 되면서부터 이 꿈은 급속도로 줄어듭니다. 현실적으로는 운동선수로 성공하기가 무척 어렵기 때문입니다. 그럼에도 불구하고 직업인으로서 운동선수가 되었다면 이보다 더 큰 즐거움은 없을 것입니다. 자신이 하고 싶은 일을 맘껏 하며 돈도 벌 수 있으니까요.

2) 스타 선수가 되면 유명해지고 부자가 될 수 있습니다

요즘 우리나라 운동선수들 중에는 세계적인 스타가 많이 있습니다. 우선 여자 골프 선수들을 예로 들 수 있는데, 박세리, 박인비, 신지애 등 셀 수 없이 많지요. 미국 LPGA(여자 프로 골프 협회)에서 우리나라 선수들이 1위를 하는 경우도 자주 있고, 매회 10위권 안에 드는 선수가 2~3명쯤 됩니다. 마치 골프 대회가 열리는 곳이 우리나라가 아닌지 착각할 정도입니다. 구름 같은 관중들을 몰고 다니는 골프 선수들, 참 멋져 보입니다.

그리고 미국 메이저리그에 진출한 야구 선수로는 몇 해 전에 은퇴한 박찬호 선수와 현재 활동 중인 류현진, 추신수 선수 등이 있습니다. 유럽에 진출한 축구 선수로는 영국 프리미어리그에서 활발히 활동했던 박지성이 대표적이고, 손흥민, 기성용, 구자철, 박주호 선수 등이 현재 유럽에서 활동 중입니다.

피겨 요정 김연아 선수도 빼놓을 수 없습니다. 2010년 캐나다 밴쿠버에서 열린 동계 올림픽에서 금메달을 딴 김연아 선수는 피겨 스케이팅의 역사를 새로

쓸 정도로 다양한 기록을 수립했습니다. 그 해에 미국 〈타임〉지가 선정한 세계에서 가장 영향력 있는 여성 100위 안에 들기도 했습니다.

이들 운동선수들은 전 세계의 팬들에게 이름을 날리기도 하는 한편, 많은 돈을 벌기도 합니다. 골프 선수나 피겨 스케이팅 선수는 상금으로 많은 돈을 벌고, 미국에 진출한 야구 선수와 유럽에 진출한 축구 선수들은 어마어마한 연봉을 받고 있습니다.

이처럼 운동선수로서 성공하면 자신이 하고 싶은 일을 하면서도 유명해지고, 많은 돈을 벌 수 있는 일석삼조의 즐거움이 따릅니다.

3) 체육 역사에 영원히 이름을 남길 수 있습니다

운동선수로 크게 활약하면 체육 역사에 이름을 남길 수 있습니다. 명예의 전당에 이름을 올리거나, 사진이나 초상화, 평소 사용했던 운동 기구도 함께 전시될 수 있습니다.

1936년 일제 강점기에 베를린 올림픽 마라톤에서 금메달을 딴 손기정 선수는 이후에 우리나라 마라톤과 체육 발전에 힘쓴 결과 지금까지도 많은 사랑과 존경을 받고 있습니다.

여자 골프 선수 박세리는 미국 골프 명예의 전당에 이름이 올라가 있습니다. 박세리는 1998년 당시 가장 어린 나이로 미국 LPGA의 US오픈에서 우승을 한데다, 메이저 대회 5승 포함 25승이라는 대기록을 세웠기 때문에 최연소이자 아시아인으로서는 최초로 명예의 전당에 이름을 올릴 수 있었습니다. 야구 선수 박찬호는 2016년부터 미국 야구 명예의 전당 후보에 오를 수 있는 요건을 충족하였으나, 아쉽게도 정식 후보가 되지는 못하였습니다.

이처럼 운동선수로 이름을 날리면 살아 있을 때는 물론 죽은 다음에도 체육 역사에 영원히 이름을 남길 수 있습니다.

4) 운동선수를 그만두더라도 할 수 있는 일이 많습니다

운동선수는 대부분 젊은 시절 동안 활동할 수 있으므로 은퇴한 후에는 무엇을 하며 살까 걱정하는 사람들이 많습니다. 그렇지만 은퇴 후에도 할 수 있는 일은 많습니다.

은퇴 후에도 할 수 있는 대표적인 직업으로는 선수들에게 운동을 지

Tip
스포츠 트레이너는 운동선수를 훈련시키고 지도하는 사람을 말합니다.

도하는 감독과 코치, 그리고 스포츠 해설자, 스포츠 트레이너나 생활 체육 지도자 등이 있습니다. 아니면 스스로 체육관을 열고 관장이 될 수도 있습니다. 그 밖에 시험을 봐서 심판이 될 수도 있고, 운동선수들의 매니저가 되거나 운동선수들의 계약을 돕는 에이전트 회사를 차릴 수도 있습니다.

2 단점

1) 경쟁이 치열합니다

학교 다닐 때 학교에서 가장 운동을 잘하는 선수였다 하더라도 경쟁이 치열한 스포츠 세계에서 끝까지 살아남기가 힘듭니다. 운동이라면 최고라는 말을 듣던 사람들이 모여 있는 공간이기 때문에 자신보다 잘하는 사람이 있게 마련입니다. 그 중에서 돋보이게 잘하려면 특별한 재능과 뛰어난 기술을 가지고 있어야 합니다. 필요한 기술을 연마하기 위해서는 다른 선수들보다 먼저 일어나고, 다른 선수들이 집에 가더라도 혼자 남아서 연습을 해야 합니다. 특히 프로 무대는 고등학교, 대학교 때 정말 잘했다는 선수들만 들어오는 곳이기 때문에 아주 열심히 하지 않으면 밀려나기 십상입니다.

더구나 남자 운동선수들은 군대라는 관문이 있습니다. 군대에 갔다 오면 몸이 굳고 운동 감각도 떨어져 실력을 발휘할 수가 없습니다. 계속해서 피나는 노력을 해야만이 군대 가기 전의 실력을 되찾을 수 있습니다.

2) 부상당할 염려가 큽니다

운동선수는 정도의 차이가 있기는 하지만 훈련이나 경기 중에 부상

Tip

현재 병역법 제33조와 병역법시행령 68조에 의해 올림픽대회 3위 이상 입상자나 아시아 경기대회 1위 입상자에게는 병역 특례 혜택이 주어집니다. 병역 특례 해당자들은 훈련소에서 4주간의 군사 훈련을 마치고 2년 10개월 동안 자신의 종목에서 선수나 지도자 등에 종사하면 병역을 마친 것으로 간주합니다.

을 당하는 경우가 많습니다. 심한 부상을 당하면 운동을 쉬고 재활 치료를 하는 고통스러운 시간을 견뎌야 합니다. 훌륭한 운동선수가 되려면 이런 육체적 고통을 감수할 수 있어야 합니다. 또한 부상을 당하지 않기 위해 부상 예방 훈련도 하고, 훈련할 때는 신체 보호 장비를 착용해야 합니다.

3) 가족과 떨어져 지낼 때가 많습니다

운동선수들은 주로 훈련장이나 경기장에서 시간을 보내며, 경기를 준비하기 위해 동료들과 장기간 합숙할 때가 많습니다. 또한 훈련이나 경기에 참여하기 위해 지방이나 해외로 돌아다니는 시간이 많습니다. 특히 인기 종목인 프로 야구, 프로 농구, 프로 축구 선수들은 각 지방을 순회하며 경기를 하므로 가족들과 오랜 시간 떨어져 지내야 합니다. 그러다 보면 외롭고 힘들 때가 많지요. 이런 외로움을 극복하기 위한 가장 좋은 방법은 동료들과 잘 지내며 서로 위로하고 격려해 주는 것입니다.

4) 육체적 · 정신적 스트레스가 큽니다

운동선수로 활동하기 위해서는 많은 양의 훈련을 해야 하므로 체력적으로 견디기 힘들 때가 있습니다. 또한 경기 결과나 개인의 기록 등을 통해 바로 실력이 평가되기 때문에 이에 따른 스트레스도 큰 편입니다.

때로는 부상을 당하거나 고된 훈련으로 인해 몸과 마음이 지쳐서 슬럼프에 빠질 때가 있습니다. 슬럼프가 찾아오면 무척 괴롭지요. 그럴 때일수록 성적이나 기록 생각은 하지 말고 오로지 훈련에만 집중하다 보면 어느 순간 다시 좋아집니다. 슬럼프를 지혜롭게 극복하지 못하면 중도에 운동을 포기하는 경우도 생깁니다.

5) 경제적 어려움이 따를 수 있습니다

스타 운동선수들은 돈을 많이 벌지만 비인기 종목의 운동선수나 실력이 부족한 운동선수들은 연봉이 적기 때문에 경제적으로 어려울 수 있습니다.

현재 축구, 야구, 골프, 농구, 배구 등 프로 종목의 인기는 더 높아지고 있고, 국내뿐 아니라 해외 프로 구단에도 진출하는 등 진출 분야가 넓어지면서 프로 선수에 대한 관심도 더욱 높아지고 있습니다. 이 외에도 비인기 종목이었던 빙상 종목과 수영 종목, 체조 종목 등이 새롭게 인기 종목으로 떠오르고 있습니다. 하지만 비인기 종목은 여전히 선수층이 얇고 지원도 부족한 편이라서 비인기 종목에서 뛰는 선수들은 경제적인 어려움을 많이 겪고 있습니다.

6) 국제 대회의 우승자에게만 관심이 쏠아집니다

국가 대표 선수로 뽑혀서 올림픽이나 아시안 게임과 같은 국제 대회에 참가하는 것은 운동선수에게 있어 가장 큰 영광입니다. 어찌 보면 운동을 시작한 선수들이 갖는 최상의 목표라 할 수 있습니다.

하지만 대회가 시작되면 누군가는 금메달의 영광을 얻지만, 누군가는 쓸쓸히 짐을 싸서 돌아갑니다. 그리고 매스컴에서는 메달을 딴 선수들에게만 눈길을 줍니다. 따라서 사람들은 메달을 따지 못한 선수들에게도 아낌없는 성원을 보내 줘야 합니다.

7) 운동을 중도에 그만두면 타격이 큽니다

운동선수들은 어릴 때부터 공부보다는 운동을 하는 데 더 많은 시간을 쓰기 때문에 학습 능력이 부족한 경우가 많습니다. 다른 친구들이 교실 책상에 앉아 공부할 때 운동선수들은 운동장에서 뛰어야 했으니 당연한 결과이겠지요.

그래서 운동을 중간에 포기하게 되면 개인적인 타격이 무척 큽니다. 친구들은 이미 마친 공부를 새롭게 시작해야 하기 때문입니다. 특히 기초를 다져야 하는 수학이나 영어의 경우 따라가기가 쉽지 않습니다.

따라서 운동선수를 직업으로 삼고 싶다면 각오를 단단히 해야 합니다. 또한 운동을 하더라도 평소 책을 읽는 습관을 가지고 공부의 끈을 놓지 않는 것이 중요합니다.

06 운동선수가 되기 위한 과정

1 초등학교 시절

요즘에는 운동선수가 되기 위해 빠르면 초등학교 입학 전, 늦어도 초등 저학년 때부터 운동을 시작합니다. 대부분 클럽 팀에서 운동을 하다가 특별한 재능이 엿보이면 본격적으로 시작합니다. 아니면 초등학교나 중학교 시절 특정 종목에서 뛰어난 자질을 보여 운동부 지도자의 눈에 띄어 시작하는 경우도 있습니다.

일단 어떤 종목을 할지 결정한 후에는 자신이 원하는 종목의 운동부가 있는 학교로 전학을 가야 합니다. 예를 들어 아이스하키를 하기로 결정했다면 아이스하키부가 있는 초등학교, 중학교, 고등학교, 대학교까지 찾아다니는 것입니다.

2 중·고등학교 시절

학창 시절에는 해당 종목의 운동부에 들어가 열심히 훈련하고 기술을 익혀야 합니다. 왜냐하면 중학교 때 열심히 해야 운동부가 있는 고등학교에서 영입해 가고, 고등학교 때의 실력이 뛰어나야 좋은 대학교나 프로 구단에 들어갈 수 있기 때문입니다. 그렇다고 운동에만 매달려서는 안 됩니다. 학업 성적이 좋아야 원하는 대학에 들어가는 데 유리합니다.

고등학교는 체육 고등학교를 선택하는 것도 좋습니다. 서울, 경기, 인천, 부산, 강원, 경남, 경북, 광주, 대구, 대전, 전남, 전북, 충남, 충북 등 전국에 14개의 체육 고등학교가 있으니 자신이 원하는 운동 종목이 있는지 살펴보고 진학한다면 보다 집중하여 운동할 수 있습니다.

대부분의 운동선수들은 고등학교까지 학교를 대표하는 운동선수로 활약하다가 고등학교를 졸업하면 대부분 체육 대학에 입학하거나 체육 특기생으로 일반 대학의 체육 관련 학과를 전공하면서 대학을 대표하는 운동선수로 활동합니다. 하지만 일부 운동 선수들은 고등학교 졸업 후 바로 아마추어 실업팀이나 프로 스포츠 구단에 입단하기도 합니다.

아울러 대학의 학과를 선택할 때는 고등학교 운동부의 감독이나 코치의 도움을 받는 것이 좋습니다.

3 대학 시절

전문 대학이나 4년제 대학교의 체육학과, 사회체육과, 무도학과, 무용과, 태권도학과, 골프학과, 생활체육과, 레저스포츠학과 등에 입학하면 전문적인 교육을 받을 수 있습니다. 대학 시절에는 학교 대표 선수로 뛰면서 감독 및 코치에게 관련 규칙이나 기술 등을 직접 몸으로 배우며 익힙니다.

이렇게 열심히 뛰다 보면 대학 재학 중에 프로팀이나 실업팀의 스카우트 제안을 받거나, 학교 추천 혹은 본인의 지원으로 테스트를 거쳐 프로 구단에 입단할 수 있습니다.

그러나 꼭 대학을 졸업해야 최고 수준의 선수가 될 수 있는 것은 아닙니다. 고등학교 졸업 후 바로 직업적인 운동선수가 되어 활동하는 경우도 있기 때문입니다. 중요한 것은 대학을 졸업했느냐가 아니라 끊임없이 자신의 분야에서 실력을 닦는 것입니다.

4 프로팀이나 실업팀에서 활약

직업 운동선수는 크게 프로팀에 소속된 선수와 실업팀에 소속된 선수로 구분할 수 있습니다. 둘 다 운동을 직업으로 삼고 있지만 프로 선수는 계약을 통해 경기를 위한 운동만 하며, 실업 선수는 지방 자치 단체, 시·도 체육회, 기업 등에 소속되어 직위를 부여받고 사원 자격으로 운동을 합니다. 일부 종목의 실업팀은 평소 회사에서 주어진 업무를 하다가 경기 및 시합 일정이 잡히면 연습을 하고 경기에 참여하기도 합니다.

대학 졸업 후 프로팀이나 실업팀에 들어가게 되는데, 보통 경기 성적이나 개인 기록 등을 바탕으로 프로팀이나 실업팀 등에서 스카우트 제안이 들어옵니다. 아니면 감독이나 코치, 학교 등의 추천이나 본인의 지원으로 테스트를 거쳐 입단하기도 합니다. 또 구단 연습생을 선발하는 종목은 연습생을 지원해 프로 선수가 되기도 합니다. 그리고 실업팀에서 활동하다가 프로팀으로 스카우트되기도 합니다.

5 국가 대표 선수가 되려면

운동선수들의 목표는 국가 대표 선수가 되어 올림픽이나 각종 국제 대회에 출전해서 좋은 성적을 거두는 일입니다. 국가 대표 선수를 뽑는 방법은 각종 시합에서 얻은 경기 성적과 발전 가능성, 특기, 대표 코치의 의견 등을 종합해서 결정합니다. 또한 국가 대표 선수 선발전을 통해서 대표 선수를 뽑거나 일부 종목은 감독이 직접 대표 선수를 정하기도 합니다. 국가 대표로 뽑힌 선수들은 국제 경기에 출전할 때까지 선수촌에서 합숙 훈련을 하게 됩니다. 우리나라에는 서울의 태릉 선수촌과 충북의 진천 선수촌이 있습니다.

6 은퇴 후의 생활

운동선수는 부상 위험이 크고, 체력적인 소모가 많은 직업인 만큼 다른 직업보다 은퇴 시기가 빠릅니다. 종목이나 개인의 노력 여하에 따라

81

다르지만 보통 30대 후반이면 은퇴를 하게 됩니다.

선수 생활을 하다가 은퇴를 하면 해당 종목의 감독이나 코치 등 운동 선수들을 지도하는 일을 할 수 있습니다. 아니면 운동 경기를 해설하는 해설 위원이 될 수도 있고, 경기 심판이 될 수도 있습니다. 또 스포츠 강사나 스포츠 트레이너 등 생활 체육 지도자로 활동할 수 있으며, 자신이 직접 체육관이나 스포츠 센터 등을 운영하기도 합니다. 경우에 따라 스포츠 관련 용품을 판매하는 사업을 할 수도 있습니다.

07 운동선수의 마인드맵

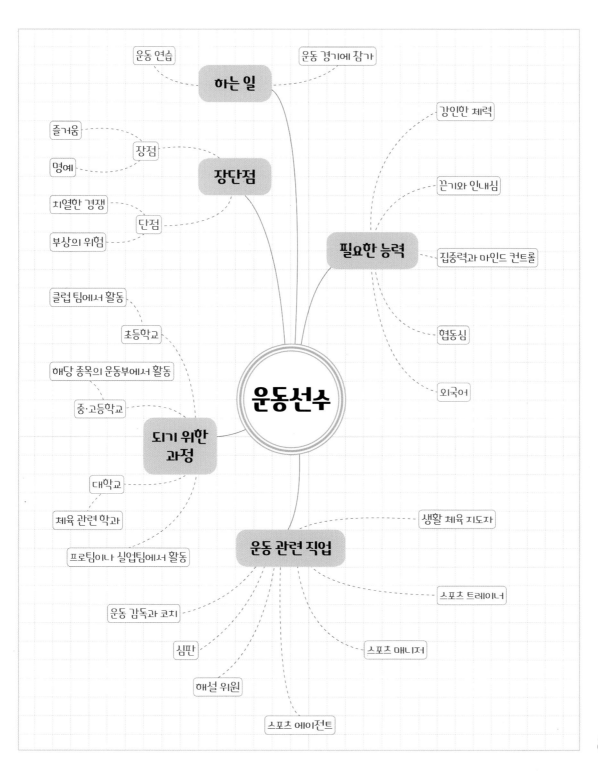

08 운동선수와 관련하여 도움 받을 곳

1 직업 정보를 얻을 수 있는 기관

●한국체육박물관 서울특별시 노원구 공릉동 태릉 선수촌 안에 위치한 체육 전문 박물관입니다. 이곳은 역사관, 올림픽관, 전국체전관, 경기단체관 등으로 나누어져 있습니다. 전시장에는 1936년 베를린 올림픽에서 손기정 선수가 받았던 투구 모형, 해방 이후 처음으로 우리나라 국적으로 참여한 1948년 런던 올림픽 한국 선수단 관련 물품, 1988년 서울 올림픽 관련 전시물과 각종 올림픽의 기념품이 전시되어 있습니다. 특히 역대 국가 대표 선수들이 입었던 유니폼과 유명 선수들의 사인도 전시되어 있어 흥미를 끕니다.

태릉 선수촌도 함께 둘러볼 수 있어서 아이들에게 산 교육장이 될 수 있습니다. 관람료는 무료인데 주말과 공휴일은 문을 열지 않는다는 점에 주의해야 합니다.

●고용노동부 워크넷(http://www.work.go.kr) 한국고용정보원에서 운영하는 사이트로, 무료로 직업 심리 검사를 이용할 수 있습니다. 직업 정보 검색, 직업 · 진로 자료실, 학과 정보 검색 등의 정보를 제공하며 직업 · 학과 동영상, 이색 직업, 테마별 직업 여행, 직업인 인터뷰 자료를 볼 수 있습니다. 그리고 온라인 진로 상담 서비스도 제공합니다.

●진로정보망 커리어넷(http://www.career.go.kr) 한국직업능력개발원이 운영하는 사이트로, 초등학생부터 성인, 교사에 이르기까지 대상별로 진로 및 직업 정보를 제공하며 온라인 상담도 할 수 있습니다. 이

곳에서는 심리 검사를 무료로 이용할 수 있으며, 학생들이 만든 UCC 자료도 볼 수 있습니다.

2 직업 체험 프로그램

● (사)대한청소년스포츠클럽연맹(http://www. koys.co.kr) 청소년 스포츠 클럽을 지원하고 육성하며, 축구 등 청소년 체험 학습을 개최하고 있습니다. 운동선수 출신 지도자들이 재능 기부로 학교 스포츠 클럽을 찾아가 지도하기도 하고, 학교 스포츠 클럽 팀 간의 전국 또는 지역 규모로 대회를 열기도 합니다. 또한 시골이나 섬 지역 어린이나 청소년들을 초청하여 스포츠 체험

기회를 제공하고, 유명 운동선수들과 만남의 시간을 갖기도 합니다.

다양한 스포츠 클럽을 운영하고 있으므로 운동에 관심이 있는 어린이나 청소년들은 이곳을 통해 정보를 얻거나 기회가 되면 체험 학습을 경험해 볼 수 있습니다.

● 코리아잡스쿨(http://www.kojobs.co.kr) 학생들이 직업 체험 프로그램에 참가하여 접하기 어려운 직업을 미리 탐색할 수 있고, 직업 세계에 대한 이해를 넓힐 수 있습니다. 또한 특정 직업에 대한 편견을 버리고 건전한 직업관을 형성할 수 있으며, 사회에 첫발을 내딛는 것에 대한 막연한 두려움에서 벗어나 자신감을 가질 수 있습니다.

현재 130여 개의 특성화고와 마이스터고 등을 대상으로 교육 과정을 운영하고 있으며 고려대, 연세대, 동국대 등 30여 개 대학에 취업 캠프를 운영하고 있습니다.

09 유명한 운동선수

1 손기정(1912~2002)

일제 강점기인 1912년 평안북도 신의주에서 태어난 손기정은 16세 때 중국 단둥의 회사에 취직하여 신의주에서 압록강 철교를 거쳐 단둥에 이르는 20여리 길을 매일 달려서 출퇴근했습니다.

1932년 신의주 대표로 제2회 동아 마라톤 대회에 참가하여 2위를 차지했습니다. 1937년 양정고등보통학교를 졸업하고 1940년 일본 메이지 대학을 졸업했습니다. 1935년 전 일본 마라톤 선수권 대회에서 우승하였고, 1936년 베를린 올림픽에 일본 대표로 참가하여 당당히 금메달을 받았습니다. 당시 손기정은 2시간 30분의 벽을 깨고 2시간 29분대의 기록을 세웠습니다. 이 기록은 11년이 지난 뒤에야 깨졌습니다. 손기정의 우승은 일본의 핍박에 힘들어 하던 우리 국민에게 큰 희망이 되었지요. 당시 동아일보사에서 손기정 선수의 운동복 가슴에 수놓아져 있는 일장기를 지워 버려 신문사가 문을 닫고 기사를 쓴 기자들은 일본 경찰서에 끌려가 고생을 했습니다.

손기정은 그 후 지도자의 길을 걸어 1947년 보스턴 마라톤 대회에서 서윤복의 우승을 이끌었으며, 1950년 대회에서도 우리 선수들이 1, 2, 3등을 차지하는 쾌거를 이루는 데 큰 역할을 했습니다. 그 후로도 올림픽 등 큰 대회에서 총감독으로 참여하는 등 크고 작은 스포츠 행사에 적극적으로 참여했습니다.

1988년 서울 올림픽 때는 조직 위원회 위원을 지냈으며, 성화를 봉송하기도 했습니다. 그러나 말년에 당뇨에 걸려 투병하다가 90세의 나이로 세상을 떠났습니다.

2 박찬호(1973~)

충남 공주에서 태어난 박찬호는 한양대학교 재학 중에 미국 LA다저스에 입단하여 한국인 출신 첫 메이저리그 진출 프로 야구 선수가 되었습니다.

1994년부터 LA다저스에서 활동하게 된 박찬호는 1997년부터 2001년까지 5시즌 연속 10승 이상을 거뒀습니다. 메이저리그 정상급 투수가 된 박찬호는 약 1,300만 달러(약 150억 원)의 연봉을 받았습니다. 박찬호는 메이저리그에서 활동한 17년 동안 통산 476경기, 1993이닝 투구, 124승 98패로 아시아 출신 투수로서는 최다승·최다투구 기록을 세운 대단한 선수였습니다.

하지만 계속되는 부상으로 부진을 면치 못하였고, 2010년 말 메이저리그를 떠났습니다. 그 후, 일본을 거쳐 우리나라의 프로 야구 구단인 한화 이글스에서 활동하다가 2012년 11월 프로 야구 선수로서의 은퇴를 선언하였고, 2014년 7월 프로 야구 올스타전에 앞서 공식 은퇴식을 가졌습니다.

3 박지성(1981~)

전남 고흥에서 태어난 박지성은 어릴 때 수원으로 이사하여 초등학교 때부터 축구를 시작했습니다. 축구 선수로서는 치명적이라고 하는 평발을 지녔으나 열심히 노력한 끝에 국가 대표 선수가 되었습니다. 명지대에 다니던 중 대학을 휴학하고 일본 프로 축구팀인 교토 퍼플 상가에 입단했습니다.

2002년 월드컵 대표팀에 발탁되어 4강 신화를 이끄는 데 크게 기여하였고, 경기 90분 내내 쉬지 않고 뛰어 다닌다 하여 '산소 탱크'라는 별명을 얻었습니다. 2003년 히딩크 감독 소속팀인 네덜란드 프로축구 PSV 에인트호벤에 입단하여 크게 활약했습니다.

2005년에 맨체스터 유나이티드(맨유)로 이적하여 2007~2008 UEFA 챔피언스리그에서 세계 축구팬들이 주목할 만한 플레이를 펼쳤으며, 2012년까지 이 팀에서 뛰었습니다. 맨유에서 뛰는 동안 박지성은 7시즌 동안 팀의 프리미어리그 4회 우승과 2007~2008년 유럽 축구 연맹(UEFA) 챔피언스리그 우승을 함께하였습니다. 유럽에서 이렇게 활발히 활동하는 한편, 2008년부터 2011년까지 국가 대표 주장이 되어 대표 팀을 이끌면서 '캡틴 박'이라는 별명으로 불렸습니다.

2012년 맨유에서 퀸즈파크레인저스를 거쳐 예전에 활동했던 네덜란드의 PSV 에이트호벤으로 옮겨서 뛰다가 2014년 5월에 은퇴를 선언했습니다.

4 김연아(1990~)

경기도 부천에서 태어난 김연아는 7살부터 스케이트를 타기 시작하였고, 류종현 코치의 권유로 피겨 스케이팅을 시작했습니다. 14세였던 2003년에 피겨 스케이팅 국가 대표로 선발되었습니다.

2004년 국제 무대에 주니어로 데뷔하여 대회마다 연달아 1, 2위를 차지하는 등 좋은 성적을 거두었습니다. 2005년에 열린 주니어 그랑프리 대회에서 금메달을 차지했고, 이듬해인 2006년 이탈리아 동계 올림픽에는 나이가 어려 출전하지 못했습니다. 대신 같은 해에 열린 세계 선수권 대회에서는 일본의 아사다 마오를 누르고 1위를 차지하여 국제 무대에서 이름을 날렸습니다. 같은 해 12월 러시아에서 열린 그랑프리 대회에서도 우승을 차지했습니다. 2007년 일본에서 열린 세계 선수권 대회에서도 1위를 차지하는 등 계속하여 좋은 성적을 거두던 김연아는 마침내 2010년 밴쿠버 동계 올림픽에서 역대 최고의 점수를 받으면서 금메달을 목에 걸었습니다. 그 후로도 꾸준한 활동을 하던 김연아는 2014년 러시아 소치 동계 올림픽에서 은메달을 딴 뒤 은퇴했습니다.

현재 김연아는 다양한 홍보 대사 활동과 봉사 활동을 하면서 바쁜 나날을 보내고 있습니다.

10 운동 관련 직업 다 모여라!

1 운동 감독과 코치

잘하는 운동선수나 팀의 뒤에는 항상 유능한 운동 감독과 코치가 있습니다.

운동 감독과 코치가 하는 일을 구체적으로 살펴보면, 먼저 선수의 수준과 상태, 경기 일정에 맞추어 체력 훈련을 계획합니다. 매일 선수를 지켜보며 큰 대회에 어떻게 나갈지 계획을 세우지요. 선수 개인의 소질과 능력에 맞게 적절한 위치에 배치하여 팀을 구성하고, 유능한 선수를 발굴하기 위해 관련 경기를 참관하거나 테스트를 실시합니다. 선수들에게는 경기에서 승리할 수 있는 전술을 가르치고, 기술을 향상시키며, 자신감을 불어넣어 줍니다. 또한 자신의 팀과 상대팀의 전략을 평가·분석하여 경기에서 좋은 성적을 거둘 수 있는 작전을 수립합니다. 끊임없이 운동선수에게 동기를 부여해 주고, 선수들이 긴장할 때나 낙담할 때도 마음속 깊은 곳에서 힘을 끌어낼 수 있도록 도와줍니다. 이렇게 하려면 운동선수의 장단점과 특성을 잘 파악하고 있어야 하며, 선수들을 지도해 본 경험이 풍부해야 합니다.

그 밖에 선수의 계약 등과 같은 행정 업무를 수행하기도 하며, 선수들이 시합 당일 최상의 컨디션을 유지할 수 있도록 평소 선수들의 부상 예방과 건강 관리에도 신경을 씁니다. 첨단 계측기 등을 이용하여 선수들의 몸 상태를 테스트하고 그에 맞는 운동 처방과 치료를 통해 선수들이 최상의 컨디션을 유지할 수 있도록 돕습니다. 선수가 경기에 출전할 때에는 개최지의 위치와 환경, 기후 등의 제반 조건을 미리 파악하여 작전을 세우고 훈련 시 참고합니다.

우리나라에서 운동 감독이 되려면 협회에서 인정하는 지도자 자격증이 있어야 합니다. 예를 들어 축구 감독이 되려면 대학 축구 협회에서 인정한 축구 지도자 자격증이 있어야 합니다. 매년 두 차례 자격증을 부여하는데 축구 선수 경험자나 현역 선수들을 우선으로 주고 있지만, 비선수 출신의 경우 AFC(아시아 축구 연맹) 지도자 4급 과정을 이수하면

Tip

운동선수들은 운동을 하는 거의 모든 시간을 감독이나 코치와 함께 보내기 때문에 이들은 선수들에게 절대적인 영향을 줍니다. 그래서 운동선수들에게 있어 감독과 코치는 제2의 부모라 할 수 있습니다.

감독으로 진출할 수 있습니다. 또 FIFA(국제 축구 연맹)나 AFC 및 다른 나라 축구 협회 주최의 강습회를 통해서 받은 지도자 자격증이 있다면 대한 축구 협회에서 심사를 거쳐 급수에 맞는 자격증을 새로 발급하기도 합니다. 다른 종목의 운동 감독일 경우도 국민체육진흥공단 체육과학연구원에서 시행하는 경기 지도자 자격증을 따면 운동 감독이 될 수 있습니다.

그런데 감독과 코치가 하는 일이 조금 다릅니다. 감독은 경기의 전략과 전술을 짜고, 훈련을 포함하여 선수단 전반에 대해 계획하고 지휘하는 총책임자입니다. 경기 도중 수신호로 작전을 지시하거나 별도의 시간을 요청해 작전을 지시하기도 하고, 또 심판 판정에 이의가 있을 때는 대회 본부에 정식으로 이의를 제기할 수 있습니다.

반면 코치는 감독의 지휘 아래 현장에서 선수와 함께 운동하면서 직접 선수를 지도하는 일을 합니다. 선수의 체력을 관리하고, 운동 기술을 직접 보여 주면서 훈련시킵니다. 선수의 개인 기록을 점검하여 실력이 향상되도록 도와주고, 선수의 능력과 결점을 고려해서 맞춤형 훈련 프로그램을 만들기도 합니다. 경기 중에는 감독과 함께 선수들을 관찰하고 작전을 짜며, 선수가 부상을 당하면 그에 알맞은 조치를 취합니다.

감독은 한 명이지만 코치는 자신의 전문 분야만 훈련시키기 때문에 분야별로 여러 명이고, 코치 가운데에는 선수 생활을 병행하는 사람도 있습니다.

2 운동 경기 심판

축구 경기를 보면 선수들과 다른 색의 옷을 입고 선수와 함께 뛰면서 간혹 호루라기를 불어 경기를 중단시키고 선수에게 무언가 지시하는 사람을 볼 수 있습니다. 이들은 운동 경기 심판으로 운동 경기의 시작과 끝을 알리며, 규칙을 적용하여 경기를 진행합니다. 경기 중 선수들의 동작을 관찰하여 규칙 위반이 발견되면 호루라기나 수신호 등으로 알리고, 적절한 벌칙과 벌점을 줍니다. 예기치 않은 상황에서 경기를 일시 중단하거나 종료시킬 수 있는 자격도 있으며, 규칙으로 명시되지 않은 사항에 대해서도 판단권을 가집니다.

심판은 경기 흐름에 큰 영향을 주기 때문에 해당 종목에 대한 이론 및 경기 규칙에 대한 정확한 지식을 가지고 있어야 하며, 국제 무대에서 활동하기 위해서는 영어 등의 외국어 능력도 필수입니다. 또한 경기 내내 선수와 함께 뛰어다니며 상황을 정확하게 판단해야 하므로 선수 못지않은 체력과 공정한 판단력도 요구됩니다.

심판이 되려면 각 운동 경기 협회에서 주최하는 심판 양성 교육을 받은 다음 심판 자격시험을 통과해야 하며, 프로 경기의 심판으로 활동하기 위해서는 선수로 활동한 경험이 있으면 유리합니다. 국내 심판 3급 자격에서 시작하여 자격 등급을 높일 수 있으며, 1급 국내 심판으로 일정 기간 경력을 쌓고 외국어 실력을 인정받으면 국제 심판에 응시할 수 있습니다.

3 스포츠 트레이너

스포츠 트레이너는 감독 및 코치와 협의를 통해 선수들이 경기에서 최상의 컨디션을 발휘할 수 있도록 선수에게 필요한 운동량을 결정하고 식이 요법을 지시합니다. 또 선수가 부상을 당하면 응급조치를 하고 의사의 진단 결과에 따라 재활 훈련을 실시합니다.

스포츠 트레이너가 되려면 관련 종목에 대한 지식과 기술을 알고 있어야 하고, 선수들의 체력과 체중을 효과적으로 관리할 수 있는 다양한 운동 방법 및 스포츠와 관련된 의학 지식이 필요합니다. 또한 선수들과 인간적인 유대감을 형성하고, 친밀함을 유지해야 하며, 통솔력도 필요합니다. 이렇게 스포츠 트레이너는 선수의 생활 전반을 관리하고 항상 선수와 함께하기 때문에 스포츠를 사랑하고 선수를 꼼꼼하게 돌볼 수 있는 인내심이 필요합니다.

우리나라에서 스포츠 트레이너가 되려면 대한 선수

Tip

개인 교습은 트레이너가 고객과 함께 운동을 하면서 고객이 지치거나 흥미를 잃지 않도록 이끌어 주는 역할을 합니다. 또 고객의 건강 상태나 나이, 직업 등 특성에 맞게 운동 프로그램과 식단을 짜 줍니다.

트레이너 협회에서 실시하는 시험에 합격해야 합니다.

요즘에는 건강과 몸매 관리를 위해 개인 트레이너(Personal Trainer)를 원하는 사람들도 있어서 1대 1로 운동 교습을 해 주는 개인 트레이너가 늘어나고 있습니다. 예전에는 유명인들이 주로 개인 트레이너와 운동을 했지만, 건강의 중요성이 인식되면서 일반인 중에서도 개인 트레이너를 찾는 사람이 많아지고 있습니다.

4 생활 체육 지도자

생활 체육 지도자는 스포츠 센터나 각종 체육 시설에서 운동을 가르쳐 주고, 건강을 위한 운동 프로그램을 개발하며, 사람들이 운동을 잘할 수 있도록 도와주는 일을 합니다. 스포츠 강사라고도 부릅니다.

생활 체육 지도자는 수영, 에어로빅, 배드민턴, 태권도, 요가, 골프, 볼링, 수상스키, 행글라이딩 등 많은 분야에서 활동하고 있으며, 신체 상태나 건강 상태에 따라 사람마다 몸에 알맞은 운동을 추천해 주고, 개인의 취향에 맞춰서 안전하고 효과적인 운동 방법을 지도합니다. 더 나아가 건강과 체중 감량을 위한 식습관에 대한 조언을 하며, 자세나 수면 시간 등 잘못된 생활 습관을 고치도록 지도합니다. 아울러 상처 난 곳의 통증이나 긴장한 근육을 풀어 주고, 사고가 발생했을 때는 응급조치를 해 주기도 합니다.

생활 체육 지도자가 되려면 해당 자격증을 취득해야 합니다. 볼링, 수영, 스키, 테니스 등 전문 분야의 시험과 교육을 통과해야 하며, 급수에 따라서 공공 체육 시설이나 스포츠 센터에서 학생들을 가르치거나 학원 등 체육 시설업을 운영할 수 있습니다. 운동선수를 했거나 대학에서 체육학, 사회체육학 등 체육과 관련된 학과를 전공하면 많은 도움이 됩니다.

5 운동 경기 해설 위원

운동 경기 해설 위원은 각종 운동 경기에서 경기 내용을 해설해 주는 사람입니다. 요즘에는 은퇴한 운동선수들이 많이 진출해 있는데, 이들은 자신들의 경기 경험을 살려 경기 흐름을 보다 생생하게 전달해 줍니다.

6 스포츠 매니저

스포츠 매니저는 자기가 맡은 팀이 최고의 성적을 거둘 수 있도록 지원하는 일을 합니다. 무엇보다 선수들을 챙기고, 선수들을 스카우트하고자 할 때 적극적으로 참여합니다. 어떤 선수가 재능이 있고 자신의 팀에 알맞은지, 팀에서 어떤 역할을 할지 등 다양한 관점에서 선수들을 스카우트합니다. 코치와 선수, 그 밖의 직원들의 연봉을 협상하고, 기술 팀과 함께 대회 일정에 맞춰서 훈련과 휴식 일정을 짜기도 합니다.

스포츠 매니저는 팀의 재정 운영에도 참여하는데, 팀의 실적을 최대한 높이기 위해 필요한 각종 설비를 구매하거나 강도 높은 체력 훈련을 계획합니다. 팀에서 결정한 사항들을 발표하거나 팀의 계획과 포부를 밝히는 기자 회견에도 참여해 언론을 상대하기도 합니다.

7 스포츠 에이전트

예전에는 선수는 운동만 잘하면 된다는 인식이 강했지만, 요즘은 선수들도 광고나 텔레비전에 출연하는 등 다양한 활동을 하기 때문에 자신의 이미지를 관리하는 것이 중요해졌습니다. 스포츠 에이전트는 운동선수가 운동에만 집중할 수 있도록 운동 이외의 부분을 체계적으로 관리하는 일을 합니다. 예를 들어 선수가 소속된 팀과의 연봉 협상, 선수 개인의 이미지 만들기, 언론 홍보, 마케팅 등을 담당합니다. 그 밖에 시합이나 경기에 관한 정보를 수집하고, 훈련 과정을 설계하기도 하며, 스포츠 관련 회사와 소속 선수를 연결하여 계약을 성사시킵니다. 아울러 미래의 스포츠 스타를 발굴하고, 재능을 키울 수 있도록 도와주기도 합니다.

스포츠 에이전트가 되려면 한국 산업

인력 공단에서 시행하는 스포츠 경영 관리사 자격을 취득하는 것이 유리합니다. 축구와 관련하여 FIFA가 주관하는 FIFA 에이전트 자격증이 있는데, 이것은 총18문제 중 15문제가 영어로 출제되며 경제, 시사, 법률 등의 다양한 분야에서 문제가 출제됩니다. 이 자격증이 있으면 국내뿐만 아니라 해외에서도 활동이 가능하며, 5년에 한 번씩 갱신해야 합니다.

스포츠 에이전트는 선수들이 소속팀과 계약할 때 받는 연봉과 이적료의 10% 정도, 기업의 광고와 후원 계약금의 15% 정도를 수수료로 받아서 돈을 벌고 있습니다. 최근 몇 년 사이 국내 스포츠 스타들의 해외 진출이 잦아지면서 스포츠 에이전트의 활동 영역은 더욱 넓어지고 있습니다. 국내 우수 선수의 해외 진출을 성사시키기 위해서는 판단력과 외국어 실력, 국제 감각이 필요하므로 대학에서 경영학이나 스포츠 관련 학과 등을 전공한 경우가 많습니다.

11 이 직업을 가진 사람에게 듣는다

운동선수 김수열 | 한국줄넘기교육원 원장

"오늘 넘지 않으면 내일 두 배로 넘어야 한다."
1997년도 세계 줄넘기 선수권 대회 3중 뛰기 우승자,
줄넘기 불모지 대한민국에 줄넘기 열풍을 몰고 온 김수열 원장의
상위 1% 운동선수로서 살아가는 방법

Q1 청소년기를 어떻게 보내셨나요?

제가 어렸을 때는 놀이문화가 별로 없었기 때문에 줄넘기나 땅따먹기, 자치기 등을 하고 놀았습니다. 그 당시에는 좋은 줄넘기도 없어서 새끼 같은 것을 꼬아서 가지고 놀았습니다.

저는 전라남도 고흥에서 살다가 중학교 때 경기도 오산으로 이사 왔습니다. 집안 형편이 어려워서 중학교 2학년 때부터 신문을 돌렸습니다. 한 달에 7,000원을 받았는데, 자전거가 없어서 뛰어다니면서 신문을 돌렸지요.

고등학생이 된 이후에는 무엇인가를 배우고 싶은 욕심이 생겼습니다. 새벽에는 신문을 돌

95

리고 나서 복싱 학원에 다니고, 학교에서는 밴드부 활동을 했습니다. 학교 수업이 끝나면 기타 학원이나 속독 학원에 다니고, 저녁에는 쿵푸도 배웠습니다. 배움에 대한 욕심이 많았고, 운동도 특출하게 잘하기보다는 열심히 하는 스타일이었습니다.

Q2 줄넘기를 선택하게 된 계기는 무엇인가요?

중학교 1학년 무렵에 일본 선수가 줄넘기 기네스북에 올라간 해외 토픽 기사를 보면서, 내가 이 기록을 깨야겠다는 생각에 줄넘기를 열심히 했습니다.

대학에서는 체육과를 졸업한 후 천안에서 생활 정보 신문 사업을 시작했는데 쉽지 않았습니다. 천안에 기반이 있는 것도 아니고, 경쟁사가 생기면서부터는 사업도 힘들어져서 과감하게 접었습니다. 사업을 정리할 무렵 가구 사업을 하는 분이 동업을 제의했습니다. 사업을 접고 방황하던 시점이라서 가구 회사에 입사했습니다.

회사에 들어가서는 사무직과 영업을 함께 하면서, 줄넘기 행사가 있으면 시범을 보이러 다녔습니다. 하지만 회사를 다니면서도 내 일이 아니라는 생각에 괴로웠습니다. 그 무렵 해외 토픽에서 미국의 어떤 줄넘기 선수가 전국을 돌아다니며 시범을 보이는 것을 보게 되었습니다. 저 역시 우리나라에서 줄넘기 시범을 보이고 싶은 꿈이 생기면서 1996년 1월부터는 줄넘기에 전념하게 되었습니다.

당시 일본에는 리듬 줄넘기가 학교 체육에 많이 보급되면서 활성화되어 있었지만 우리나라에서는 전혀 알려져 있지 않았습니다. 이 점에 착안하여 그때부터 음악 줄넘기를 연구하고, 보급하기 위해 노력했습니다.

Q3 운동선수로서 하루 일과가 궁금합니다.

지금은 운동과 사업을 병행하고 있습니다. 하절기에는 5시에 일어나고, 동절기에는 6시에 일어나서 아침 운동을 합니다. 중·고등학교 내내 신문을 돌리기 위해서 일찍 일어났던 탓에, 일찍 일어나는 습관이 몸에 배어 있습니다. 아침에 줄넘기를 넘으면서 달리는 방법으로 마라톤 연습을 합니다.

출근해서는 업무 때문에 바쁘고, 직원들이 퇴근한 후에는 헬스를 하거나 연구를 합니다. 집에는 11시 정도에 들어가고, 잠은 보통 4~5시간 정도 잡니다. 취미로 골프를 한 지 5년 정도 되었습니다. 주변에서는 역시 운동선수라서 골프도 금방 배운다고 말하는데, 저는 운동 실력이 좋기보다는 잘할 수 있을 때까지 노력해서 이루는 편입니다.

Q4 줄넘기 선수권 대회에서 우승과 준우승을 한 경험이 있는데, 대회 준비를 얼마나 어떻게 하셨나요? 또 우승할 수 있었던 비결도 말씀해 주세요.

줄넘기 대회에는 많은 종류가 있는데, 개인 종목에는 네 가지가 있습니다. 저는 3중 뛰기가 주종목이기 때문에 이것에 집중하여 연습했습니다.

대회 1년 전부터 우승을 목표로 하여 본격적으로 연습했습니다. 3중 뛰기는 힘을 필요로 하는 종목이라서 아무리 연습을 많이 하더라도 힘이 없으면 좋은 결과를 낼 수 없어서 체력 훈련도 열심히 했습니다. 매일같이 총 500개 정도 연습했습니다. 연습 최고 기록은 181회였는데, 경기에서는 111회를 해서 3중 뛰기 챔피언이 되었고, 개인 종합에서는 5위를 했습니다.

미국이나 유럽 선수들은 줄넘기 클럽을 통해서 기술이나 다양한 묘기 등을 훈련하는데, 당시 우리나라는 줄넘기가 활성화되기 전이라서 저 혼자 연습하여 출전했습니다.

Q5 원장님이 만드신 줄넘기와 줄넘기 운동이 어린이부터 어른에 이르기까지, 많은 사람들에게 인기 있는 이유는 뭘까요?

제가 아무리 유명해도 제가 만든 줄넘기가 좋지 않으면, 사람들이 사용하지 않을 것입니다. 제가 만든 줄넘기라고 해서 기대했다가 너무나 단순한 디자인을 보고 처음에 실망하는 사람들도 있습니다. 그러나 그런 분들도 실제로 사용해 보면 줄이 꼬이지 않고, 손에 잘 달라붙어서 좋다고 만족해하십니다. 줄넘기의 대부분을 제가 디자인했는데, 저는 개발할 때부터 줄넘기는 복잡하면 안 된다고 생각했습니다. 제 경험으로 디자인이 단순해야 줄이 잘 돌아가고, 꼬이지 않는 것을 알았거든요.

초등학교 때부터 줄넘기를 시작한 것이 40년 가까이 됩니다. 그리고 20년 간의 줄넘기 교육을 통해서 2만 명 이상의 지도자를 양성했지요. 이제 우리나라는 줄넘기가 잘 보급된 나라 중의 하나가 되었습니다. 저는 줄넘기를 통해서 남들보다 더 많은 노력을 했습니다. 이런 노력들을 많은 사람이 인정해 주고 있다고 생각합니다.

Q6 혹시 운동하면서 성격이 달라진 부분이 있나요?

저는 기본적으로 내성적인 편인데, 운동을 하면서도 이런 성격은 바뀌지 않았습니다. 여전히 남들 앞에서 말하는 것을 부끄러워합니다. 그러나 줄넘기에 관한 일이라면 달라집니다. 누구한테 배운 것도 아닌데, 줄넘기만 쥐면 1,000명 앞에서도 시범을 보이고 이야기할 수 있습니다. 저도 모르게 줄넘기에 대한 무한한 자신감이 자연스럽게 표출되는 것 같습니다.

Q7 줄넘기에 대해선 라이벌이 없는데, 힘들거나 매너리즘에 빠지지는 않았나요?

저는 줄넘기에 거의 관심이 없던 1970년대부터 줄넘기 종목에서 최고가 되겠다는 결심을 하고 달려왔습니다. 최고의 전성기를 거쳐 이제 50대에 이르렀지만, 옛날을 생각하면서 매너리즘에 빠지지 않기 위해 노력하고 있습니다.

요즘에는 저보다 젊고 기술적으로 잘하는 사람도 있을 것입니다. 그래도 저는 전성기의 기술을 유지하기 위해 체력 관리도 하고 술과 담배를 멀리하고 있습니다. 이러한 태도를 늘 마음속에 품고 있기 때문에 생각이 다른 방향으로 흐르지 않고, 앞으로 계속 나아갈 수 있습니다. 남들이 봐서 성공했다고 해서 자기 관리를 게을리 하면 금방 망가지게 되어 있습니다. 이전 영광은 아무런 소용이 없습니다. 중

97

요한 것은 현재와 미래입니다.

하지만 늘 이런 마음으로 살아가는 것이 쉽지 않고, 경쟁자가 없는 1인자가 마냥 좋지만은 않습니다. 공인으로서 사람들 시선 때문에 힘들 때도 많아 평범한 사람이 되고 싶다는 생각도 가끔 합니다.

Q8 운동선수에게 중요한 덕목은 무엇일까요?

기본적으로 운동선수는 성실함, 열정, 인내와 끈기를 가지고 있어야 합니다. 그래서 조금만 힘들면 금방 포기하고, 다른 일을 하는 요즘 젊은이들을 보면 안타까운 마음이 듭니다. 운동선수는 목표를 세우고, 무슨 일이 있더라고 목표를 이루기 위해 철저하게 준비하는 것도 중요합니다.

저는 하나의 목표를 세우면 끊임없이 노력해서 꼭 이루는 성격입니다. 저는 줄넘기 외에 줄넘기 마라톤도 하고 있습니다. 줄넘기 마라톤을 완주하기 위해서는 평소에 운동할 때보다 3~5배의 근육이 필요합니다. 대회가 잡힌 후 완주를 위한 연습을 제대로 하지 않으면, 실전에서는 몇 배의 고통을 느끼게 됩니다.

지금까지 줄넘기 마라톤을 여섯 번 완주했습니다. 2002년 동아 마라톤 대회에서 최초로 완주한 이후 세 번째 마라톤까지는 철저하게 준비해서 완주했습니다. 그런데 네 번째 줄넘기 마라톤을 준비할 때, 평소보다 연습이 좀 부족했습니다. 대회 당일이 가까워질수록 과연 완주할 수 있을지 불안했습니다. 경기 당일, 역시 마의 20~30km 구간에서 굉장히 고통스러웠습니다. 경기를 뛰면서도, 경기가 끝

난 후에도 연습을 제대로 안 한 것에 많은 후회를 했습니다. 그리고 다시 도전할 때는 철저히 준비해서 도전하겠다고 결심했지요. 그 다음 춘천 마라톤 대회를 준비할 때는 이전의 실패를 거울삼아서 충분히 연습하고 근력 운동을 했습니다. 철저한 연습 덕분에 경기를 잘 뛸 수 있었습니다.

Q9 운동 실력을 유지하기 위해 특별히 노력하거나 자제하는 것이 있나요? 체력 관리는 어떻게 하세요?

저는 지금까지 단 한 번도 담배를 피워 본 적이 없습니다. 금연을 철칙으로 삼고, 술도 최소한만 마십니다. 술은 컨디션 관리에 최악의 적이거든요. 평소 줄넘기 운동 외에 헬스를 통해 근력을 키우는 운동을 하고 있습니다.

반면 몸에 좋다는 보약을 먹어 본 적도 없고, 음식을 조절해 본 적도 없습니다. 먹고 싶은 음식은 라면이든 고기든 가리지 않고 먹으면서 운동으로 관리하고 있습니다.

Q10 운동선수로서 가장 기쁘거나 희열을 느꼈던 순간은 언제인가요?

목표를 너무 멀리 잡으면 힘들다고 생각합니다. 10년, 20년, 30년 후의 꿈을 가지고 있으면 너무 막연해서 현실감이 떨어집니다. 저는 수십 년 동안 운동하면서 항상 목표를 짧게 세우고, 이루어 왔습니다. 1996년에 '3년 이내에 김수열 줄넘기를 만들고, 교재를 만들면서 기본 틀을 짜겠다'는 목표를 세우고, 3년 동안 목표를 이루기 위해서 열심히 노력했습니다.

그리고 목표를 이루었습니다. 이렇게 목표를 이루었을 때가 가장 기쁩니다. 하나의 목표를 이루면, 그 다음 목표를 세워서 또다시 도전해 나갑니다.

2002년에는 월드컵 성공 기원 국토 종단을 계획하고 열심히 준비했습니다. 그런데 국토 종단 전날 제 마음이 너무 공허했습니다. 지난 2년간 준비를 했는데, '국토 종단이 끝나면 이젠 무엇을 해야 하나?' 하는 생각이 들어서 괴로웠습니다. 국토 종단을 완주하고도 한동안 멍했습니다. 이처럼 저는 다음 목표가 없을 때가 가장 힘이 듭니다.

그래서 2003년에는 전국 음악 줄넘기 경연 대회를 계획했습니다. '어떤 어려움이 있어도 10회까지는 하자'라는 목표를 세웠고, 열 번째 음악 줄넘기 경연 대회 때 더 이상의 음악 줄넘기 대회는 없다고 말했습니다.

그리고 다음 목표는 줄넘기를 접하지 못하는 산간도서벽지 어린이들에게 줄넘기를 가르치고, 보급하는 것으로 정했습니다. 목표가 없으면 나태해지기 때문에, 줄넘기 인생이 끝날 때까지는 계속 목표를 정하고 노력할 생각입니다.

계속 말했듯이 운동선수로서 가장 힘들 때는 목표가 없을 때고, 가장 기쁠 때는 목표를 이뤘을 때입니다. 운동선수로서 기쁜 순간은 잠깐입니다. 목표를 이루는 과정과 이뤘을 때가 기쁘고, 목표가 사라지면 다시 힘들어집니다. 목표를 위해 계속 달려가야 하는데, 앞으로 어떤 목표를 정해야 하나 고민하게 됩니다.

Q11 '대한민국 줄넘기 예술제'나 '전국 음악 줄넘기 창작 경연 대회' 등 다양한 줄넘기 행사를 계획하셨는데, 특히 기억에 남는 행사가 있나요?

2002년 월드컵 성공을 기원하기 위해서 국토 종단 경연 대회를 개최했습니다. 부산에서 서울까지 567km를 12일 동안 줄넘기로 달렸는데, 힘들었지만 보람이 있었기에 가장 기억에 남습니다. 그 밖에도 개최한 모든 행사들이 우리나라 줄넘기의 역사가 되는 것이어서 다 소중하고 기억에 남아 있습니다.

수십 년 동안 줄넘기를 위해 달려왔는데, 앞으로 언제까지 달려야 하나 고민입니다. 가족과 많은 시간을 보내지 못한 것이 미안하기도 하고, 언제 그만둘지 고민 중입니다. 그러나 줄넘기를 그만두는 날까지 열심히 노력해서 줄넘기의 역사가 되는 행사들을 많이 만들고 싶습니다.

Q12 원장님이 생각하는 줄넘기의 매력은 무엇이라고 생각하세요?

무슨 운동이든 한 번 빠지면 남들은 알 수 없는 자기만이 느끼는 매력이 있습니다. 줄넘기는 남들이 봤을 때는 참 쉬워 보이는 운동입니다. 그러나 막상 하면 어렵게 느껴서 그만두게 되지요. 그러나 조금만 연습하면 이보다 쉬운 운동이 없다는 것을 알게 됩니다. 그리고 이것이 줄넘기 운동의 묘미라고 생각합니다. 처음에는 2~3분도 뛰기 힘들지만, 2~3개월 정도 꾸준히 하다 보면 나중에는 1시간도 쉽게 뛸 수 있는 운동이 줄넘기입니다.

제게 줄넘기는 삶과 같습니다. 줄넘기를 넘으면서 삶의 힘든 부분도 노력하면 이겨낼 수 있다는 것을 배웠습니다. 또 장애물을 뛰어넘지 못하고는 어떤 목표도 이뤄낼 수 없다는 것도 알게 되었습니다.

수십 년 동안 줄넘기 연습을 하면서 '오늘 일은 오늘 하자. 오늘 안 하면 내일은 두 배다. 남들이 절대 넘어 주지 않는다.'라는 기본 모토가 마음속에 생겼습니다. 단순히 줄을 넘는 것이 아니라 인생을 넘는 것이라고 생각하면서 매일 줄넘기를 하고 있습니다.

Q13 앞으로의 계획이나 비전을 말씀해 주세요.

줄넘기 운동은 누구나 손쉽게 할 수 있는 생활 운동입니다. 그럼에도 불구하고 사람들은 줄을 넘을 때, 남들이 보는 시선 때문에 잘 하지 않습니다. 하지만 이것은 잘못된 생각입니다. 우리가 다른 사람들이 줄넘기할 때 관심이 없는 것처럼, 다른 사람들도 우리에게 관심이 없습니다. 스스로의 선입견 때문에 안 하는 것입니다.

저는 줄넘기가 어느 곳에서나 손쉽게 할 수 있는 운동이 되기를 바랍니다. 이를 위해서 계속 줄넘기를 가르치고 보급하는 데 힘쓰고 싶습니다. 현재는 산간도서 지역의 어린이들이 음악 줄넘기를 접할 수 있도록 노력하고 있습니다.

Q14 운동선수를 꿈꾸는 청소년들에게 조언한 마디 부탁드립니다.

옛날에는 가난하고 배고픈 사람들이 '헝그리 정신' 하나로 운동을 하는 경우가 많았습니다. 하지만 이제는 시대가 달라져서 배고픈 사람들은 운동을 하기가 힘듭니다. 운동을 하기 위해선 본인의 능력뿐만 아니라 주변의 도움이 많이 필요한 시대입니다. 그러나 가장 중요한 것은 여전히 자기 자신입니다.

운동선수가 되기로 결심했다면 마음의 의지, 노력, 열정 등 정신적인 능력이 중요합니다. 신체적 능력이 뛰어난 사람이 열정을 갖고 노력한다면 더 좋은 결과가 나오겠지만, 좀 떨어진다고 해도 정신력으로 극복할 수 있습니다. 여건이 좋지 않더라도 마음의 자세가 좋고, 의지가 있으면 할 수 있습니다.

오늘날 운동선수로 성공하려면 그 확률이 수만 분의 1이라고 합니다. 그러나 목표 의식이 뚜렷하고 의지가 있다면 훌륭한 운동선수가 될 수 있습니다. 목표를 정하고, 이루기 위해서 끊임없이 노력하기를 바랍니다.

군인
실재형

MILITARY

• 군인(실재형)

외부의 침입으로부터 국민과 나라를 지키는 군인. 우리나라에서 태어난 신체 건강한 남자는 만 18세 이상이 되면 누구나 군대에 다녀와야 하는데 이런 군인을 일반 군인이라고 합니다. 그런데 군인을 평생 직업으로 삼는 사람들도 있습니다. 이들을 직업 군인이라고 하는데 지금부터 우리가 알아볼 직업은 직업 군인입니다. 직업 군인은 일반 군인보다 높은 계급에서 군대 생활을 시작하며, 국방 업무를 하는 한편 일반 군인들을 교육하고 이끄는 일을 합니다.

01 군인 이야기

1 군인이란?

군인은 육지, 바다, 하늘에서 나라를 지키는 일을 합니다. 적이 침투할 경우에 대비해서 군사 훈련을 하고, 다른 나라의 비행기나 배가 침범하지 못하도록 또는 적의 스파이가 몰래 들어오지 못하도록 첨단 장비와 레이더로 감시합니다. 그러다가 전쟁이 벌어지면 전투를 합니다. 예전에는 군인의 역할이 육지를 지키는 것에 집중되었으나, 시간이 흐르면서 그 역할이 확대되었습니다. 비무장 지대와 해안, 내륙 지역에서 적이 은거할 곳으로 예상되는 지역 등에 대한 수색 정찰을 하고, 국가 중요 시설에 대한 경계와 감시도 합니다.

군인은 적으로부터 나라를 지키는 일뿐만 아니라 홍수나 폭설, 테러로 인해 국민들이 고립되었거나 큰 피해를 입었을 때 응급 환자를 구조하거나 재난을 복구하는 사업에도 참여합니다. 그 밖에 환경을 보호하는 활동과 테러와 마약 밀수를 막기 위한 노력도 합니다. 또한 국제 연합(UN)의 일원으로 전 세계 전쟁이 일어난 지역에 국제 평화 유지군으로 파견되어 평화를 위해 힘쓰거나 건설 사업을 돕는 등 다양한 임무와 역할을 수행합니다.

2 육지, 바다, 하늘을 지키는 육군, 해군, 공군

군인은 크게 육지를 지키는 육군, 바다를 지키는 해군, 하늘을 지키는 공군으로 나눕니다.

육군은 우리나라 군인의 중심이 됩니다. 육군은 휴전선을 따라 설치된 철책이나 감시 초소, 국가 중요 시설을 지키는 일을 합니다. 또 비무장 지대나 해안 일대를 비롯해 우리나라 곳곳을 정찰합니다.

해군은 군함이나 잠수함 등으로 우리 영해(우리나라 영역의 바다)를 지키고, 선박들의 안전을 지켜 줍니다. 또 바다에서 일어나는 사고를 처리하고, 폭풍우나 태풍으로 인해 조난당한 선박을 구조하는 일을 합니다.

공군은 전투기를 타고 하늘을 살피거나 전투기를 정비해서 최고의 성능을 유지할 수 있도록 하며, 적의 침략이 없는지 늘 감시합니다. 앞으로 공군의 역할이 점점 중요해지고 있으며, 활동 영역이 우주로까지 넓어질 수 있기를 기대하고 있습니다.

3 일반 군인과 직업 군인

군인은 또한 일반 군인과 직업 군인으로 나눌 수 있습니다.

일반 군인은 만 18세 이상의 신체 건강한 남자가 의무적으로 군대에 가는 경우를 말합니다. 대학에 진학하지 않으면 신체검사를 받은 다음 해에 바로 다녀와야 하고, 대학에 진학한 경우에는 일반적으로 2~3학년 때 휴학하고 다녀옵니다. 이런 일반 군인들은 정해진 기간을 복무하고 나면 다시 원래의 생활로 돌아갑니다. 군대를 제대한 다음에도 정기적으로 예비군 훈련을 받으면서 군인으로서의 감각을 잃지 않도록 하고 있습니다.

직업 군인은 의무적으로 군대를 가는 것이 아니라, 군인을 직업으로 선택하여 평생 동안 군인으로 생활하는 사람을 말합니다. 직업 군인은 일반 군인보다 계급이 높아서 간부로서 일반 군인들을 지도하고, 전투 병력을 기술적으로 도와주는 전문적인 일을 합니다. 즉 군사 활동을 계획해서 작전을 지휘하고 군사상 필요한 정보를 얻는 일, 효과적인 무기나 새로운 군사 기술을 개발하는 일, 군사 장비를 계획에 맞게 제공하는 일 등 여러 가지 전문적인 일을 합니다. 한 마디로 군대에서 핵심적이고 중요한 일을 맡아서 합니다.

4 군인의 계급

군인의 계급은 매우 많습니다. 먼저 징집된 일반 병사와 군인을 직업으로 선택한 직업 군인으로 나눌 수 있습니다.

직업 군인은 다시 부사관과 장교로 나눌 수 있습니다. 부사관은 하사 → 중사 → 상사 → 원사의 순으로 계급이 높습니다. 장교는 또다시 위관급 장교와 영관급 이상 장교로 나눌 수 있습니다. 위관급 장교는 소위 → 중위 → 대위로 나눌 수 있고, 영관급 이상 장교는 소령 → 중령 → 대령 → 준장 → 소장 → 중장 → 대장으로 계급이 높아집니다.

Tip

중학교까지만 졸업했거나 신체적·정신적 장애가 있거나 신체의 어떤 부분이 매우 약하다면 군대를 면제받거나 관공서 등에서 대체 복무를 합니다. 고등학교를 졸업하면 신체검사 통지서를 받게 되고, 신체검사 후에 본인이 선택한 시기에 입영 통지서를 받게 되는데, 대학교에 진학하지 않았다면 바로 가야 하고, 대학을 다니는 중이라면 졸업할 때까지 연기할 수 있습니다.

Tip

일반 병사의 계급은 이등병 → 일등병 → 상병 → 병장 순입니다. 대부분 병장 계급을 단 후에 제대를 합니다.

105

5 군인이 되려면

우리나라에서 직업 군인이 되기 위한 가장 좋은 방법은 육군, 해군, 공군의 사관 학교에 입학하여 4년간 공부와 훈련을 마치고 장교로서 군인의 길을 시작하는 것입니다.

또 다른 방법으로는 입영 통지서를 받아서 입대하여 제대하기 전에 부사관을 지원하면 일정한 심사를 거쳐 부사관으로서 직업 군인이 될 수 있습니다.

현재 군인의 대부분은 남자지만 여자 군인도 있습니다. 예전에는 여군이 하는 일이 주로 간호 업무와 행정 업무였지만 요즘에는 하늘과 바다와 육지에서 남자 군인과 거의 같은 일을 하고 있습니다.

6 군인의 직업 전망

앞으로 우리나라의 국방비는 계속 증가할 것으로 보입니다. 그러나 병력은 더 늘리지 않고, 대부분 첨단 무기 개발 및 정보 통신 분야에 투자할 것으로 예상됩니다. 즉 병력의 양적 성장보다는 질적 관리에 대한 요청이 커지고 있습니다. 따라서 직업 군인의 고용은 다소 감소할 것으로 보입니다.

앞으로 육군은 단계적으로 병력 규모를 축소·조정하되, 단순히 육체적이고도 보편적인 업무보다는 전문적이고 특수화된 업무 중심으로 나아가려 하고 있습니다. 또한 육군은 감축하고 해군 및 공군은 증가시켜 3군의 전력을 균형 있게 유지하고, 군 현대화 계획으로 항공기, 잠수함 등에 대한 투자를 포함한 전력 투자비를 확대할 계획입니다. 따라서 육군의 경우 일자리가 줄어들 전망이고, 해군과 공군은 좀 더 늘어날 것으로 보입니다.

7 점점 커지는 여군의 힘

군대 하면 남자들의 세계로 생각하기 쉽습니다. 그러나 요즘엔 여군도 많습니다. 특히 육군·해군·공군 사관 학교에 여자들도 입학할 수 있게 되면서 여성 장교들이 많이 늘어났습니다. 물론 예전에도 여군이 간혹 있었지만 그때는 전투 현장에 나가기보다는 주로 사무실에서 행정적인 일을 했습니다. 그러나 요즘은 행군이나 유격, 사격과 같은 군사 훈련을 남자 군인들과 똑같이 받으며, 전투 부대에 배치되기도 합니다. 요즘은 남자들도 힘들어하는 특전사에도 여군들이 많이 진출해 있으며, 사관 학교에서도 여자 생도들이 수석 입학과 졸업을 차지할 정도로 여군의 능력이 커지고 있습니다.

또한 우리 군의 중요 재원으로서 여군에 대한 인력 수요가 많아지고 있습니다. 정부는 부사관 학교 등에 여성 인력의 입학을 더욱 확대하는 등 2020년까지 여군의 간부 인원을 정원 대비하여 더 늘릴 계획이라고 합니다.

02 군인의 종류

1 장교

군인 중 소위 이상의 계급을 단 사람을 말합니다. 이들 장교들은 일반 병사들을 지휘하는 일부터 군대의 중요한 일을 결정하고, 지휘하는 역할을 합니다. 장교의 계급은 가장 낮은 소위부터 시작하여 중위, 대위, 소령, 중령, 대령, 준장, 소장, 중장, 대장까지 있습니다. 소속 군대에 따라 육군 장교, 해군 장교, 공군 장교 또는 해병대 장교로 나뉩니다.

이 중 소위, 중위, 대위 등의 위관급 장교들은 한 부대를 지휘하는 지휘관으로서 부사관과 일반 병사를 관리하고, 부사관이 하는 일들을 지휘합니다. 부대의 관리와 운영은 물론 사건이나 교육, 복지에 관한 모든 분야를 책임지고 이끌어 나갑니다.

소령 이상의 영관급 이상 장교는 지휘관과 참모를 포괄하는 높은 계급입니다. 영관급 장교들은 부대원에 대한 교육과 훈련을 지휘하며, 작전 계획과 원활한 부대 관리를 위한 연구를 합니다. 또한 위관급(소위, 중위, 대위) 장교의 보좌를 받아 재난 구조 지원 활동, 국제 분쟁 지역의 평화 유지 활동, 적과의 전투 참여를 지휘합니다.

이렇듯 군대 내에서 장교의 역할이 매우 중요하므로 정부에서는 특별한 교육 기관을 설치하고 막대한 교육 투자를 해서 장교를 양성하고 있습니다. 육·해·공군 사관 학교가 대표적인 교육 기관입니다.

정규 사관 학교 졸업자 이외에도 일반 대학의 졸업자 또는 대학 재학 중에 일정한 군사 교육을 이수한 사람도 장교가 될 수 있습니다. 그리고 장교로 임관된 후에도 군사 기술, 전술, 지휘 능력 등의 향상을 위하여 여러 교육 기관에서 계속적으로 보수 교육을 받아야 합니다.

> **Tip**
>
> 근대적인 장교제가 확립된 것은 프랑스 혁명에 의해서 국민군이 생겨나고부터입니다. 오늘날의 군대는 장교들이 부대를 지휘하거나 군대를 운영하기 때문에 장교의 능력에 따라 전투나 부대 임무 수행의 결과가 좌우되는 경우가 많습니다.

2 부사관

장교와 병사 사이에 있는 중간 간부로서 장교와 사병을 이어 주는 다리 역할을 합니다. 예전에는 하사관이라 불렀습니다. 부사관의 계급은 하사, 중사, 상사, 원사 순입니다. 부사관은 일반적으로 육군의 분대(分隊)와 같은 최소 규모의 전투 집단을 지휘하거나, 정비·수리 등의 숙련된 기술을 요하는 분야에 전문 기술자로 배치되고 있습니다.

부사관이 하는 일을 구체적으로 살펴보면, 장교의 명령을 받아 사병들의 신상을 파악하고 관리하며, 교육과 훈련을 시키고, 병사들의 안전을 도모하는 등 병사들이 군대 생활을 잘할 수 있도록 여러 방면에서 도와줍니다. 또 각종 장비와 군수 물자를 관리하고, 육군의 경우 비무장 지대의 수색 정찰을 일선에서 지휘합니다. 재해와 재난이 발생했을 때는 구조와 지원 활동을 실무에서 지휘하고, 환경 보호 및 일손 지원 활동을 현장에서 감독하며, 국제 분쟁 지역의 평화 유지 활동을 지휘합니다. 전시에는 적으로부터 영토를 수호하기 위해 병사들을 지휘하며 전투에 직접 참여합니다.

3 특별한 군인들

군대 안에는 전투 훈련을 하거나 사역을 하거나 보초를 서는 대신 특별한 일을 하는 군인들이 있습니다. 군의관, 법무관, 의무관, 헌병, 군종 장교, 수의관, 간호관, 의정 장교 등이 이에 속합니다.

1) 군의관

군대에서 의사의 임무를 맡고 있는 장교입니다. 의사 면허증을 가진 현직 남자 의사 중에서 군대를 다녀오지 않은 사람은 3년간(훈련 기간 제외) 군대에서 진료를 해야 합니다. 군의관은 군사학을 비롯한 일정 교육을 받아 중위나 대위로 임관하여 일반 부대나 군 병원에 배치되어 군인들의 질병 예방에 앞장서고, 아픈 병사가 있으면 진료와 치료를 합니다.

사회에서의 의사 경력이 1년일 경우 중위로, 3년 이상일 경우 대위로 임관합니다. 대학 병원에서 근무하고 입대한 의사들은 인턴을 마치면 중위로, 레지던트를

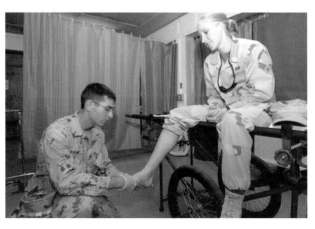

마치면 대위로 임관하게 됩니다. 또한 의사로서의 경력이 이보다 긴 경우에는 대위로 임관한 후 소령 진급 심사를 받고 소령으로 진급하는 경우도 있습니다.

2) 법무관

군대 내에서 법률에 관한 임무를 수행하는 장교입니다. 사법 시험에 합격하고 사법 연수원을 수료하여 법조인의 자격을 취득한 사람들 중에서 군대에 다녀오지 않은 사람은 3년간 군 법무관으로 의무 복무하게 됩니다. 군 법무관으로 입대하면 중위로 임관하여 대위로 군대 생활을 마치게 됩니다.

하지만 군대에 남고 싶다면 장기 복무를 지원하여 군 법무관을 직업으로 삼을 수 있습니다. 예전에는 군대에 남는 사람이 거의 없었으나 최근에는 법학 전문 대학원인 로스쿨이 설립되면서 변호사 수가 급증하면서 장기 복무 지원자가 크게 늘었습니다.

3) 헌병

군대 안에서 경찰 역할을 하는 군인입니다. 군대 내의 질서를 유지하고 범죄 예방과 수사 활동을 합니다. 군의 사법 관할 지역 안에 있는 범인을 체포하고, 영창이라고 알려진 군대 안의 교도소도 관리합니다. 또한 도로 표지 관리와 교통 통제도 합니다. 예를 들어 부대 안에 행사가 있으면 귀빈을 에스코트하고, 귀빈 탑승 차량을 보호합니다. 그리고 군사 시설을 관리하고 정부 재산을 보호하는 등의 일도 하며, 군대 출입자를 통제하고 외박이나 휴가에서 돌아오는 병사들의 물건이 들어오거나 나가는 것을 관리합니다. 또한 기지 내 군기 단속도 합니다. 즉 규정에 맞지 않은 복장이나 태도를 단속하고, 군기 위반 카드를 내밀기도 합니다.

4) 군종 장교

군종은 장병들의 신앙생활을 돕고, 군의 정신력을 강화하기 위하여 설치된 병과로, 군종 장교들이 이끌어 나갑니다. 군종 장교는 불교, 가톨릭, 개신교 등 각 종교마다의 독특한 관례에 따라 업무를 이끌어 나

Tip

간호관은 군대에 소속되어 군 병원 등에서 간호 업무를 맡는 장교입니다. 현재 여군에서 가장 큰 비율을 차지하고 있습니다. 2012년 이후에는 남자 간호 장교도 배출되고 있습니다.
의정 장교는 사단급 이상 부대에서 의무병과를 지원해 주며 의무 행정 일을 맡아보는 장교를 말합니다.

가며, 호칭도 군법사(불교), 군종 신부(천주교), 군목(개신교) 등 종교
에 따라 달리 부릅니다.

군종 장교들은 대체로 연대급 이상 부대에 배속 받아 법당
이나 교회를 운영하며, 일반 병사 중에서 군종병을 뽑아 업
무를 보좌하게 하기도 합니다. 군종 장교의 주요 업무는 종
교 생활을 원하는 장병들에게 법회, 미사, 예배 등의 정기 종
교 의식을 열고, 수계식, 영세식, 성찬식 등의 특별 종교 의식을
직접 수행하기도 하며, 군 장병들의 상담에도 응합니다.

5] 수의관

수의관은 군대 내의 의무감실 수의병과에 소속되어 군용 동물의 질
병 예방 및 진료를 맡아서 하는 장교입니다. 수의사 면허증을 가진 현
직 의사가 군대에 복무하면서 맡고 있습니다. 수의관은 특히 군견, 군
마 등의 진료를 주로 합니다. 그 밖에 군대 내의 식품 위생이나 환경 위
생도 책임지고 있습니다.

03 우리나라 군대의 종류

1 우리나라 군대의 중심, 육군

육군은 주로 육지에서 공격과 방어의 임무를 수행하며, 지상군 병력,
화기, 장비 및 군사 기지로 이루어져 있습니다. 우리나라를 포함하여
거의 모든 나라가 육군을 보유하고 있으며, 나라별로 전투력의 차이가
매우 큽니다. 선진국의 경우 훌륭한 장비를 갖춘 보병과 최신형 전차
및 야포를 장비한 육군을 갖고 있습니다. 또한 수백 대의 헬리콥터, 병
력 수송을 위한 장갑차, 단거리 미사일을 보유하고 있습니다.

Tip

수천 년 동안 전쟁은
대부분 육군끼리 싸우
는 전투였습니다. 그러
나 오늘날에는 해군력
이 크게 증가하고, 신무
기를 갖춘 공군의 등장
으로 상대적으로 육군
의 비중이 점차 감소하
고 있습니다. 만일 적군
이 바다와 하늘을 장악
하고 있다면 육군은 더
이상 효과적으로 전투
할 수 없기 때문입니다.

111

우리나라는 전체 군인 중 육군이 80% 이상을 차지합니다. 그야말로 육군은 군대의 중심이라고 할 수 있습니다. 육군은 정규군과 예비군으로 나눕니다. 정규군은 현역으로서 항상 전투 준비 태세를 갖추고 있습니다. 예비군들은 훈련받을 동안을 제외하면 일상생활을 하다가 비상 시에 현역으로 차출될 수 있습니다.

2 바다를 지키는 해군

해군은 군함을 타고 감시와 방어 활동을 하면서 바다를 지키고 보호하는 일을 합니다. 순시함이나 미사일함과 같은 작은 전투함들은 주로 연안 지역에서 작전을 펴며 활동을 하고, 규모가 큰 항공모함, 순양함, 구축함, 프리깃함, 잠수함과 같은 함정들은 육지에서 멀리 떨어진 곳에서도 작전을 수행할 수 있어 해군의 작전 영역을 크게 넓혀 줍니다. 보조함이라고 하는 지원함은 연료, 무기 등 다양한 보급품과 병참을 제공합니다.

지휘관인 해군 장교는 일반 사병을 통솔하여 군함을 관리하고, 지휘관을 보좌하여 전술 연구 등의 일을 수행합니다. 또 군함을 타고 바다를 감시하고 평화 유지 임무와 마약이나 테러 퇴치 등 안보에 관련된 임무를 수행합니다. 따라서 군사 전략, 안보, 컴퓨터 분야에 대한 지식도 가지고 있어야 합니다.

장교 아래 계급인 해군 부사관은 초급 간부로서 장교의 명령을 받아 일선에서 병사들을 감독하고 지시하는 일을 합니다.

3 하늘을 지키는 공군

공군은 하늘에서 적군의 이동을 감시하고, 적군이 육지, 바다, 하늘 중 어떤 곳이든 우리 영토에 침범했을 때 공중 공격을 하거나 적의 공격을 방어하는 임무를 수행합니다. 또한 육군 및 해군의 작전을 지원하는 일도 하고 있습니다. 공군은 최신식 폭격기, 전투기, 수송기, 헬리콥터, 항공기 등을 갖추고 있고, 최첨단 공군은 우주 항공기와 탄도 미사일도 보유하고 있습니다.

지휘관인 공군 장교는 일반 병사를 지휘하고 통솔하며, 참모로서 지

휘관을 보좌하고 전술 연구 등을 수행합
니다. 또한 정찰기에 탑승하여 수색 정찰
을 실시하기도 합니다.

공군 부사관은 초급 간부로서 장교의 명령을 받아 병사들
가까이에서 생활하면서 병사들을 감독하고 지시하며, 교육과
훈련도 시키고 있습니다.

첨단 무기를 사용하는 공군은 지원자가 많아서 경쟁률이 높습
니다. 대부분의 공군 병사들은 억지로 군대에 온 것이 아니라 적성을
살려 자신이 원하는 분야로 자원 입대를 하는데다 높은 경쟁률을 뚫고
되었으니 자부심이 강합니다.

공군이 좋은 이유는 첨단 무기 체계를 다루는 기술군이기 때문입니
다. 조직 특성상 구성원들의 전공과 특기를 최대한 살려서 활용합니
다. 컴퓨터를 잘하면 전산병으로, 공학도는 항공기 정비병으로 지원해
서 갈 수 있습니다. 그 대신 육군이나 해군에 비해 복무 기간이 4개월
정도 깁니다. 하지만 군부대에 각종 편의 시설을 갖추고 있어 생활하기
편리하고, 휴가나 외박이 육군이나 해군보다 많습니다.

아마도 모든 공군 장교의 로망은 멋진 조종사(파일럿)가 되는 것일 겁
니다. 하지만 파일럿이 되려면 엄격한 비행 적성 훈련 과정을 통과해야
만 합니다.

> **Tip**
>
> 20세기 이전에는 주로
> 육군과 해군만으로 전
> 투를 했습니다. 그러나
> 육군과 해군의 작전은
> 육지와 바다라는 장벽
> 때문에 제한을 받았습
> 니다. 따라서 오늘날에
> 는 자유로운 공격이 가
> 능한 공군의 중요성이
> 점점 커지고 있습니다.

04 책과 영화 속에서 만나는 군인

1 관련 책

1) 〈나의 직업 군인(육군)〉 청소년행복연구실 지음. 동천출판. 2014

청소년들이 자신의 미래에 대하여 판단할 수 있는 정보를 제공하는 '행복한 직업 찾기 시리즈' 중 하나로, 군인(육군)을 꿈꾸는 청소년들에게 군인(육군)에 대한 모든 정보를 알려 주는 책입니다.

책의 앞부분에서는 군인의 세계에 대해 소개하고 있습니다. 우리나라에서 군대의 역할과 군대가 발전된 과정, 여성들의 사회 진출이 늘어남에 따라 변화하는 군대 내에서 여성의 위치 등을 소개합니다.

다음으로 육군의 임무와 하는 일에 대해 설명하고 있습니다. 육군은 크게 4가지 병과로 나뉘는데 보병·방공·공병 등이 있는 전투병과, 화학·수송 등이 있는 기술병과, 행정병과, 특수병과가 있습니다. 각 병과별로 하는 업무와 특징을 파악하여 자신의 적성에 맞는 병과를 선택하는 데 도움이 되는 내용들로 구성되어 있습니다.

마지막으로 육군이 되는 길을 안내해 주고 있어 육군이 되고자 하는 청소년들에게 알차고 유익한 정보가 알기 쉽게 소개되어 있습니다.

2) 〈나는 해병이다〉 김환기 지음. 플래닛미디어. 2011

나는해병이다

이 책에는 연예인 현빈(본명 김태평)을 비롯한 8명의 해병대원들의 경험담이 사진과 더불어 실려 있습니다. 인기 절정의 순간에 해병대를 선택한 김태평을 비롯하여 캐나다 유학 중 한국인으로서의 의무를 다하기 위해 해병대 수색대에 지원한 윤사현, 미국 시민권을 뒤로 한 채 연평도를 지키기 위해 해병대에 입대한 김홍순, 자신의 정신적·육체적 한계를 뛰어넘기 위해 해병대에 지원한 정성록, 같은 날 해병대에 동반 입대한 쌍둥이 정성우·정성진 형제, 강한 해병만이 될 수 있는 해병대의 꽃 수색대원 조건희·최문혁 이병을 집중 인터뷰하여 가입소 기간부터 6주간의 혹독한 정식 훈련 과정, 그리고 자대 배치 이후의 생활까지 진솔한 이야기와 생생한 모습이 담겨 있습니다.

어쩔 수 없이 군대에 끌려온 것이 아니라 '대한민국 남자라면 누구나 군대에 가야 한다', '군대란 선택이 아니라 의무다'라는 생각으로 스스로 선택해서 군대 생활을 시작한 8명의 젊은이들의 모습이 작은 감동을 안겨 줍니다.

3) 〈대한민국 공군의 위대한 비상〉 김환기 · 임상민 지음. 플래닛미디어. 2011

이 책은 대한민국 공군의 다양한 면모를 청소년의 눈높이에 맞춰 소개하고 있습니다. 대한민국 공군의 역사와 공군이 되어 신병 훈련을 받고 장교가 되는 길, 공군이 보유하고 있는 전투기와 주 무기들, 조종사 · 정비사들의 이야기, 파일럿으로 활동하고 있는 공군 등에 대해 사진과 함께 자세히 소개하고 있습니다. 또한 공군 소속 연예인과 유명 인물들의 인터뷰, 뛰어난 성과를 보이고 있는 공군의 인터뷰를 함께 수록해 공군의 실질적인 이야기를 생생하게 들려주고 있습니다.

특히 오늘날 공군력이 왜 국방력의 핵심이 될 수밖에 없는가에 대한 내용도 소개하고 있어, 우리나라의 하늘을 지키고자 하는 꿈을 가진 청소년 및 청년들에게 큰 도움이 되는 책입니다.

2 관련 영화

1) 〈지상 최대의 작전〉

제2차 세계 대전 때 연합군의 노르망디 상륙 작전을 그린 영화로 1962년에 제작되었습니다. 존 웨인, 로버트 미첨, 리처드 버튼, 션 코너리, 헨리 폰다 등 당시 명성을 날리던 배우들이 대거 참여했습니다.

제2차 세계 대전 말기에 연합군은 독일과의 전쟁을 종결시키기 위하여 프랑스 북부의 해안 지방인 노르망디에 극비의 상륙 작전을 계획합니다. 연합군의 작전을 염탐한 독일군은 노르망디를 사수하기 위하여 경계를 강화하여 일반인에 대한 검문검색을 철저히 하는 한편 전력을 해안에 집중시키지만 레지스탕스(프랑스 내에서

활동하는 독일 반대 세력)의 활약으로 독일군의 경계 태세는 혼란에 빠집니다. 마침내 1944년 6월 6일 새벽에 연합군의 육·해·공군 전력을 총동원한 사상 최대 규모의 상륙 작전이 펼쳐지고 길고 긴 하루가 시작됩니다. 이 작전 기간 중에 9천여 척의 선박에 백만 명이 넘는 병력과 17만 대의 차량이 702척의 전함과 200여 척의 소해정의 지원을 받으면서 노르망디 해안에 도착했습니다. 문자 그대로 지상 최대의 작전이었습니다.

원래 흑백으로 제작된 이 영화는 노르망디 상륙 작전 50주년을 기념하여 미국과 프랑스가 공동으로 6개월이 넘는 작업 끝에 컬러로 복원하였습니다. 1963년 제35회 아카데미상에서 흑백 촬영상과 특수 효과상을 받았으며, 골든 글로브상의 흑백 촬영상을 받았습니다.

2) 〈탑 건〉

뛰어난 전투기 조종사 매버릭의 비행과 우정, 사랑을 그린 파일럿 영화로, 1986년 미국에서 제작되었습니다.

뛰어난 전투기 조종사 매버릭 대위는 미국의 1급 전투 조종사를 양성하는 탑 건 훈련 학교에 입학하여 특수 훈련을 받고, 항공 물리학을 강의하는 여교관 찰리와 사랑에 빠집니다. 매버릭은 파트너인 구즈와 그의 아내 캐롤 커플과 함께 즐거운 시간을 보내기도 합니다.

어느 날 매버릭이 조종하던 F-14 전투기가 비행 훈련 도중 제트 기류에 빠지면서 엔진 고장을 일으키고, 이때 함께 탈출을 시도하던 구즈가 그만 목숨을 잃게 됩니다. 매버릭에게는 책임이 없다는 사실이 밝혀지지만 그는 동료의 죽음에 충격을 받고 죄책감으로 인해 훈련마저 포기하며 탑 건 1위 자리를 다른 동료에게 내주게 됩니다. '탑 건(Top Gun)'이란 '최고의 사격수(또는 사냥꾼)'라는 뜻으로 최고 성적으로 훈련을 수료한 조종사에게 수여되는 칭호입니다.

그때 미국 상선이 기관 고장으로 영해를 넘어서자, 항공모함으로 돌아온 매버릭은 비상 출격을 하게 됩니다. 매버릭은 위기에 빠진 동료를 구한 후 미그기를 격퇴하고, 이후 탑 건 교관을 자원해 학교로 돌아와 찰리와 다시 만나게 됩니다.

이 영화는 미국 해군의 협조 아래 전천후 요격기 F-14 톰캣(Tom Cat) 기를 등장시켜 실전을 방불케 하는 모의 공중전 화면을 만들어 내서 아슬아슬하면서 멋진 볼거리를 제공해 주었습니다. 당시 신인 배우였던 톰 크루즈는 이 영화를 통해 세계가 주목하는 스타로 성장하였습니다.

3] 〈어 퓨 굿 맨〉

쿠바 관타나모의 미군 부대에서 발생한 살인 사건을 두고 미군 변호인 팀이 법정에서 진실을 가리는 내용의 영화입니다. 톰 크루즈, 데미 무어 주연에 잭 니콜슨과 케빈 베이컨 등이 출연했습니다.

쿠바 관타나모에 있는 미국 해군기지에서 산티아고라는 사병 한 명이 죽은 채로 발견됐습니다. 이 사건은 곧바로 워싱턴에 보고되었고, 죽은 사병과 같은 소대에서 근무하는 해병 두 명이 살인 사건의 용의자로 지목되어 구속, 수감되었습니다. 이 사건은 미군 내부에서 법정까지 가지 않고 합의만으로도 사건을 잘 해결하기로 명성이 자자한 캐피 중위가 동료 웨인버그 중위, 갤로웨이 소령과 한 팀을 이뤄 맡게 되었습니다.

그런데 사건을 파헤치는 과정에서 갤로웨이 소령은 사병의 죽음에 석연치 않은 구석이 있음을 발견하게 됩니다. 캐피와 갤로웨이, 두 사람은 서로 충돌하면서 사건 이면에 감춰져 있던 죽음의 진실에 가까이 다가갑니다. 부대 생활이나 훈련 능력이 형편없는 산티아고를 '집중 관리'하고, 그로 인한 폭행을 은폐하라는 관타나모 기지 사령관인 제셉 대령의 '코드 레드' 명령이 내려졌던 것입니다. 이 사실을 알게 된 캐피 중위는 제셉 대령을 법정으로 불러들여 사건의 진실을 추궁하기로 결심합니다. 캐피는 법정에서 제셉 대령의 위압적인 카리스마를 영리하게 제압함으로써 마침내 사건의 진실을 밝히게 됩니다.

또한 도슨 일병은 사전 형량 조정을 통하면 6개월 복역만으로 끝낼 수 있지만 해병으로서 명예를 지키기 위해 중형을 선고받을 수 있는 위험이 큰 재판을 선택합니다. 불행히도 그는 불명예 제대를 하고 말지만, '약자를 보호하지 못했다'는 깨달음을 얻게 됩니다. 그 깨달음으로 그는 진정한 명예를 얻은 셈입니다.

117

05 군인의 생활 따라가기

군인의 일과는 부대에 따라, 계급에 따라 조금씩 다릅니다. 다음은 일반 병사 기준으로 군인의 하루를 따라가 보겠습니다.

기상 및 아침 점호 아침 6시에 기상해서 잠자리를 정리하고 현재 인원과 환자, 외박을 나간 사람, 후송을 간 사람, 급한 용무로 집합하지 못한 사람 등을 파악합니다.

운동 점호가 끝나면 비나 눈이 오지 않는 한 아침 구보를 합니다. 대개 3km 정도를 왕복합니다.

아침 식사 및 청소 아침 식사를 하고, 일부는 설거지를 하고, 나머지는 내무반 청소를 간단히 합니다.

오전 일과 탄약고나 대공초소 주간 근무자는 근무지로 가고, 나머지 인원은 기본 군사 훈련을 하거나 부대 내외를 정비하고, 교육을 받기도 합니다. 특별한 훈련이나 교육이 없다면 부대 주변 청소, 잡초 제거, 담 쌓기, 하천 정비, 도로 정비 등의 작업을 합니다. 또 일부는 취사장, 보급 창고 등으로 사역을 나갑니다.

점심 식사 12시부터 점심 식사를 하고, 식사를 마친 후에 일부는 주간 근무자와 교대하기 위해 근무지로 향하고, 나머지 인원은 잠시 쉽니다.

오후 일과 오전 일과와 비슷합니다. 오전에 마치지 못한 일을 계속 하거나 지휘관으로부터 교육을 받기도 합니다.

체력 단련 주로 구보, 철봉, 축구, 족구 등의 체육 활동을 합니다.

저녁 식사 저녁 식사를 마친 후에 일부는 오후 근무자와 교대하기 위해 근무지로 향하고, 나머지 인원은 잠시 쉽니다.

개인 정비 하루 중 유일하게 자유 시간입니다. 가족이나 친구들에게 전화를 걸고 텔레비전을 봅니다. 또는 전투화를 손질하거나 빨래를 하고, 이발도 합니다. 부지런한 군인은 개인 공부 등 자기 계발에 힘쓰기도 합니다.

 청소 내무반을 청소하고 취침 준비를 합니다.

 취침 점호 및 교대 보초 당직사관이 각 생활관을 돌면서 현재 인원과 환자, 외박을 나간 사람, 후송을 간 사람, 급한 용무로 집합하지 못한 사람 등 인원을 파악합니다. 점호가 끝나면 내일을 위해 잠자리에 듭니다.

그러나 모든 군인이 편안하게 잘 수 있는 건 아닙니다. 교대로 불침번(야간 보초)을 서야 합니다. 내무반 불침번 근무는 1명이 1시간씩 교대해서 합니다. 또한 외곽 초소에도 보초를 서야 하는데, 이 경우는 2인 1조로 역시 1시간씩 교대를 합니다. 그러니까 세 사람씩 순번을 정해 자기 차례가 되면 자다가 일어나서 1시간씩 보초를 서야 합니다. 이렇게 한 시간에 세 사람씩 교대로 보초를 서야 하니, 대부분의 군인이 자다가 일어나 보초를 서기도 합니다.

군인의 하루 일과는 보통 이렇게 이루어지지만 부대마다 약간의 차이가 있으며, 직업 군인인 부사관 이상의 계급은 주로 병사들을 관리하는 일을 하므로 위의 일정과 다소 차이가 있습니다. 특히 부사관 이상은 특별한 경우가 아니면 보초 서는 일은 하지 않습니다.

Tip

일반 병사의 경우, 계급에 상관없이 모두가 보초를 서야 하는데, 제대를 앞둔 병사들에게는 근무하기 쉬운 시간대로 순서를 정해 주기도 합니다. 2~3달에 한 번쯤 보초 근무가 없는 날도 있습니다.

06 직업 군인이 되기 위해 필요한 능력

1 강한 체력

군인은 체력적인 소모가 많은 직업입니다. 다양한 훈련을 이겨 내기 위해서는 강인한 체력이 필수입니다. 그러니 군인이 되려면 틈틈이 웨이트 트레이닝, 등산이나 달리기, 수영 등을 통해 체력을 길러야 합니다.

2 사명감

군인에게는 나라와 국민의 안전을 지킨다는 사명감이 무엇보다 필요합니다. 나라를 위해 무엇인가 할 수 있다는 자부심을 크게 느낄 수 있는 직업이므로 이 점에 가치를 두면 좀더 만족하면서 일할 수 있습니다.

3 사회성

군대 생활의 대부분은 단체 생활과 조직 생활로 이루어져 있습니다. 따라서 다른 사람과 잘 어울릴 수 있는 사회성이 꼭 필요합니다. 그러니 군인을 직업으로 삼고 싶다면 다양한 사람들을 많이 접하고, 자신과 다른 점을 인정할 수 있는 마음을 길러야 합니다. 조직에 융화되는 능력을 많이 키우고 입대한다면 보다 빨리 적응할 수 있습니다.

4 리더십

직업 군인은 군의 간부이므로 많은 병사들을 잘 이끌 수 있는 리더십이 필요합니다. 요즘에는 권위적인 상사의 모습보다는 병사들에게 가까이 다가가 대화를 나누고 고민을 들어주는 등 소통하는 태도가 필요합니다. 또한 솔선수범하는 모범적인 모습을 보이고, 위기의 순간에 현명한 판단을 내릴 수 있는 통찰력도 요구됩니다. 이렇게 한다면 스스로 권위적이지 않더라도 병사들의 존경과 사랑을 받는 상사가 될 수 있습니다.

5 외국어 능력과 자기 계발

군인으로서 계급이 올라가면 외국 군인과 접할 일이 많이 생깁니다. 특히 우리나라는 미국 군대가 주둔해 있고, 군사 작전권이 미군에 있기 때문에 영어가 매우 중요합니다. 또한 외국 군대와 함께 국제적인 협력 차원의 여러 작전이 있을 경우에도 외국어, 특히 영어가 많이 필요합니다.

그리고 과학의 발달로 무기들이 점점 전문화되고 있으며, 장교의 능력에 따라 전투나 부대의 임무 수행 결과가 달라지는 경우가 많아 자기 계발을 꾸준히 해야 합니다.

07 직업 군인의 장단점

1 장점

첫째, 군인은 적으로부터 국민과 나라를 지킨다는 자부심을 가질 수 있는 직업입니다. 따라서 군대 생활에 잘 적응할 수만 있다면 만족감이 큰 편입니다.

둘째, 직업 군인은 국가 공무원에 속하기 때문에 특별한 사건이 없다면 정년이 보장되는 직업입니다. 계급에 따라 정년이 다르기는 하지만 요즘처럼 사오정(45세 정년)이라는 말이 현실화되는 사회에서 군인이라는 직업을 선택한다면 보다 안정적인 생활을 할 수 있습니다.

셋째, 직업 군인이 되면 나라에서 제공해 주는 혜택이 무척 많습니다. 군인 아파트 등 주택을 무료로 제공해 주거나 군인 공제회에서 특별 분양 아파트를 공급해 주고, 저렴한 이자로 은행

돈을 빌려 쓸 수도 있어 내 집을 쉽게 마련할 수 있습니다. 그리고 전국 18개소의 군인 병원을 무료로 이용할 수 있고, 혹시라도 사고가 났을 때 1억 원이 보장되는 보험에 자동 가입되는 등 다양한 혜택이 제공됩니다.

넷째, 자녀 교육에 대한 폭넓은 지원을 받을 수 있습니다. 직업 군인으로 오랫동안 복무하면 고등학생 자녀들의 학비를 전액 지원하는 제도와 대학교에 입학하면 다양한 장학금의 혜택을 누릴 수 있으며, 학비도 국가에서 전액 무이자로 대출해 줍니다. 또 대도시의 대학에 다닌다면 군에서 운영하는 기숙사를 제공받을 수 있습니다.

마지막으로 직업 군인으로 20년 이상 복무하면 군인 연금을 받을 수 있는데, 연금 액수가 적지 않을 뿐 아니라 평생 동안 받을 수 있습니다.

2 단점

첫째, 잊을 만하면 발생하는 군대의 총기 사고나 병영 내의 구타 및 가혹 행위가 심심찮게 뉴스에 나오는 것을 보면 군대에 대해 부정적인 생각이 많이 듭니다. 군대는 폐쇄적인 공간으로 개인적인 고민이나 고통을 자유롭게 표현할 수 있는 기회가 적고 참아야 할 때가 많습니다.

둘째, 대부분의 군인은 도시에서 멀리 떨어져 교통이 불편하고 문화 혜택이 부족한 지역에서 근무하는 경우가 많습니다. 또 장교의 경우 2~3년에 한 번씩 근무지를 옮겨야 해서 자주 이사를 다니고 가족들과 헤어져 지내기도 합니다.

셋째, 각 부대의 업무에 따라서 어렵고 힘든 특수 근무를 하기도 하고 야간 훈련, 혹한기 훈련 등 힘든 훈련으로 다치거나 사망하는 등 예상치 못한 위험이 따르기도 합니다.

이런 많은 어려움에도 불구하고 나라를 지킨다는 자부심을 가질 수 있고, 안정적인 생활을 할 수 있다는 점에서 많은 젊은이들이 직업 군인을 선택하고 있습니다.

08 직업 군인이 되기 위한 과정

1 중 · 고등학교 시절

무엇보다도 공부를 열심히 해야 합니다. 수능 성적이 좋아야 사관 학교에 입학하여 장교로서 출발할 수 있습니다. 또한 체력도 길러야 합니다. 사관 학교 입학 시 체력 시험도 있고, 군대 생활을 하려면 무엇보다도 체력이 강해야 하기 때문입니다. 그리고 군사학이나 군인 관련 동아리 활동을 하거나 군대와 관련된 체험 학습 또는 봉사 활동을 한다면 사관 학교 입학에 큰 도움이 됩니다.

2 사관 학교 입학과 졸업

장교가 될 수 있는 지름길은 사관 학교에 입학하는 것입니다. 사관 학교는 한 나라의 장교를 양성하기 위해 설치한 특수 교육 기관입니다. 우리나라에는 육군 사관 학교, 해군 사관 학교, 공군 사관 학교, 간호 사관 학교가 있습니다.

냉혹한 국제 사회에서 국가의 주권을 유지하기 위해서는 강력한 군사력이 필요하고, 이 군사력의 중요 과제는 우수한 장교단에 달려 있습니다. 그래서 세계 각 나라는 장교단의 핵심을 이룰 사관 학교의 운영과 교육에 대해 각별한 관심과 배려를 기울이고 있습니다.

사관 학교에 들어가기 위해서는 고등학교 3학년 때 세 차례의 시험을 치러야 합니다. 1차 시험은 사관 학교 자체에서 실시하는 수능 유형인 국어, 영어, 수학 세 과목에 대한 학과 시험으로, 세 과목을 합한 점수 순으로 합격자를 4배수(여자는 5배수)로 선발합니다. 그리고 1차 시험에 합격한 사람에 한해서 이틀간 신체검사, 체력 검사, 면접, 논술 등을 치르게 되지요. 마지막으로 전국적으로 치러지는 대학 수학 능력 시험을 보고 나서 1~2차 시험 결과와 수능 시험 점수, 학교 내신 성적을 합해 종합 성적순으로 선발합니다.

사관 학교의 학생은 일반 대학생과는 달리 생도(生徒)라고 부릅니다. 입학한 사관생도들은 전원이 4년 동안 기숙사 생활을 하며 단체 생활을 하게 되는데, 학비 및 생활비 전액을 국가에서 지원해 줍니다. 입학해서 졸업할 때까지 돈 한 푼 들이지 않고 다닐 수 있습니다.

사관생도들이 공부하는 내용을 살펴보면, 전체적으로는 일반 대학의 교양 과목 및 전공 과목과 동일하지만 상대적으로 전공 과목의 비중이 낮은 대신 군사학, 체육 등의 과목을 보다 중요시하고 있습니다.

생도들은 졸업 이후 각각 육군, 해군, 공군의 초급 장교로 임관되어 장교로서 군대 생활을 시작합니다. 간혹 군대 생활이 맞지 않거나 특별한 이유로 인해 의무 복무 기간이 끝난 후 전역해서 사회생활을 할 수도 있습니다.

3 장교 임관

육군 사관 학교, 해군 사관 학교, 공군 사관 학교, 간호 사관 학교 중 자신이 원하는 사관 학교에 입학하여 전문 교육을 마치면 장교로 임관될 수 있습니다.

하지만 고등학교 졸업 후 사관 학교에 입학하지 못했다면 학군 사관 후보생(ROTC) 또는 학사 사관 후보생(학사 장교)으로 선발되어 일정 기간의 교육과 훈련 후에 장교로 임관될 수도 있습니다. 그 밖에 4년제 일반 대학을 졸업하고 소정의 훈련을 이수한 후 장교로 임관되기도 합니다. 그리고 4년제 대학을 2년 이상 수료했거나 2·3년제 대학을 졸업했다면 육군 3사관 학교에 지원하여 육군 장교가 될 수 있습니다.

장교로 임관되면 먼저 소위, 중위, 대위 등의 위관급 장교로 근무해야 합니다. 그리고 나서 진급하면 영관급(소령, 중령, 대령) 이상의 장교가 될 수 있습니다.

4 부사관이 되는 방법

부사관은 장교와 일반 사병의 중간 역할을 하는 군인으로, 사관 학교를 졸업하지 않아도, ROTC나 학사 장교를 거치지 않아도 지원할 수 있습니다. 부사관이 되는 방법에도 몇 가지가 있습니다.

첫째, 현역병으로 기초 군사 훈련을 마친 일병, 상병, 병장이 임관일 기준 27세를 초과하지 않으면 부사관에 지원하여 선발되면 가능합니다.

둘째, 병역 의무를 마치지 않은 만 18세 이상 27세 이하의 고등학교 졸업 이상의 학력을 갖춘 사람도 부사관에 지원할 수 있습니다.

셋째, 병역 의무를 마친 임관일 기준 30세 이하의 고등학교 졸업 이상의 학력을 갖춘 사람이 부사관에 지원하여 선발되면 가능합니다.

5 퇴역 후 할 수 있는 일

군인으로서 일을 그만두는 것을 퇴역이라고 합니다. 퇴역한 뒤에는 여러 가지 일을 다시 할 수 있습니다. 군인 시절 배웠던 전문 지식을 이용해서 방위 산업체에서 근무하거나 전문 저술가, 군사 평론가가 될 수 있고, 군인 생활의 경험을 살려 인명 구조대로 일할 수도 있습니다. 이밖에도 일반적인 개인 사업을 할 수도 있고, 특수 부대를 나온 경우는 경호원으로 진로를 선택하는 사람도 있습니다. 또한 공군 파일럿으로 근무하다가 퇴역 후에 민간 비행기를 조종하기도 합니다.

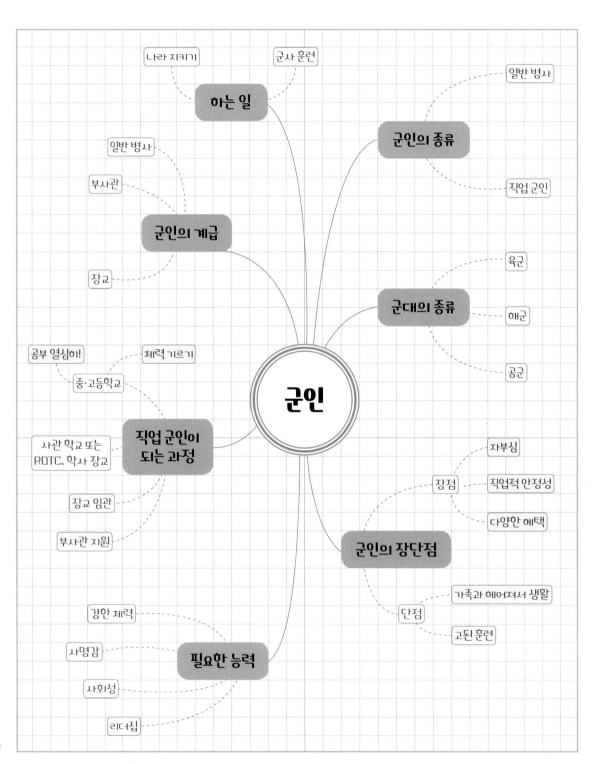

군인

하는 일
- 나라 지키기
- 군사 훈련

군인의 종류
- 일반 병사
- 직업 군인

군대의 종류
- 육군
- 해군
- 공군

군인의 계급
- 일반 병사
- 부사관
- 장교

직업 군인이 되는 과정
- 체력 기르기
- 중·고등학교 (공부 열심히!)
- 사관 학교 또는 ROTC, 학사 장교
- 장교 임관
- 부사관 지원

군인의 장단점
- 장점
  - 자부심
  - 직업적 안정성
  - 다양한 혜택
- 단점
  - 가족과 헤어져서 생활
  - 고된 훈련

필요한 능력
- 강한 체력
- 사명감
- 사회성
- 리더십

10 군인과 관련하여 도움받을 곳

1 직업 정보를 얻을 수 있는 기관

● 전쟁기념관(https://www.warme
mo.or.kr) 전쟁의 아픈 상처를 추모
하고 평화를 기원하기 위해 1994년
서울 용산에 문을 열었으며, 9,000
여 점의 전쟁 관련 기념물을 전시하
고 있습니다.

먼저 실내 전시관을 살펴보면 6개
의 전시 구역으로 나뉩니다. 전쟁 역
사실에서는 선사 시대부터 대한 제국까지 이 땅에서 사용된 수많은 무
기들을 만날 수 있습니다. 6 · 25 전쟁실에서는 총소리 등 소음과 진한
화약 냄새를 느낄 수 있어서 전쟁의 공포와 긴장감을 간접적으로 체험
할 수 있습니다. 그 밖에 해외 파병실, 국군 발전실 등에서는 현재 세계
로 파견되어 활약하고 있는 국군과 발전하는 군사 장비들을 살펴볼 수
있습니다.

야외 전시장에는 육 · 해 · 공군의 과거와 현재의 주요 장비 실물이
전시되어 있어 장비들을 직접 체험하며 관람할 수 있습니다. 주말 오후
와 기념일에 펼쳐지는 절도 넘치는 국군 의장대의 사열과 군악대의 연
주 등도 어린이와 청소년들에게 군인에 대한 호기심을 불러일으키기에
충분합니다.

또한 어린이와 청소년을 대상으로 군대와 군인과 관련된 다양한 프
로그램이 진행되고 있으니 미래 직업으로 군인을 꿈꾸는 학생이라면
많은 유익한 정보를 얻을 수 있습니다.

● 육군박물관(https://museum.kma.ac.kr) 우리나라에서 유일한 군사
전문 박물관으로서 서울시 노원구 육군 사관 학교 안에 있습니다. 군사
문화재의 수집, 보존과 전시 및 연구를 통하여 국방의 발자취를 실증적

으로 보여 주고 있습니다.

크게 실내 전시실과 야외 전시장으로 구성되어 있는데, 실내 전시실은 고대실, 현대실로 구성되어 있고 야외 전시장은 탱크, 장갑차 등 대형 무기들이 전시되어 있습니다. 그 밖에 육사 기념관에는 육군 사관 학교와 관련된 다양한 전시물이 전시되어 있습니다.

용감한 육군을 꿈꾸는 학생이라면 꼭 한번 들러볼 만한 박물관입니다.

● 해군사관학교박물관(http://museum.navy.ac.kr) 경상남도 창원시 진해구에 위치한 해군 사관 학교에 있는 박물관으로 1976년에 설립되었습니다. 이순신 장군의 행장, 초상화, 관련 문헌, 임진왜란 때의 각종 무기 등을 살펴볼 수 있습니다.

그 밖에 초대 해군 참모 총장인 손원일 제독의 흉상과 유품이 있고, 함정의 변천사를 실물 크기의 모형으로 볼 수 있습니다.

야외 전시장에는 1800년대의 대포를 비롯하여 각종 해양 장비들이 전시되어 있고, 1980년에 해군에서 복원 건조한 거북선이 있어 그 안으로 직접 들어가 거북선 구조를 확인해 볼 수도 있습니다.

● 공군박물관(http://www.afa.ac.kr:8081/user/indexMain.action?handle=1&siteId=museum) 1979년에 개관한 공군박물관은 충청북도 청주에 위치한 공군 사관 학교에 자리하고 있으며, 우리나라의 공군과 공군 사관 학교의 역사를 품고 있는 곳입니다.

우리 공군의 태동에서부터 오늘날에 이르기까지의 자료를 수집, 연구, 보존, 전시하는 공군 박물관에는 총 8,000여 점의 유물이 소장되어 있으며 공군관, 공사관, 영화관, 야외 전시장 등의 전시관이 갖추어져 있습니다. 우선 공군관에는 공군의 태동기부터 현대에 이르기까지의 역사를 중심으로 전시되어

있으며, 공사관에는 공군 사관 학교의 역사를 중심으로 생도 복제, 각
국 항공기 등을 전시하고 있습니다. 영화관은 무대, 영사 시설 및 각종
항공 관련 영상 자료를 구비하고 단체 관람객에게 공군 및 공군 사관
학교를 소개하는 영화를 상영하고 있으며, 야외 전시장은 공군이 최초
로 보유한 L-4, L-5 항공기를 비롯한 총 30대를 전시하고 있습니다.

2 직업 체험 프로그램

●군대 체험 캠프 2013년 7월 충남 태안의 사설 해병대 캠프에 참가했
던 공주사대부고 학생 5명이 목숨을 잃은 후로 청소년을 대상으로 하
는 군대 체험 캠프가 많이 줄었습니다. 그래도 몇 군데 여행사에서 캠
프를 운영하고 있기는 합니다. 참가하기 전에 안전사고에 대해 잘 대비
하고 있는지 꼼꼼히 확인해야 합니다.

11 역사 속 유명한 군인들

1 이순신(1545~1598)

  이순신 장군은 어려서부터 전쟁놀이를 좋아했고, 자라면서는 말타기
와 활쏘기를 잘했습니다. 늦은 나이인 28세에 처음으로 무과에
응시했으나 달리던 말이 넘어져 실격했습니다.

  4년 뒤인 1576년에 무과에 급제하여 함경도로 발령받아
오랑캐를 토벌하는 데 큰 공을 세웠습니다. 그 후 북방 지역
의 방어를 담당하면서 군사의 증원을 요청했으나 병사 이일
이 이를 거절하여 오랑캐의 침입을 막아 내지 못했고, 이 일
로 파직당해 첫 번째 백의종군을 하게 되었습니다. 그 후 전라
도의 조방장, 정읍 현감 등을 지내다가 친구 유성룡의 추천으로 승

진하였고, 1591년 47세에 전라좌도 수군절도사가 되어 군비 확충에 힘썼습니다.

1592년 임진왜란이 일어나자 여러 전투에서 왜적을 무찌르고, 특히 7월 한산도에서 적선 70척을 쳐부수어 한산도 대첩의 큰 무공을 세웠습니다. 이후에도 전투마다 승리를 거듭하자 조정에서는 이순신을 최초의 삼도수군통제사로 임명하여 수군의 모든 지휘권을 맡겼습니다. 이후 명나라와 일본 간의 휴전 회담이 진행되면서 전쟁이 소강상태로 접어들자, 군사 훈련을 강화하고 군비를 확충했습니다. 또한 피난민의 생업을 보장하고 산업을 장려하는 데 힘썼습니다.

3년간에 걸친 휴전회담이 깨지자, 1597년 왜군이 다시 침입했고 정유재란이 일어났습니다. 이에 이순신은 전열을 가다듬고 다시 싸울 준비를 했으나 왜군의 흉계에 말려들지 않기 위해 출전 명령을 거부했다가 파직되어 감옥에 갇혀 목숨이 위태롭게 되었습니다. 우의정 정탁의 변호로 가까스로 죽음을 면하고 권율 장군의 휘하에서 두 번째로 백의종군하게 됩니다.

하지만 이순신을 대신하여 삼도수군통제가 된 원균이 왜군에게 참패하자 이순신은 삼도수군통제사에 재임명되어 12척의 함선과 빈약한 병력을 거느리고 명량에서 133척의 왜군과 대결하여 왜선 31척을 쳐부수었습니다. 다음해인 1598년 이순신은 퇴각을 위해 집결해 있던 왜선 500여 척을 발견하고 명나라 장수와 합동으로 왜적을 공격하여 수많은 왜선을 격파했습니다. 그러나 적이 쏜 총탄에 맞아 54세의 나이로 세상을 떠났습니다. 죽는 순간까지도 군사들의 사기가 떨어질 것을 염려해서 자신이 죽었다는 말을 하지 말 것을 당부했습니다.

이순신이 쓴 〈난중일기〉는 전쟁터에서 쓴 것으로 1592년 (선조 25년) 5월 1일부터 1598년(선조 31년) 9월 17일까지 기록되어 있는데, 전쟁 상황이나 나라를 사랑하는 마음이 잘 나타나 있습니다. 현재 현충사에 보관되어 있으며 국보 제76호로 지정되었습니다.

2 김좌진(1889~1930)

충청남도 홍성의 부유한 명문가에서 태어난 김좌진은 일찍이 아버지를 여의고 어머니 밑에서 자랐습니다. 1904년 16세에 집안의 노비를 모두 불러 노비 문서를 불사르고 논밭을 골고루 나누어 주었습니다. 이듬해에는 서울로 올라와 육군 무관 학교에 입학했습니다.

1907년 고향으로 돌아와 호명 학교를 세워 아이들을 가르치며 애국 계몽 운동에 앞장섰습니다. 1911년 북간도에 독립군 사관 학교를 세우기 위해 자금을 조달하던 중 일본 경찰에 체포되어 2년 6개월 동안 서대문 형무소에서 옥살이를 했습니다.

1916년 광복단에 가담하여 항일 투쟁을 벌였고, 1918년 만주로 가서 서일을 중심으로 결성된 '대한 정의단'에 들어가 군사에 대한 책임을 맡았습니다. 1919년에는 '대한 정의단'의 이름을 '북로 군정서'로 바꾸고 총사령관이 되어 독립군을 훈련시켰습니다.

1920년 일본군이 대부대를 편성하여 독립군 토벌에 나서자, 장백산 방면으로 근거지를 이동하다가 청산리 부근에서 일본군과 10여 차례 전투를 치른 끝에 일본군 1,200명을 사살하는 대전과를 올렸습니다.

그 뒤 계속 북쪽으로 이동하여 밀산 (마산)에서 10여 개의 독립 운동 단체를 통합하여 대한독립군단을 결성하고 부총재에 취임했습니다. 그 뒤 대한독립군단의 많은 부대원이 러시아령 자유시로 넘어갔지만 함께 가지 않고 북만주로 돌아왔습니다. 일제의 계속된 탄압과 독립군 부대의 분열에도 굴하지 않고 독립 투쟁에 애를 썼으나 1930년 1월, 과거 부하였던 고려 청년회의 박상실에게 암살당해 42세의 나이로 안타까운 죽음을 맞이했습니다.

3 카이사르(기원전 100~기원전 44)

고대 로마의 장군이자 정치가인 카이사르는 귀족 가문에서 태어났습니다. 자라면서 정치에 관심을 갖게 되었고, 기원전 65년에 공공 건물과 경기·축제를 관장하는 안찰관에 선출되어 사람들에게 여가 생활

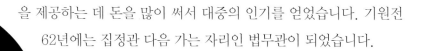

을 제공하는 데 돈을 많이 써서 대중의 인기를 얻었습니다. 기원전 62년에는 집정관 다음 가는 자리인 법무관이 되었습니다.

기원전 60년에 크라수스와 군 지휘관인 폼페이우스와 동맹을 맺어 제1차 삼두 정치를 수립했습니다. 그리고 더 큰 명예를 얻기 위해서는 군사 경력이 필요하다는 사실을 깨닫고, 기원전 58년부터 갈리아 원정을 시작했습니다. 그리하여 라인 강 서쪽의 모든 영토를 정복했고, 갈리아에서 게르만족을 쫓아냈으며, 브리타니아(지금의 영국)를 침공했습니다. 로마에서 카이사르의 승리를 축하하는 행사가 열렸지만 모든 사람이 그 승리를 기뻐한 것은 아니었습니다. 카이사르의 성공에 위기를 느낀 폼페이우스는 카이사르를 의심하고 보수주의자들과 함께 카이사르에게 군대를 떠나라고 명령했습니다.

무방비 상태로 군대를 떠날 수 없었던 카이사르는 "주사위는 던져졌다!"라는 말과 함께 병사 5,000명을 이끌고 자신이 다스리던 속주와 이탈리아 경계선인 루비콘 강을 건너 내전에서 승리하고 정치·사회 개혁을 추진했습니다.

그러나 폼페이우스 일파는 계속 저항했고, 카이사르는 폼페이우스를 쫓아 이집트까지 갔습니다. 하지만 그가 도착했을 때 폼페이우스는 이미 살해되었고, 클레오파트라를 만나게 되었습니다. 카이사르는 이집트 내전에 참여해 클레오파트라를 이집트의 파라오로 만들어 주었으며, 나중에 로마로 데려왔습니다.

기원전 47년에 터키 젤라에서 폰토스 왕 파르나케스 2세를 물리쳤고, 원로원에 "왔노라, 보았노라, 이겼노라."라는 유명한 승전보를 보냈습니다.

이제 로마에서 무소불위의 권력을 지니게 된 카이사르에 대해 로마 시민들은 그가 왕이 되려 한다는 의심을 품었습니다. 그래서 일부 귀족들이 카이사르를 암살할 계획을 꾸몄고, 기원전 44년에 원로원 회의장에 들어서던 카이사르는 무차별적인 공격을 받고 허무하게 세상을 떠났습니다.

카이사르는 웅변가이자 작가로도 유명했는데, 그의 작품 〈갈리아 전기〉는 갈리아 정복 과정과 게르만족의 생활을 쓴 글로, 분명하고 직설적인 문체로 역사 서술의 전형으로 평가받고 있습니다.

4 나폴레옹(1769~1821)

프랑스의 장군으로 서유럽과 중부 유럽에 걸친 제국을 건설했습니다. 지중해의 코르시카 섬에서 태어났으며, 1779년 트루아 근처의 군사 학교에 입학했고, 1784년에 파리에 있는 육군 사관 학교에 입학해 이듬해에 졸업했습니다. 1785년에 프랑스군 장교가 되어 혁명 반대파를 진압했고, 이들을 지원하던 영국 함대를 무찌르는 등 큰 공을 세웠습니다. 계속하여 왕당파가 일으킨 봉기를 진압하는 등 활약을 했고, 1796년 나이가 여섯 살 많고, 두 아이를 둔 조세핀과 결혼했습니다.

그 이후 나폴레옹은 프랑스 혁명 이후 계속된 유럽 국가들과의 전쟁에서 연달아 승리하여 영토를 넓혔고, 프랑스 국민들로부터 영웅으로 환영받았습니다. 1797년에는 중동과 영국의 교역을 분쇄하려고 이집트를 침공했으며, 이후로도 혁혁한 공을 세워 프랑스 국민들의 인기를 한 몸에 받게 되자 쿠데타를 일으키고 제1통령이 되었습니다.

제1통령이 된 뒤에는 뛰어난 행정가의 면모를 발휘했습니다. 나폴레옹은 강력하고 효율적인 중앙 정부를 세우고 프랑스 법들을 개정, 재편하여 〈나폴레옹 법전〉을 만드는 등 많은 개혁을 주도했습니다. 나폴레옹이 시행한 개혁들은 오늘날까지 프랑스와 프랑스의 식민지였던 지역의 제도 속에 그대로 남아 있습니다. 그리고 마침내 헌법을 개정해 황제가 되었습니다.

그러나 나폴레옹은 프랑스를 통치하는 것만으로는 만족하지 못하고 정복에 나섰습니다. 유럽 여러 지역을 정복해서 영토를 확장하고, 그 결과 프랑스 군대가 침입한 지역에서 민족주의 감정이 일어났고, 유럽 국가들이 동맹하여 프랑스를 공격했습니다. 주변국의 공격에도 불구하고 나폴레옹은 번번이 승리해서 영토를 넓혀 나갔고, 독일 · 러시아 · 네덜란드 · 이탈리아 · 포르투갈 · 에스파냐 등 대부분의 유럽 국가들을 손아래에 두었습니다.

한편, 조세핀과의 사이에 자식이 없던 나폴레옹은 조세핀과 이혼하고 오스트리아 황제의 딸과 결혼해 아들을 낳았습니다.

유럽 여러 국가 중 영국만이 프랑스에 항복하지 않자 나폴레옹은 영국 상품을 유럽 대륙으로 들어오지 못하게 하는 대륙 봉쇄 정책을 폈습니다. 그러자 유럽 대륙에 경제적인 어려움이 닥쳤고, 유럽 여러 나라들의 반발도 더욱 커졌습니다. 또한 프랑스 내에서도 세금을 높이고 징병제를 실시하자 강력한 저항이 일어났습니다.

1812년 러시아가 대륙 봉쇄 체제에서 이탈하자 러시아 원정을 떠났다가 크게 패했고, 프랑스로 돌아온 나폴레옹은 자신의 참패를 인정해야만 했습니다. 나폴레옹이 러시아 전투에서 패배한 것에 용기를 얻은 유럽 국가들은 다시 프랑스를 공격했고, 힘이 약해진 프랑스군은 패배했습니다.

결국 나폴레옹은 프랑스에서 추방되어 엘바 섬에 갇히게 되었습니다. 그러나 엘바 섬에서 탈출한 나폴레옹은 파리에 입성해 100일 동안 프랑스를 다스렸는데, 이것을 '백일천하'라고 합니다. 그러나 유럽 주변 국들이 다시 공격해 오자 전투에서 패해 세인트헬레나 섬에 유배되었습니다. 그리고 이곳에서 친구들에게 자신의 생애를 구술하며 여생을 보내다가 1821년 암으로 파란만장한 삶을 마감했습니다.

12 이 직업을 가진 사람에게 듣는다

해군 백석기

해군 함대 훈련단 사령관에서 해군 사관 학교 교장까지
해군의 요직을 두루 거친 백석기 전 해사 교장이 말하는 군인 정신과
이순신 제독의 정신을 이어받은 대한민국 해군 이야기

Q1 군인을 선택하게 된 배경은 무엇인가요?

저는 일제 강점기가 끝나갈 무렵에 초등학교를 다니기 시작했습니다. 학교가 끝나면 공부를 하기보다는 놀러 다니거나 집안일을 도왔고, 고집이 센 평범한 학생이었습니다.

중학교 때 6·25 전쟁이 일어났고, 고등학교 때까지 전쟁이 계속되었습니다. 전쟁을 경험했기 때문에 군인들을 보면 나라를 지키기 위해 수고를 많이 하고, 고마운 사람들이라는 생각이 들었습니다.

고등학교 졸업 후에는 군인이 되겠다는 확고한 의지보다는 집안 형편 때문에 해군 사관 학교에 진학하게 되었습니다. 사관 학교는 일반 대학교와 배우는 과목들이 크게 다르지 않

135

았고, 학비가 들지 않았습니다. 또한 당시 사관 학교의 인기가 매우 높았습니다. 전쟁이 끝난 직후라서 군인에 대한 동경도 있었고, 사관 학교 졸업 후에 나라의 근간이 되는 장교로 활동한다는 기대감도 있었거든요. 그래서 일반 4년제 대학교를 합격하고도 사관 학교에 들어오는 학생들이 많았습니다.

저도 그런 동경과 기대감으로 사관 학교에 입학했지만, 진로에 대한 뚜렷한 확신은 없었습니다. 그러다가 졸업 후에 소위로 임관되면서 '내가 정말 군인이 되었구나.'를 실감하게 되었습니다.

Q2 해군은 구체적으로 어떤 일을 하나요?

보통 육군은 군사 분계선을 지킨다고 말하고, 해군은 경비를 선다고 말합니다. 해군은 북한이 북방 한계선을 넘어오지 못하도록 감시를 합니다. 바다가 넓기 때문에 완벽하게 할 수는 없어서 중간중간에 군함을 대기시켜 놓는데, 100km 사이에 두 척이나 세 척의 군함을 배치합니다. 그리고 레이더를 돌려서 상황을 주시하다가 이상한 조짐이 보이면 전투함을 내보냅니다.

해군과 해경을 헷갈려 하는 사람이 많은데, 해군은 군인이고 해경은 경찰입니다. 해군은 다른 나라의 군대와 싸우는 일을 하고, 해경은 우리 어선을 보호하고 상대 어선이 우리 바다에 들어오는 걸 막는 일을 합니다. 예를 들어 중국 어선이 우리 바다에 들어오면 해군이 아니라 해경이 막습니다. 물론 전쟁이 일어나면 해군과 해경이 힘을 모아 싸우는데, 이것은 우리나라 뿐만 아니라 다른 나라도 마찬가지입니다.

Q3 사관 학교에서는 어떤 것을 배우나요?

현재 각 군의 사관 학교는 일반 4년제 대학의 교과 과정과 비슷합니다. 일반 학문 외에 군사학과 군사 훈련을 더 받는데, 수업 시간이 많은 것은 모든 사관생도들이 학교에서 기숙하기 때문에 상대적으로 시간이 넉넉하기 때문입니다. 군사학에서는 기본적으로 군인이 알아야 하는 운영과 관련된 것을 배우고, 일반 학문에서는 병기공학, 조선공학 등을 배웁니다.

군사학과 군사 훈련은 육·해·공군이 각각의 특성에 맞는 것을 배우는데, 기본적으로는 비슷합니다. 사관 학교에서는 이공학적인 사고방식이 중요한데, 장교로 근무하기 위해서는 이공계의 지식을 갖추는 것이 도움이 많이 됩니다. 예를 들어 포를 쏠 때 각도를 계산해야 하고, 뱃길과 침로도 각도를 계산해야 합니다. 해군의 경우엔 기본적인 설계 개념이나 공학 개념을 알아야 군함을 운영할 수 있고, 군함이 고장 나면 고칠 수도 있어야 합니다.

Q4 체력이 약하면 군인이 되기 힘들까요?

모든 사관 학교는 신체 검사에 합격해야 입학이 가능합니다. 그래서 군인이 되려면 무엇보다 건강한 신체를 지녀야 합니다. 그러나 체력이 약하다고 해서 크게 걱정할 필요는 없습니다. 초기에는 힘들겠지만 훈련에 익숙해지면 어렵지 않습니다.

체력이 약한 사람보다는 의지가 약하거나

인내심이 부족한 사람이 더 문제라고 생각합니다. 해군 사관 학교 교장으로 있으면서 많은 젊은이들을 만났는데, 장점도 많지만 참을성이 부족한 사람이 많았습니다. 해군 사관 학교에서는 입교 선서를 하기 전에 체력 훈련을 시킵니다. 마지막 주에는 무장한 채로 구보도 하고 행군도 하는데, 이때 체력보다는 본인의 의지가 부족하여 힘들어하는 사람이 더 많습니다. 저는 군인 교육을 통해 젊은이들에게 인내와 참을성을 키워 주고 싶습니다.

Q5 여군의 비전에 대해서는 어떻게 생각하세요?

제가 해군 사관 학교 교장으로 있을 때, 여자 사관생도를 뽑겠다는 장기 계획을 세운 적이 있었습니다. 그때는 이루지 못하고, 제가 그만두고 나서 몇 년 후부터 여자 사관생도를 뽑았는데 처음 들어온 여군들이 지금은 소령이 되어 있습니다.

해군의 임무를 수행하는 데 있어 능력 있고 열심히 일하면 남녀 구분은 없습니다. 초기에는 여군들을 군함에 태우지 않았지만 여군 장교도 지휘를 해야 하므로 요즘에는 군함에 승선합니다.

여성 해군 장교가 군함에서 지휘하는 것은 상단점이 있다고 생각합니다. 육군 장교의 경우 공개적으로 지휘를 하고, 야전에서 함께 뛰지만, 해군 장교는 함장이 되면 얼굴을 대면하지 않고 각각의 격실에서 명령을 주고받습니다. 여군 장교의 경우 얼굴을 보지 않고 지휘할 수 있는 해군 장교가 더 편할 수도 있습니다.

Q6 해군 사관 학교를 졸업하면 해군 장교로 임용되는데, 해군 장교는 어떤 일을 하나요?

소위는 장교 중 가장 하위 계급에 속합니다. 해군 소위의 경우 군함에 승선했을 때 갑판 등을 수리하거나 녹이 슨 곳을 칠하기도 하고, 배가 들락날락할 때 줄을 던지고 묶는 등의 일을 지휘합니다. 공군 소위 역시 자질구레한 업무부터 시작하고, 육군 소위는 졸업하면 바로 소대장이 돼서 소대원들을 지휘합니다.

해군은 승진하면서 계속 승선 생활을 하는데, 중위나 대위가 되면 작은 군함의 함장이 되고, 소령이 되면 좀 더 큰 군함의 함장을 맡게 됩니다. 대령의 경우 10만 톤급 정도 되는 군함의 함장이 됩니다.

Q7 해군이 되면 얼마나 오랫동안 군함을 타야 하나요?

군함에 승선하는 것은 해군의 기본 임무로 일정 기간 이상 승선해야 승진이 됩니다. 소위부터 대령까지 군함을 타는데, 사람마다 차이가 있지만 보통 10~15년 동안 타게 됩니다. 저는 15년 정도 탔습니다.

군함을 탄 기간을 계산할 때는 어떤 군함에 타기 시작했을 때부터 다른 군함에 옮겨 탈 때까지의 기간을 넣습니다. 즉 움직이는 군함에 탔을 때만 계산하는 것이 아니라, 정박해서 수리하는 기간도 포함됩니다.

군함의 크기에 따라 작전 기간이 달라집니다. 군함에 실을 수 있는 식량과 연료의 양이 달라지기 때문입니다. 작은 군함은 몇 시간 정도 작전을 수행하고 돌아오기도 하고, 조금 큰

137

군함은 20일 정도 작전을 수행하고 돌아옵니다. 예전에는 50일 동안 작전을 수행하고 돌아오기도 했는데, 이 경우 약 30일 동안은 군함을 검사하고 수리해야 합니다. 그래서 예전에는 군함을 네 번 타면 일 년이 다 지나갔습니다. 요즘엔 장기간의 작전이 너무 지루하다고 해서 일주일이나 20일 정도 작전을 수행하고 돌아오는 것이 일반적입니다.

Q8 군함에서의 역할은 어떻게 나뉘고, 군함을 타려면 어떤 지식을 갖춰야 하나요?

해군 사관 학교는 해군 장교와 해병 소위를 길러 내는 곳입니다. 졸업할 때 본인이 선택해서 결정하는데, 결정하고 나면 전문성에 따라서 교육을 따로 받습니다.

해군의 업무는 항해, 기관 관제, 통신 등으로 나뉘어집니다. 군함의 종류에 따라 어떤 분야는 군함에 타기도 하고, 타지 않기도 합니다.

해병들이 군함을 움직이는 데 관여하기 때문에 일반 병사들도 군함에 대한 전문적인 지식을 배워야 합니다. 그리고 통신, 레이더, 기관 등 분야별로 군함을 탑니다.

장교는 지휘하는 입장이라 과를 크게 나누지만, 부사관은 직접 운영해야 하므로 보다 세부적으로 분야를 나눕니다. 전문적으로 배운 부사관들은 보통 5년이나 10년 정도 장기간 근무합니다. 그래서 군함에는 짧게 복무하고 나가는 일반 병사보다는 부사관의 숫자가 더 많습니다.

Q9 현대 전쟁에서 해군은 어떤 역할을 하는지 궁금합니다.

육군과 해군은 오래전부터 나뉘어 있었습니다. 공군은 육군에 속해 있다가 제2차 세계 대전 후 분리되었습니다. 그래서 예로부터 해군과 육군이 병권과 지휘권을 차지하기 위해 힘겨루기를 많이 했습니다. 기록에 따르면, 임진왜란 당시 우리나라 해군의 수는 오늘날 해군의 수보다 많을 정도로 해군의 규모가 컸습니다. 현대전에서도 해군의 역할은 더 커지고 중요해졌습니다.

6·25 전쟁 때만 해도 우리는 북한 해군을 이기는 것이 목표였습니다. 그리고 현재는 북한 해군보다 우세한 전력을 지니고 있습니다. 앞으로는 일본이나 중국 해군과 맞설 수 있는 능력을 갖춰야 합니다. 독도를 놓고 일본과 겨루려면, 일본 해군과 비슷한 능력을 갖춰야 합니다. 더 나아가 주변 국가와의 경쟁뿐만 아니라 세계 어느 나라와 비교해도 뒤지지 않는 군사력을 가져야 합니다. 우리 해군이 아덴만에 가서 해적을 소탕하면서 국위가 선양되고 국가 간의 관계가 달라졌듯이 해군의 역할은 점점 중요해지고 있습니다. 또한 전쟁이 일어났을 경우 해군은 잠수함을 이용해 적지로 몰래 이동해서 미사일을 발사할 수 있기 때문에 현대 전쟁에서 해군은 전략적으로도 매우 중요합니다.

Q10 전쟁 영화에서는 군인들이 전략을 짜는 장면이 많이 나오던데, 실제로도 전략을 짜서 전투에 임하나요?

전략은 적을 어떤 방법으로, 어떻게 무너뜨릴지에 대한 구체적인 계획입니다. 작전 계획은 소수의 작전 참모가 짜는데, 작전을 짜는 계급은 작전 규모에 따라 소령, 중령, 대령 등 다양합니다. 예를 들어 제2차 세계 대전 당시 일본이 진주만을 공격할 때의 작전 계획은 중령이 짰습니다.

작전 계획은 아주 상세하게 짜야 합니다. '우리 군함이 어느 지점에서 무엇을 싣고 언제 떠난다. 그리고 이 지점에서 병사 1, 2, 3이 각각 어떤 역할을 한다. 어디쯤 가면 탄약이 떨어질 테니 이 지점에서 탄약을 공급한다. 그리고 어느 정도 가면 적군의 저항이 강해지므로 대포를 쏘아야 한다. 아군에 맞지 않도록 어디를 향해 쏜다.'라는 식으로 각 시점에 맞게 상세하게 짜야 전투에서 승리할 수 있습니다. 또 작전을 짜는 것으로 참모진의 역할이 끝나는 것은 아닙니다. 작전을 수행하는 것은 참모진이 아니라 다른 군인이기 때문에 작전에 대한 교육도 시켜야 합니다. 이를 활용하는 현장 지휘관들의 역량도 중요하지만 무엇보다 참모진의 작전이 완벽해야 합니다.

물론 매 작전마다 만족스런 결과가 나오는 것은 아닙니다. 어떤 때는 부족하지만 승리할 수도 있고, 부족해서 질 수도 있습니다. 그러나 전쟁의 승패 여부에 따라 매번 참모진을 바꿀 수는 없습니다. 전략의 수뇌부는 타고났다기보다 훈련에 의해 능력이 개발되는 것이므로 다음번에는 더 완벽한 작전을 짜도록 노력해야 합니다.

Q11 임진왜란 때 우리 해군이 강했던 이유는 무엇이라고 생각하세요?

우리 역사상 중요한 10개의 해전을 뽑는다면 한산도해전과 명량해전은 반드시 들어갑니다. 그만큼 이순신 장군은 명장이었습니다.

게다가 우리나라의 판옥선은 나무를 반으로 나눈 통나무로 만들었기 때문에 아주 튼튼했습니다. 이에 반해 일본의 배는 나무를 쪼갠 송판으로 만든 배라서 우리 배에 비해 약했습니다. 우리나라의 대포도 일본보다 강했기 때문에 해전에서는 여러 모로 유리했습니다.

마지막으로 일본 배는 노를 옆으로 젓기 때문에, 다른 배가 옆으로 지나가면 노가 부러지기 쉬웠습니다. 반면에 우리의 판옥선은 노를 물속으로 깊이 넣어서, 아래쪽에서 노를 저었기 때문에 다른 배가 지나가도 노가 부러지지 않았습니다. 거기다 기동성까지 갖추고 있어서 일본 배와는 비교도 안 될 정도로 뛰어났습니다.

Q12 해군에서 여러 보직을 담당하셨는데, 특별히 기억에 남는 일이 있나요?

군대에서는 자신의 적성에 맞는 보직을 맡기가 힘든 것이 사실입니다. 어떤 분야에 능력이 탁월한 사람을 고려할 수는 있지만, 그런 식으로 전부 배치할 수는 없습니다. 그러니 하고 싶지 않은 일도 해야 하는 경우가 많습니다. 그래도 열심히 해야 합니다.

139

저는 전략, 인사, 군수 등의 분야에서 여러 가지 일을 했는데, 어떤 것이 좋고 어떤 것이 나쁘다고 얘기할 수는 없지만 일할 때 합리성의 원칙에 따라서 이치에 맞는 선택을 하려고 노력했습니다. 항상 옳은 판단을 하려고 노력했고, 어디에도 흔들리지 않고 일했다고 자부합니다.

Q13 군인으로 활동하면서 몇 번이나 이사를 다니셨나요?

30년이 넘는 해군 생활 동안 22번 정도 이사를 다닌 것 같습니다. 군인은 보직이 바뀌면 이사를 가야 하는데, 아이 학교 문제가 걸려 있어서 어려움이 많았습니다. 아이들이 초등학교 6년 동안 2~3번 전학을 했습니다. 학교나 친구들에 적응할 만하면 이사를 하는 식이었습니다. 한 번은 아이가 5학년 때, 굉장히 친한 지인의 집에 아이를 맡기고 이사를 한 적이 있습니다. 좋은 분들이고 아이를 살뜰히 잘 보살폈는데, 아이는 괜히 주눅이 들어서 냉장고 문도 마음대로 못 열어서 할 수 없이 데려와야 했습니다. 여러 가지 애로 사항이 있지만, 군인이라면 당연히 감수해야 한다고 생각합니다.

Q14 군인 하면 떠오르는 이미지가 많은데, 일반 국민들이 갖기 쉬운 군인에 대한 오해나 편견에는 무엇이 있을까요?

최근 군대에서 총기 사고 등 불미스러운 뉴스가 많이 보도되고 있는데, 혹시라도 국민들이 군대에 대해 오해를 할까 봐 안타깝습니다. 분명히 군의 잘못이고, 군에서도 시정하

도록 노력하고 있습니다. 하지만 관리하는 입장에서도 쉬운 일은 아닙니다. 100명의 병사들을 데리고 있는 장교가, 그 밑에 하사관이나 병사들 모두를 흠이 없게 관리한다는 것은 아무리 노력해도 어려운 일이거든요. 요즘은 가정에서 독자로서 귀하게 자란 병사들이 많은데, 이런 병사들은 작은 지적이나 어려움도 참지 못하는 경우가 많아서 부작용 없게 관리하기가 힘듭니다. 하지만 분명히 잘못된 일이고 군에서도 시정을 위해 계속 노력하고 있으니 너무 나쁘게만 보지 말고 격려해 주기를 부탁드립니다.

Q15 군인에게 있어 중요한 자질이나 능력에는 어떤 것이 있을까요?

해군에서는 충무공 이순신의 정신을 본받아 훌륭한 해군이 되자는 교육을 합니다. 제가 소장 시절에 장병들에게 충무공의 정신을 구체적으로 가르치기 위해 정리했는데, 저는 이 덕목이 군인의 기본적인 자질이라고 생각합니다.

첫째는 나라를 사랑하는 정신입니다. 충무공의 일화는 〈난중일기〉와 〈장계〉, 그리고 유성룡이 쓴 〈징비록〉과 정조 때 쓰여진 이순신 전서 〈충무공〉에 나오는데, 이순신 제독(해군에서는 장군을 제독이라 부릅니다)은 기본적으로 나라를 사랑하는 마음이 한 번도 흔들린 적이 없습니다.

둘째는 책임을 완수하는 정신입니다. 일본과 23번 싸워서 23번 모두 승리했습니다. 그 경과를 보면 배를 준비하는 일은 물론 탄약을 준비하거나 선원을 훈련하는 일, 조류의 흐름을 미리 파악하고 첩자를 보내는 일 등 맡은 일

을 모두 완수했습니다.

세 번째는 정의를 앞세운 정신입니다. 이순신 제독은 누구한테 아부한 적이 없습니다. 어떤 기록에서 보면 이순신 제독의 상관이 집에 찾아와 오동나무를 베어 달라고 했는데도 거절했다고 합니다. 이순신 제독은 자신이 보기에 옳은 일이 아니면, 아무리 상관이라도 잘 보이려고 애쓰지 않았습니다.

네 번째는 창의로 개척하는 정신입니다. 이순신 제독은 거북선을 개조하고 활용하는 등 누구도 생각하지 못한 새로운 병기와 새로운 전법을 만들기 위해 많은 노력을 했습니다.

다섯 번째는 희생을 감내하는 정신입니다. 많은 전과를 올렸음에도 불구하고 억울한 누명을 쓰고 감옥에 가고, 백의종군해야 했습니다. 그러나 어느 기록에도 이순신 제독이 임금을 원망하거나 억울해했다는 내용은 없습니다. 자신의 임무를 완수하는 데만 집중하고 묵묵히 감내한 것입니다. 저는 군인이라면 이 다섯 가지 덕목을 갖추기 위해 노력해야 한다고 생각합니다.

Q16 군인으로서 가장 뿌듯할 때와 힘든 순간은 언제였나요?

군인은 상하관계가 분명한 조직이기 때문에, 내가 아무리 옳다고 생각하는 일도 상부의 명령과 다르면 내 마음대로 할 수 없습니다. 내 생각과 명령이 다를 때 그것을 실행해야 할 때가 힘듭니다. 하지만 그 밖에 내가 선택할 수 있는 권한이 주어졌을 때 그것을 실행하여 좋은 결과를 얻었을 때는 뿌듯합니다. 저는 군인이지만 특별히 상사의 비위를 맞추려고 애쓰지도 않고, 제 소신대로 살아 왔습니다. 군인이지만 비교적 개성 있게 살아 왔는데, 위에서부터 강하게 제재를 받은 적은 거의 없었습니다. 이런 점에서 행복하다고 생각합니다.

Q17 군인을 꿈꾸는 청소년들에게 조언 부탁드립니다.

무엇보다도 군인으로서 사명감을 갖기를 바랍니다. 저는 군인을 제 사명이라고 생각했기 때문에 30년 넘게 나의 온 힘을 다해서 일했습니다. 요즘처럼 취업이 힘든 시대에 군인에게 주어지는 혜택이 많아서 직업 군인을 선택하는 사람들이 많은데 이것은 옳지 않다고 생각합니다. 군인은 매력 있거나 혜택이 많아서 선택할 수 있는 직업이 아닙니다. 사명감이 없으면 일하기 힘들기 때문에 충분히 생각하고 도전했으면 좋겠습니다.

해군의 경우엔 자신의 능력을 발휘할 수 있는 기회가 많아졌습니다. 육군과 공군 모두 각각의 장점이 있지만, 해군도 돋보이는 장점이 많습니다. 잠수함이 전략적으로 중요해졌기 때문에 해군으로서 중요한 일을 할 기회가 많아졌습니다.

농부
실재형

R

FARMER

농부(실재형)

'사람은 먹는 대로 된다.'라는 말이 있습니다. 우리의 몸은 무엇을 먹는지에 따라 결정된다는 뜻입니다. 그래서 농업을 생명 산업이라고 하지요. 농부는 우리가 건강한 삶을 영위할 수 있도록 먹거리를 제공해 주는 고마운 사람입니다. 먹거리가 불안한 오늘날 농약이나 화학 비료, 성장 호르몬을 쓰지 않고 농사를 짓는 농부들이 늘고 있습니다. 이런 농사법을 친환경 농법 또는 유기 농법이라고 하는데, 이런 농사법으로 지은 농작물은 안전한 먹거리를 찾는 소비자들에게 크게 환영받고 있습니다.

01 농부 이야기

1 농부란?

농부는 논과 밭, 비닐하우스 등에서 쌀, 콩, 보리와 같은 곡물을 재배하거나 그 밖에 다양한 농작물을 생산하는 농업에 종사하는 사람입니다. 우리가 매일 먹는 음식들이 식탁에 오르기까지는 헤아릴 수 없이 많은 농부의 손길을 거쳐 갑니다. 농부들이 가장 많이 짓는 쌀농사를 한 번 살펴보겠습니다.

농부는 봄이면 벼의 싹인 모를 심기 위해 논을 갈고, 못자리를 만듭니다. 모를 심고 난 뒤에는 벼가 말라죽지 않게 논에 물을 대고, 거름을 주고, 잡초를 뽑아 주고, 해충을 제거합니다. 그리고 가을에 벼가 영글면 추수를 합니다. 벼를 베어서 말리고, 알갱이를 떨어서 모으고, 찧어서 쌀을 만듭니다.

이렇게 많은 과정을 거쳐야 쌀이 되어 맛있는 밥을 먹을 수 있습니다. 그래서 벼는 농부의 발자국 소리를 듣고 자란다는 말이 생겨났습니다. 벼뿐만 아니라 채소나 과일 등 모든 농산물에는 농부의 땀과 노력이 배어 있습니다.

2 힘들지만 보람 있는 일

농부가 하는 일은 무척 힘이 듭니다. 봄부터 가을까지 거의 매일같이 들판에 나가 뜨거운 햇볕 아래서 곡식과 채소를 돌봐야 합니다. 봄에는 밭을 일구어 씨앗을 뿌리거나 모종을 하고, 여름에는 잡초나 벌레와 씨름해야 합니다. 또 가뭄이나 홍수 등 자연재해와도 싸워야 합니다. 가뭄이 들면 논밭에 물을 대느라 땀을 흘리고, 홍수가 나면 애써 지은 농작물이 물에 휩쓸릴까 전전긍긍합니다. 늦여름 태풍이 불어와 피땀 흘려 지은 농작물이 한순간에 망가지는 경우도 있습니다. 바람에 농작물이 쓰러지거나 수확을 앞둔 과일들이 떨어져 버리면 한숨부터 나옵니다. 그렇지만 농부는 포기하지 않고 바닥에 나뒹구는 과일을 줍고, 쓰러진 벼를 일으켜 세웁니다.

그러다가 수확의 계절 가을이 오면 많은 어려움을 이겨 내고 잘 자라 준 농작물을 거두며 기쁨을 누립니다. 이럴 때면 그동안 고생했던 일들이 눈 녹듯 사라져 버립니다.

3 훌륭한 농부가 되려면

훌륭한 농부가 되기 위해서는 무엇보다 농작물 재배에 대한 흥미와 관심을 가지고 있어야 합니다. 또한 농업은 육체적인 노동이므로 신체적으로 건강해야 하며, 농기계 작동 및 수리 방법에 대한 지식과 기술을 지니고 있어야 합니다.

농사를 시작하기 전에 어떤 농작물을 얼마만큼 재배할 것인지 계획을 세운 다음 경작지를 확보하고, 씨앗을 사고, 농사 도구를 구입하거나 빌려야 합니다. 그리하여 농작물의 종류에 따라 차례대로 땅을 엎거나 일구고, 씨를 뿌리고, 모종을 하며, 시간에 따라 지지대 설치, 거름 주기, 병충해 방제, 수확, 탈곡 등을 적절하게 해 나가야 합니다. 농사는 시기를 놓치면 안 되기 때문에 꼼꼼하게 체크하여 그날그날 일을 해 나가야 합니다. 그리고 영농 교육 등에 참여하여 기술 정보를 익히고 농사를 지을 때 활용할 수 있도록 해야 합니다.

4 직업 전망

요즘 농촌에 가면 젊은이들을 구경하기 힘듭니다. 노력한 것에 비해 농사일로 얻는 수입이 적기 때문입니다. 게다가 나라 간의 무역이 자유로워지면서 값싼 외국 농산물이 밀려들어와 우리 농산물이 설 자리를 잃어 가고 있습니다. 미국이나 오스트레일리아, 뉴질랜드 등 인구에 비해 영토가 넓은 나라에서는 한 사람의 농부가 엄청난 크기의 땅을 경작하는 경우가 많습니다. 땅 갈아엎기, 씨앗 뿌리기, 물 주기, 농약 뿌리기, 수확하기 등 모든 것을 첨단 장비를 이용하여 해결합니다. 특히 농약은 헬리콥터를 이용해 살포하는 경우가 많습니다. 이렇게 기계화된 농법으로 농사를 지으면 인건비가 들지 않고, 그만큼 농작물을 값싸게 판매할 수 있습니다. 이런 값싼 농산물이 대량으로 들어오면서 우리나라 농산물 가격도 덩달아 내려가고, 우리 농부들은 애써 지은 농산물을 울며 겨자 먹기로 싼 값에 내놓을 수밖에 없습니다.

Tip

현재 우리나라의 식량 자급률은 30%도 채 되지 않아 식량 안보와 식량 주권이 위협받고 있습니다. 세계 전체의 곡물 생산을 거대 회사가 독점하여 식량 가격의 상승 또는 식량 부족으로 인해 세계 여러 나라 사람들이 고통받고 있습니다. 이럴 때일수록 농업 분야에서 최선을 다해 일하는 사람이 필요하고, 그런 사람들이 인정받는 날이 머지않아 올 것입니다.

  보관이 쉬운 밀 등의 곡식류는 대부분 미국에서 수입하고, 채소류 등 쉽게 상하는 농산물은 가까운 중국에서 많이 들여옵니다. 소고기는 미국, 오스트레일리아, 뉴질랜드 등지에서 들여옵니다.

  농민들이 농산물 값을 제대로 못 받는 또 하나의 이유는 복잡한 유통 구조 때문입니다. 예를 들어 오이가 농부의 밭에서 도매상에게 팔릴 때는 개당 50원에 팔립니다. 그런데 몇 단계의 유통 과정을 거치는 동안 오이 값은 500원 이상이 됩니다. 처음 거래 가격의 열 배 이상으로 값이 뛰는 것이지요. 이렇게 되면 농부는 싼 값에 팔고, 소비자는 비싼 값에 사고, 중간 유통업자들만 이익을 챙기게 됩니다.

  이렇게 보면 농부의 직업 전망은 매우 어둡다고 할 수 있습니다. 그렇지만 다가올 미래에는 상황이 달라질 것입니다. 농약의 위험성에서 벗어나 안전한 먹거리를 찾는 소비자가 계속하여 늘고 있으므로 친환경 농법으로 농사를 지어 외국 농산물과 차별화를 둔다면 가능성이 있습니다. 또한 복잡한 유통 구조를 없애고, 인터넷을 통해 농부와 소비자가 직접 거래하는 직거래 장터를 활성화한다면 농부는 제값을 받고 팔고, 소비자는 싼 값에 질 좋은 물건을 살 수 있습니다.

5 새로운 농업의 대안, 친환경 유기 농업

  요즘 논이나 밭에서 나는 먹거리에는 대부분 제초제가 쓰이고 있습니다. 제초제는 풀을 죽이는 농약으로, 농부의 일 중 가장 힘이 드는 김매기의 고생을 줄여 주었지만 많은 부작용을 초래했습니다. 제초제를 쓰면 풀들이 아예 싹을 틔우지 못하거나 이미 자란 풀들도 빨갛게 타 죽습니다. 이와 더불어 깨끗했던 땅과 물이 오염되어 우리가 먹는 곡식과 채소에 스며들고, 땅속과 물속에 사는 여러 벌레와 물고기들의 생명이 위태로워집니다.

그리고 유전자 조작 농산물(GMO, Genetically Modified Organism)도 걱정입니다. GMO 농산물은 주로 미국에서 재배되는데, 우리나라 식품 업체는 콩이나 옥수수 같은 GMO 농산물을 대량으로 수입하여 식용유나 두부, 사료 등을 만들어 팔고 있습니다. 그래서 사람들은 GMO 농산물에 대해 불안한 마음을 갖고 있으면서도 자신이 먹고 있는 농산물이 GMO인지 판단하기도 힘듭니다.

이와 같이 먹거리가 불안한 오늘날에 친환경 유기 농업이 새로운 대안으로 떠오르고 있습니다. '유기 농업'이란 화학 비료나 농약, 성장 호르몬을 되도록 쓰지 않으면서 농사를 짓는 것을 말합니다. 즉 여러 가지 병충해를 막기 위해 독한 농약 대신 사람이 먹어도 탈이 없는 천연 약제를 만들어서 뿌립니다. 현미 식초, 백초 효소, 목초액, 마늘 기름, 한방 영양제, 해초 삶은 물 등이 그것입니다.

그 밖에 친환경 오리 농법이나 우렁이 농법도 인기가 있습니다. 오리 농법은 벼가 자라는 논에 오리를 풀어놓으면 오리가 벼와 벼를 닮은 피를 제외한 온갖 잡초를 뜯어먹어 없애 줍니다. 또 오리들이 논바닥을 옮겨 다니며 논에 있는 물을 혼탁하게 만들어 햇빛을 좋아하는 잡초들과 자라기 시작한 잡초들이 뿌리 내리는 것을 어렵게 합니다. 오리 배설물은 자연 비료의 역할도 합니다. 우렁이 농법은 풀을 좋아하는 우렁이의 특성을 이용해 우렁이로 하여금 잡초를 없애게 하는 농사법을 말합니다. 그런데 우렁이는 물속의 풀만 먹기 때문에 모를 키워서 물에 잠기지 않을 정도가 되었을 때 우렁이를 풀어놓아야 합니다. 오리 농법이나 우렁이 농법으로 지은 쌀은 소비자들에게 무공해 농산물이라는 믿음을 주어 판매에 도움이 됩니다.

Tip

유전자 조작이란 '하나의 생물체 속에 다른 생물체의 유전자를 넣어서 생물체가 또 다른 성질을 갖게 하는 것'을 말하는데, 유전자 조작으로 열매의 크기를 키워 수확량을 늘릴 수 있게 되었습니다. 또한 유전자 조작 농산물은 독한 약을 뿌려도 식물이 견딜 수 있도록 만들거나 벌레가 그 작물의 잎이나 열매를 먹으면 죽도록 만들기도 합니다. 따라서 사람의 몸에 안 좋을 수도 있습니다. 아직까지는 인체에 해롭다는 과학적인 증거는 발견되지 않았지만 주의하는 것이 좋습니다.

FARMER
R

02 농부의 종류

'농부' 하면 보통 벼농사를 짓는 사람을 떠올립니다. 그렇지만 채소나 과일을 기르고, 인삼이나 담배, 버섯 등의 특용작물을 재배하거나 꽃을 기르는 사람도 농부에 속합니다. 더 넓게 보면 소·돼지·닭·오리 등의 가축을 기르는 사람들, 젖소를 키워 우유를 생산하는 사람들도 농부에 속하고, 더 넓게는 가까운 바다에서 양식업을 하는 사람들, 바다에 나가 물고기를 잡는 어부 등 사람들이 먹을 것을 생산하는 모든 사람을 농부라고 할 수 있습니다.

이 장에서는 식물과 관련된 일을 하는 농부만 소개하고, 가축을 기르거나 강이나 바다에서 양식업을 하는 농부는 다음 장에서 따로 다루기로 합니다. 지금부터 농부가 하는 일을 하나하나 살펴봅시다.

1 곡식, 채소, 과일을 재배하는 농부

일반적으로 농부는 벼, 보리, 밀 등의 곡식과 채소와 과일을 재배하는 사람을 말합니다.

벼농사는 초봄에 씨앗을 틔워 늦봄에 모내기를 하고, 한여름 땡볕에서 자란 다음 가을에 여물어 수확합니다. 반면에 보리와 밀은 가을에 씨를 뿌려 추운 겨울에 새싹으로 지내다가 다음 해 봄에 쑥쑥 자라서 늦은 봄이나 초여름에 수확합니다. 그래서 한 논에서 벼와 보리를 번갈아 지을 수 있는데, 이것을 이모작이라고 합니다.

쌀이 부족했던 1970년대까지만 해도 이모작이 흔했습니다. 혼식을 장려하여 점심 시간에는 밥에 보리가 섞였는지 확인하기 위해 도시락 검사까지 했던 적도 있었습니다. 그러다가 쌀 품종 개량과 농사법의 발달로 쌀 수확이 획기적으로 늘어나자 사람들이 점점 쌀밥만 먹으면서 보리 소비가 크게 감소했습니다. 그러자 보리농사를 짓지 않는 농부가 늘어났고, 이모작하는 농가도 점차 줄어들었습니다.

채소 농사의 대표 작물은 단연 배추입니다. 배추는 가을에 가장 많이 출하되지만, 봄이나 여름에도 가꾸고, 요즘에는 비닐하우스에서 재배되는 겨울 배추도 만날 수 있습니다.

배추는 재배 시기에 따라 여름 배추와 김장 배추도 나뉩니다. 늦봄에 씨를 뿌려 한여름에 거두는 배추를 여름 배추라고 합니다. 여름 배추는 자랄수록 점점 더워지는 날씨에 잘 견디는 성질을 갖고 있습니다. 여름 배추 중에서 서늘한 기후인 고랭지에서 자라는 배추가 맛이 좋습니다. 7월에 씨를 뿌려 김장철 전에 거두는 배추를 얼갈이배추라고 하는데, 얼갈이배추는 일반적인 배추보다 크기가 작습니다. 김장 배추는 여름에 씨를 뿌려 늦가을에 수확하므로 자랄수록 점점 추워지는 날씨에 잘 견디는 성질을 갖고 있습니다. 남쪽 지방에서는 느지막하게 비닐하우스 안에 심은 김장 배추를 뽑아내지 않고 겨울을 난 뒤 초봄에 거두는데, 이를 월동 배추라고 합니다. 이렇듯 배추는 사시사철 재배할 수 있는 채소가 되었고, 우리나라 사람들은 일 년 내내 싱싱한 김치를 먹을 수 있게 되었습니다.

과일 재배는 다른 농사에 비해 손이 많이 갑니다. 잡초를 제거하기 위해 제초제를 뿌리고, 벌레를 잡기 위해 살충제를 뿌립니다. 또 과일의 품질을 높이기 위해 다닥다닥 나 있는 작은 과일들을 솎아 주고, 병충해 피해를 막기 위해 봉지를 씌우기도 합니다. 이런 노고 끝에 과일이 잘 익으면 수확해서 내다 팝니다.

2 특용 작물을 재배하는 농부

특용 작물이란 담배, 목화와 같이 식용이 아닌 다른 용도로 쓰거나, 참깨, 유채처럼 여러 번 가공하는 농작물을 말합니다. 대표적인 특용 작물은 뭐니 뭐니 해도 인삼입니다. 하지만 인삼은 가꾸기도 어렵고 처음 심은 후로 몇 년을 기다려야 하므로 자본과 인내심이 필요한 작물입니다. 그렇지만 다 기르고 나면 어떤 작물보다도 높은 소득을 안겨 줍니다. 그 밖에 버섯, 땅콩, 한약 재료, 왕골 등이 특용 작물에 속합니다.

Tip

예전에 보릿고개란 말이 있었는데, 지난 가을에 수확한 쌀은 다 떨어지고, 아직 보리가 덜 여물어 먹을 것이 없던 음력 4~5월을 가리켰던 말입니다.

Tip

최근 들어 보리밥이 건강에 좋다는 것이 증명되면서 일부 지역에서 보리농사를 다시 짓고는 있지만, 대부분의 농촌 들녘은 가을 추수가 끝난 다음부터 다음 해 봄이 올 때까지는 텅 비어 있습니다.

특용 작물을 재배하는 농부는 자신만의 특화된 작물을 기릅니다. 즉 한 가지 작물에 집중하여 기술을 개발하고 연구하며 열심히 가꿉니다.

특용 작물을 재배하기 위해서는 먼저 어떤 작물을 기를 것인지 정한 다음 계획을 꼼꼼하게 세워야 합니다. 특용 작물 재배에는 특별한 기술이 필요한 경우가 많고, 한 번 실패하면 손해가 크므로 많은 준비가 필요합니다. 최근 먹거리에 대한 관심이 높아지면서 소비자들이 다양한 농산물을 원하고, 외국에서 값싼 농산물을 들여오면서 일반 농산물이 아닌 특용 작물을 길러 수입을 올리는 농가가 늘어나고 있습니다.

3 꽃과 나무를 재배하는 농부

아름다운 정원에서 꽃이나 나무를 가꾸는 원예사를 생각하면 멋있게 느껴질 것입니다. 그렇지만 우리가 아름답게 즐기는 대부분의 꽃이나 어린 나무는 정원이 아닌 비닐하우스 안에서 기릅니다. 이렇게 꽃이나 나무를 재배하는 농부를 '화훼 재배 기술자'라고 합니다.

꽃과 나무를 재배하는 일은 숙련된 기술이 필요합니다. 또한 실패하면 손해가 무척 크므로 신중을 기해서 시작해야 합니다.

꽃이나 나무를 기르려면 어떤 작물을 기를 것인지 정한 다음 필요한 종자와 비료, 장비 등을 준비합니다. 그런 다음 씨앗이나 묘목을 심고, 꽃이나 나무의 종류에 따라 옮겨심기, 솎아주기, 거름주기 등을 합니다. 꽃잎의 구조, 개화 정도, 토양 조건 등을 관찰하고, 잡초, 해충을 제거하기 위해 제초제, 살충제도 살포합니다. 수확한 다음에는 선별하여 꽃의 특성에 맞는 꽃 전용 냉장고 등에 보관해야 합니다. 그리고 꽃은 신선도가 생명이므로 수확한 다음에는 빠른 시간 안에 판매될 수 있어야 합니다.

Tip

화훼 재배 기술자는 꽃뿐만 아니라 여러 품종의 과일나무와 정원수 등도 길러 시장에 내다 팝니다. 어린 나무들은 대부분 비닐하우스 안에서 자라다가 소비자에게 팔려간 다음 정원이나 과수원에 심어집니다.

4 숲에서 나무를 가꾸는 농부

우리가 쓰는 책상이나 가구, 공책 등은 모두 나무로 만듭니다. 우리나라에서 쓰이는 목재는 대부분 수입에 의존하고 있지만 숲에 나무를 가꾼 다음 베어서 파는 것을 직업으로 삼는 사람들도 있습니다. 이들을

'조림 영림 벌목원'이라고 합니다.

　이들은 크게 나무를 가꾸는 조림원과 다 자란 나무를 베는 벌목원으로 나누기도 하지만, 한 사람이 두 가지 일을 하는 경우도 있습니다. 조림원은 산에 나무를 심어 숲을 조성하고, 심은 나무들이 잘 자랄 수 있도록 가지치기 등의 손질을 하고, 병충해 방제 작업을 합니다. 또한 산불을 감시하고 산불 진화 활동에 참여하기도 하며, 나무 껍질이나 수액 등의 각종 임산물을 채취하기도 합니다. 나무가 다 자라면 벌목원은 가구 제작 등 여러 목적에 사용할 나무를 정해 벌목합니다.

　나무를 잘 가꾸려면 나무의 품종, 계절별 관리 요령, 병충해, 나무의 손질 및 관리에 필요한 장비 등에 대한 기본적 지식을 익혀야 합니다. 또한 야외에서 근무하는 일이 많으므로 신체적으로 건강해야 하며, 인내심과 끈기가 필요합니다.

03 가축을 기르는 축산업자

1 축산업자가 하는 일

　가축을 기르는 농부를 축산업자 또는 가축 사업자라고 합니다. 축산업자는 소, 돼지, 닭 등을 기르고 번식시켜 고기와 우유, 달걀 등을 생산합니다. 그 밖에 드물기는 하지만 새, 파충류, 모피 동물, 양, 산양, 말 등과 같은 가축을 기르기도 합니다.

　축산업자는 주로 소를 키우는 육우 생산자, 젖소를 키우는 젖소 사육사, 돼지를 키우는 양돈업자, 닭을 키우고 달걀을 생산하는 양계업자로 구분합니다.

> **Tip**
>
> 과거에는 대부분의 농가에서 가축을 길렀지만 오늘날에는 가축만 기르는 전문 농업 형태로 바뀌었습니다. 일부 농가에서 닭이나 오리를 기르기도 하지만 돼지나 소를 기르는 일은 드문 편입니다.

1) 육우 생산자

목장에서 소에게 먹이를 주고, 건강하게 자랄 수 있도록 합니다. 소는 건강 상태에 따라 품질 등급이 달라지므로 질병에 걸리지 않도록 신경을 써야 합니다. 그 밖에 소의 분만을 돕고, 산후 관리를 하며, 방목장을 청소합니다. 소가 새끼를 낳으면 젖을 짜서 새끼에게 먹입니다. 발굽에 혹이 나면 물약으로 치료해 주고, 설사를 하면 약을 먹입니다. 또한 소들이 살고 있는 바닥에는 폭신하도록 왕겨를 깔아 줍니다. 일주일에 한 번 거뭇해진 왕겨를 싹 걷어내고 새로 깔아 줍니다. 소똥은 바로바로 치워야 청결을 유지할 수 있습니다. 소들이 깨끗하고 쾌적한 환경에서 자라야 질 좋은 고기를 얻을 수 있습니다.

2) 젖소 사육사

젖소 사육사의 가장 중요한 임무는 질 좋은 원유를 짜내는 일입니다. 젖소는 하루에 20리터 정도의 원유를 만들어 냅니다. 그런데 젖소의 건강 상태에 따라 원유의 질이 달라지므로 젖소 사육사들은 평소에 젖소의 건강 검진 및 위생 상태에 신경을 써야 합니다.

아침저녁으로 하루에 두 번 짜낸 원유는 커다란 집유 탱크에 모아 우유 공장으로 보내집니다. 공장에 도착한 원유는 여러 과정을 거쳐야 합니다. 먼저 신선하고 좋은 원유인지 검사하고, 원유에 섞인 먼지를 거릅니다. 뜨거운 열로 나쁜 균을 없애고 다시 식힙니다. 그런 다음 종이 갑이나 플라스틱 통에 담아 판매합니다. 소젖으로는 우유뿐만 아니라 버터, 치즈, 요구르트도 만듭니다.

3) 양돈업자

양돈장(돼지 사육장)에서 돼지를 키우고 관리합니다. 돼지에게 영양소를 골고루 공급해 주는 배합 사료를 구입하거나 직접 만들어서 먹입니다. 또 질병에 걸리지 않도록 예방 접종을 시키고, 돼지들이 깨끗하고 쾌적한 환경에서 자랄 수 있도록 정기적으로 청소해 주고, 양돈장 안팎을 소독합니다. 여름에는 너무 덥지 않도록, 겨울에는 너무 춥지 않도록 양돈장 안의 온도를 조절해 주고, 양돈장의 시설을 관리하고 장비도 깨끗하게 유지합니다.

4) 양계업자

부화장에서 가져온 병아리를 몇 마리씩 나눠 어미닭 대신 인공적으로 병아리를 키우는 시설인 육추실에 넣고 사료와 물을 조절하여 어린 닭으로 키웁니다. 또한 닭의 상태를 수시로 관찰하여 병들거나 죽은 닭은 제거하는 등 청결한 위생 상태를 유지하기 위해 시설물을 소독하고 관리합니다.

질 좋은 고기와 달걀을 얻기 위해서는 사료의 배합과 양을 조절하여 먹여야 합니다. 또 항상 닭의 건강 상태를 확인하고 주기적으로 위생 상태를 점검해야 전염병을 예방할 수 있습니다.

2 훌륭한 축산업자가 되려면

훌륭한 축산업자가 되기 위해서는 가축에 대한 세심한 관찰력과 관리 능력이 필요합니다. 사람들의 먹거리와 직결되므로 가축의 건강 상태를 꼼꼼하게 체크하여 질병을 예방해야 합니다. 또한 위생적인 환경을 만들어 주어 가축들이 건강하게 자랄 수 있도록 해야 합니다.

3 축산업자의 직업 전망

우리나라 사람들의 소득 수준의 향상과 입맛의 서구화로 축산물에 대한 소비는 꾸준히 증가하고 있습니다. 또한 질 좋은 고기를 찾는 사람들이 늘면서 축산업이 차지하는 영향력이 점차 커지고 있습니다. 축산업은 근무 시간이 길지 않고 업무와 관련된 스트레스 수준이 낮기 때문에 여유롭게 일할 수 있습니다.

그러나 사료비 상승으로 인한 경영비 부담, 가축 분뇨 처리 과정에서의 환경 문제, 축산물 수입 개방으로 인한 가격 경쟁력 상실, 축산 농가의 대형화로 인한 영세 농가의 위축, 자연재해나 전염병에 대한 부담 등이 위협 요인으로 작용하고 있습니다. 따라서 앞으로의 고용은 그다지 늘어나지 않을 것으로 보입니다. 또한 가축 사육업은 3D 업종이라는 인식으로 인해 청년층의 유입이 이루어지지 않아서 고령자의 비율이 높은 것도 문제입니다.

04 바다 농사를 짓는 양식 어업자

1 양식 어업자가 하는 일

우리가 먹는 생선, 조개, 김 같은 수산물은 바다나 강에서 자연적으로 잡거나 채취하기도 하지만 강이나 가까운 바다에 양식 시설을 만들어 기르기도 합니다. 옛날처럼 어부들이 잡은 수산물만으로는 사람들이 원하는 만큼의 양을 구할 수 없기 때문입니다.

양식 어업자는 강이나 바다의 정해진 구역에 수조를 설치하여 갓 부화한 물고기인 치어와 어린 조개인 치패, 해조류 등을 번식시키고 키우는 일을 합니다. 치어와 치패는 직접 키우기도 하고 구입하기도 합니다. 적정한 온도와 수질 상태를 확인하며 물고기와 조개들이 잘 자랄 수 있는 환경을 만들어 주고, 먹이는 물고기나 조개의 종류에 따라 양과 내용물이 달라집니다. 수산물을 기르는 과정에서는 성장 상태를 수시로 점검하며, 질병에 걸리지 않았는지, 강이나 바닷물의 수온에 큰 변화가 없는지 점검합니다. 이렇게 정성 들여 키우다가 어느 정도 자라면 물고기, 굴, 조개, 전복 등을 잡고, 김 등의 해조류를 채취한 다음 세척하고 분류하며, 껍질을 벗기거나 삶아 말리는 작업을 거쳐 포장 후 시장에 내다 팝니다.

Tip

예전에는 수온이나 먹이 등 여러 문제들로 인해 바다 양식이 활발하지 못했으나 오늘날에는 기술의 발달로 다양한 수산물을 키울 수 있게 되었습니다.

2 훌륭한 양식 어업자가 되려면

양식 어업자의 일은 단순하게 물고기를 잡는 어부나 농사를 짓는 농부의 일보다 훨씬 복잡하고 까다롭습니다. 따라서 해양 생태계, 수산 생물의 질병 및 치료, 어패류 양식에 대해 끊임없이 공부하고 연구해야 합니다. 또한 야외에서 근무하는 일이 많으므로 강인한 체력을 유지해야 하고, 인내심과 끈기도 있어야 합니다.

3 양식 어업자의 직업 전망

양식 어업자는 강이나 바다 등 야외에서 작업하는 일이 많습니다. 그물 손질, 청소 등 어장 상태를 확인하고 점검하는 데 몸을 쓰는 일이 많아 육체적으로 힘듭니다. 또한 수산물을 수확하기까지 보통 1년에서 2년이 걸리니 인내심과 끈기도 필요합니다. 때로는 태풍, 적조, 녹조, 이상 고온이나 이상 저온 등의 자연재해 때문에 피해를 입기도 하고, 해상 사고로 인한 기름 유출이나 개발로 인해 강이나 바다가 오염되어 피해를 입을 때도 있습니다.

이렇게 많은 어려움이 따르지만 해양 수산 자원이 점점 부족해지고 있는 요즘, 수산물을 양식하는 일은 점차 중요해지고 있습니다.

05 역사, 책, 영화 속에서 만나는 농부

1 옛날에는 벼 수확을 어떻게 했을까?

옛날에는 벼 수확을 위해 사람들이 일일이 낫으로 벼를 베었습니다. 거둔 벼는 볏단으로 만들어 논둑에 며칠 동안 세워 두고 햇볕에 말렸지요. 볏단이 충분히 마르면 타작마당을 벌여 그네라는 농기구에 낟알을

훑어냈습니다. 커다란 빗처럼 생긴 그네의 틈새에 벼 포기를 끼우고 잡아당기면 이삭에 달려 있던 낟알이 떨어졌습니다. 그네를 이용해 얻은 낟알은 한 차례 더 가을 햇볕에 말린 다음, 곡물에 섞인 쭉정이와 먼지 등을 날려서 없애는 농기구인 풍구가 일으키는 바람에 걸러져 가마니에 담겼습니다.

이렇게 거둔 낟알을 발로 디디어 곡식을 찧는 디딜방아나 말이나 소를 이용하여 크고 넓적한 돌판을 돌려 곡식을 찧는 연자방아로 빻아서 껍질(쌀겨)을 벗겼습니다. 마지막으로 겨와 쌀이 한데 섞인 것을 키에 올려놓고 까부르면 겨는 날아가고 흰쌀만 남게 되었습니다.

그런데 1970년대에 획기적인 타작 농기구가 등장했습니다. 발로 밟으면 왱왱 원통이 돌아가면서 낟알이 털리는 탈곡기가 나온 것입니다. 일일이 그네에 낟알을 훑는 번거로움과 수고로움이 사라지면서 노동력을 많이 절감할 수 있었습니다. 때마침 벼 품종이 개량되어 대량 생산되는 시기였기에 탈곡기의 등장은 농민들에게 큰 환영을 받았습니다. 처음엔 탈곡기를 사람이 발로 밟았지만 나중엔 경운기 동력에 연결하여 돌려 한층 편리해졌습니다.

그러다가 콤바인이 등장하여 벼를 베고 탈곡하는 일을 한꺼번에 해결하게 되었습니다. 예전에는 수십 명의 농부가 며칠을 걸려 하던 일을 지금은 농부 한 사람이 하루에 해결할 수 있게 된 것입니다.

2 관련 책

1) 〈열네 살 농부 되어 보기〉 이완주 · 정대이 · 박원만 지음. 들녘. 2013

이 책은 유쾌하고 건강한 학교생활을 꿈꾸는 14~17세 청소년들을 위해 텃밭 전문가들이 지식과 재능을 기부하여 만들어졌습니다. 현재 우리나라 청소년들은 하고 싶은 것, 알고 싶은 것, 놀고 싶은 것들을 '공부'의 울타리 밖으로 던져 버린 채 모두가 '대입'이라는 한 가지 목표를 향해 달려가고 있습니다. 〈열네 살 농부 되어 보기〉는 이렇듯 '증폭된 답답함'을 껴안고 살아가는 우리 청소년들에게 흙과 함께하는 경험을 통해 자신과 세상, 그리고 생명과 자연을 바라보는 새로운 시선, 열린 전망을 제공해 주고 있습니다.

책 내용은 청소년들이 학교 텃밭에 가서 직접 흙을 갈고 씨를 뿌리고 작물을 가꾸고 수확할 때 필요한 텃밭 농사의 A부터 Z까지를 모두 담고 있습니다. 청소년뿐만 아니라 농사 초보자들이 자신이 가꾸는 밭 상황과 비교해 보면서 필요한 정보를 얻고, 활용할 수 있을 것입니다.

밭 만들기, 씨뿌리기, 싹이 터서 자라는 모습, 수확하는 방법은 물론 작물별 파종·재배 시기, 농사 계획 짜기, 농기구 고르기, 모종 준비하기 등 다른 책에서는 지나치기 쉬운 사항들을 빠짐없이 다루었습니다. 그 밖에 농사짓기를 잘 모르는 청소년들이 먼저 알아야 할 식물의 구조라든지 밭에서 나는 풀과 곤충 이야기, 솎아주기, 김매기, 순지르기(초목의 곁순을 잘라 내는 일), 지주 세우기 등 농사에 필요한 모든 지식과 기술을 담고 있습니다.

2) 〈24절기와 농부의 달력〉 안철환 지음. 소나무. 2011

이 책은 익숙하지만 잘 모르는 우리의 24절기를 다루고 있습니다. 24절기는 우리 땅에서의 벼농사에 적합하게 이루어져 있습니다. 농사를 잘 지으려면 기온과 낮의 길이를 아는 것이 중요한데, 농부인 저자는 이 책에서 자신이 농사를 지으면서 알게 된 24절기를 쉽게 이해할 수 있도록 설명하고 있습니다.

1부에서는 현재 세계의 달력을 장악한 서양 달력의 문제점을 지적하고, 우리 달력의 기초인 24절기의 구조와 의미를 간략히 소개했습니다. 2부에서는 24절기를 보다 세세하게 파악함으로써 한 해 흐름의 이치를 이해하면서 날씨와 농사의 흐름이 한눈에 들어오도록 했습니다. 실전편이라 할 수 있는 3부에서는 각 절기를 구체적인 농사와 어울려 소개해 활용도를 높였습니다.

3 관련 영화 및 드라마

1) 〈워낭 소리〉

한 농부와 소의 평생에 걸친 우정을 그린 잔잔하면서도 감동적인 영화입니다. 배우를 따로 섭외하지 않고, 실제의 농부와 그의 부인, 소를 오랜 시간 관찰하면서 찍은 다큐멘터리 형식의 영화입니다.

평생 땅을 지키며 살아온 농부 최 노인에겐 30년을 부려온 소 한 마리가 있습니다. 소의 수명은 보통 15년인데 이 소의 나이는 무려 마흔

살이나 됩니다. 살아 있다는 게 믿기지 않는 이 소는 최 노인의 베스트 프렌드이며, 최고의 농기구이고, 유일한 자가용입니다. 귀가 잘 안 들리는 최 노인이지만 희미한 소의 워낭 소리만은 귀신같이 듣고, 한쪽 다리가 불편하지만 소에게 먹일 풀을 베기 위해 매일 산에 오릅니다. 심지어 소에게 해가 갈까 논에 농약을 치지 않는 고집을 부립니다.

소 역시 제대로 서지도 못 하면서 최 노인이 고삐를 잡으면 산 같은 나뭇짐도 마다 않고 나릅니다. 무뚝뚝한 노인과 무덤덤한 소. 둘은 모두가 인정하는 환상의 친구입니다. 그러던 어느 봄, 최 노인은 수의사에게 소가 올해를 넘길 수 없을 거라는 선고를 듣습니다. 그리고 소가 죽자 땅에 묻어 줍니다. 그리고 곧이어 최 노인 자신도 소를 따라 저 세상으로 떠납니다.

2) 〈전원일기〉

우리나라 방송 사상 최장수 프로그램인 〈전원일기〉는 MBC에서 1980년 10월 21일 첫 방영 이후 2002년 12월 29일 1,088회를 끝으로 22년 2개월간 방영된 드라마입니다. 농촌 가족의 이야기를 담담하게 그린 연속극으로, 오랜 세월 방영되느라 로케이션 장소도 여러 번 변경되었습니다. 또 극중 인물들은 나이가 들어 드라마 시작 당시 초등학생이었다가 결혼을 하는 등 아역들은 대부분 성인 연기자로 교체됐습니다. 〈전원일기〉 초기는 흑백으로 방송되고 이후부터 컬러로 방송되었는데, 이 부분은 〈전원일기〉가 얼마나 오랫동안 방영됐는지 짐작할 수 있는 대목입니다.

이 드라마에서 눈에 띄는 것은 일용엄니 역의 김수미와 일용이 역의 박은수의 나이입니다. 실제로 김수미는 박은수보다 3살밖에 많지 않은데, 어머니 연기를 했습니다. 1980년 첫 방송 때 박은수는 그대로 출연한 반면 김수미는 20대 후반의 나이에 노인 배역으로 출연했으나 연기를 너무나 잘해 실제 나이를 알면 사람들이 깜짝 놀랐었다고 합니다.

06 농부는 무슨 일을 할까?

농부의 하루는 계절에 따라 달라집니다. 지금부터 봄, 여름, 가을, 겨울 각 계절마다 농부가 하는 일을 살펴보기로 합니다.

1 농사를 시작하는 봄

추운 겨울이 지나고 날씨가 조금씩 풀리기 시작하면 헛간에서 농기구를 꺼냅니다. 먼지도 떨고, 경운기도 손보며 농사지을 준비를 합니다. 그리고 단단한 땅을 파서 부드럽게 만들고, 흙과 거름이 잘 섞이도록 논밭을 갈아엎습니다. 돌이 있으면 골라내어 씨를 심기 알맞게 만듭니다.

갈아엎은 밭에다 씨앗을 뿌리거나 고추, 옥수수, 가지, 호박 모종을 옮겨 심습니다. 채소의 종류에 따라 씨앗을 밭에 바로 뿌리는 경우도 있고, 모를 옮겨 심는 작업을 할 때도 있습니다. 모종을 만들어서 밭에다 옮겨 심으면 뿌리도 깊이 내리고 튼튼하게 자랍니다.

3월 말에는 볍씨를 틔워 모를 기르는 일도 합니다. 볍씨를 잘 틔워야 건강한 모를 얻을 수 있고, 건강한 모를 심어야 튼실한 벼가 됩니다. 볍씨를 잘 틔우기 위해서는 먼저 볍씨를 물에 담가서 불립니다. 일주일쯤 지나면 씨앗에서 아주 조그만 싹이 솟습니다. 모판에 흙을 담고 그 위에 싹이 난 볍씨를 뿌리고 흙을 살살 덮은 다음 춥지 않게 부직포로 덮어 줍니다. 사흘쯤 지나면 싹이 흙을 뚫고 올라옵니다. 이렇게 옮겨 심으려고 기른 벼의 싹을 '모'라고 합니다.

볍씨 모종을 만든 지 45일쯤 지나면 어린 모가 한 뼘 크기로 자랍니다. 그러면 모판을 떼어 모내기를 합니다. 논에 물을 채우고 어린 모를 논에 줄 세워서 옮겨 심는 일을 모내기라고 합니다. 옛날에는 마을 사람들 수십 명이 품앗이로 줄을 맞추어 모를 심었으나, 요즘에는 이앙기가 있어서 혼자서도 금방 심습니다. 이앙기는 모 내는 기계로 뒤쪽에 모판을 싣고 지나가면 모가 저절로 줄 맞춰서 심어집니다.

바야흐로 논에서는 벼가, 밭에서는 고추, 옥수수, 고구마 등이 무럭

> **Tip**
>
> '모'란 씨앗을 밭에 직접 뿌리지 않고 다른 곳에 임시로 뿌려서 싹이 나오면 옮겨 심는 어린 싹을 말합니다. 씨앗을 그냥 심으면 김매기를 하는 데 손이 많이 가고, 심어 놓은 씨앗을 야생 동물이 파먹을 수도 있습니다. 또 큰 비가 올 때 씨앗이 물에 떠내려가기도 합니다. 그래서 모판에 흙을 담고 거기다 씨앗을 심었다가 어느 정도 자라면 밭에다 옮겨 심는 것입니다.

159

무럭 자랍니다. 이제부터 농부들은 한시름 놓고 장에도 가고, 가까운 곳으로 놀러를 가기도 합니다. 잡초들이 자라 김매기를 해야 하는 본격적인 농사철이 다가오기 전에 잠시 동안 달콤한 휴식을 취합니다.

2 땀을 뻘뻘 흘리며 일하는 여름

날씨가 더워지면 주로 선선한 아침저녁에 일을 합니다. 새벽같이 논에 나가 무너진 논두렁을 손보고, 밭에 나가 고추나 가지를 따고, 김매기도 합니다. 오전에 일을 마치고 점심 식사 후에는 낮잠을 자는 등 잠시 휴식을 취합니다. 햇볕이 따가운 한낮에 들에 나가 일하는 것은 위험하기 때문입니다. 그러다가 햇볕이 약해지는 오후부터 다시 들로 나가 일을 합니다.

농사를 지으면서 가장 힘든 작업은 김매기입니다. 김매기란 채소나 곡식 둘레에 난 풀을 뽑는 일입니다. 또 식물을 갉아먹는 벌레도 잡아 줘야 합니다. 그래서 중간중간에 풀을 없애는 제초제나 해충을 없애는 살충제인 농약을 뿌리기도 합니다.

그리고 오이나 호박 등에 지줏대를 세워 주어야 합니다. 지줏대 세우기는 식물이 쓰러지지 않도록 기둥을 세워 주는 것을 말합니다. 가지 지르기도 게을리 하면 안 됩니다. 가지 지르기란 줄기 옆으로 자라나는 '필요 없는 가지(곁순)'를 잘라 주는 것을 말합니다. 그 밖에 채소 사이의 좁은 간격을 적당히 넓혀 주기 위해 채소를 알맞은 간격으로 뽑아 주는 솎음질도 해야 합니다.

이렇게 날마다 들여다보고 보살피는 가운데 여름이 무르익으면 잘 여문 옥수수, 가지, 오이 등을 따서 먹기도 하고 시장에 내다 팔기도 합니다. 대규모로 농사를 지으면 밭떼기로 팔기도 합니다.

여름이 끝나갈 무렵에는 우리나라에 태풍이 자주 옵니다. 큰 비가 쏟아지고 태풍이 닥치면 벼와 고추와 토마토와 옥수수가 물에 잠기거나 줄기가 부러지고 흙에 파묻히기도 합니다. 수확을 앞둔 과수원의 열매가 떨어지면 농부의 가슴은 무너집니다. 비에 젖어 상처투성이가 된 과일은 제값을 받을 수 없습니다. 그래도 농부는 좌절하지 않고 벼와 고춧대를 다시 세우고, 바람에 떨어진 과일을 줍습니다.

Tip

잡초는 채소나 곡식이 먹어야 할 양분을 다 먹어 버리기 때문에 호미로 잡초를 뿌리째 뽑아야 하는데, 이것을 김매기라고 합니다. '풀을 뽑고 나서 뒤돌아서면 다시 자란다.'는 말이 있듯이 풀은 금방금방 자랍니다. 그러니 농부들은 곡식이 영그는 가을까지 쉴 틈 없이 김매기를 해야 합니다.

Tip

토마토나 오이 등은 줄기에 곁순이 비죽 나왔을 때 잘라 내는 가지 지르기를 해야 줄기가 굵직해지고 열매가 크게 열립니다. 솎음질이란 촘촘하게 난 상추 등의 채소를 군데군데 뽑아내는 것을 가리키는 것으로, 작은 것들은 더 자라게 놔두고, 큰 것을 뽑아서 먹습니다.

Tip

밭떼기란 밭에서 나는 작물을 밭에 나 있는 채로 몽땅 사는 것을 말합니다.

3 수확의 계절, 가을

9월로 접어들면 논에는 벼 이삭이 패고, 밭에는 호박이 큼지막하게 자랍니다. 이때쯤 김장용 배추며 무도 심습니다. 빨갛게 익은 고추를 따서 볕 좋은 마당에 널기도 합니다.

10월이 되면 농부의 가장 큰 기쁨인 수확이 시작됩니다. 들녘의 벼는 콤바인을 사용하여 베고 낟알 떠는 걸 한꺼번에 할 수 있습니다. 벼뿐만 아니라 밭작물도 수확하느라 여념이 없습니다. 고구마를 캐고, 깨·들깨·콩을 베어서 말리고 떨어야 합니다. 깨나 콩은 도리깨나 막대기로 두드려서 탁탁 떨면 알맹이들이 한꺼번에 쏙쏙 빠져나옵니다. 붉어진 감도 따고, 아람이 벌어진 밤도 따야 합니다. 감은 깎아서 곶감을 만들거나 기다렸다가 홍시가 되면 먹습니다. 또 호박이나 가지는 길쭉하게 잘라서 말려 둡니다. 햇볕에 말리면 오랫동안 두고 먹을 수 있습니다.

가을이 깊어져 수확이 끝나면 열매 가운데 가장 튼튼한 것으로 골라 내년 봄에 밭에 심을 씨앗으로 쓸 수 있도록 저장해 둡니다. 그리고 농기구며 경운기도 깨끗이 손질해 둡니다.

4 땅도 쉬고, 농부도 쉬는 겨울

겨울이 되면 농부는 한가해집니다. 대지가 휴식을 취하듯 농부도 휴식을 취합니다. 이렇게 휴식을 취하면서 내년 봄부터 다시 일할 기운을 얻습니다. 그렇다고 무조건 쉬기만 하는 것은 아닙니다. 내년에 재배할 작물도 정하고, 새로운 경작법이나 농업 기술도 배우면서 이듬해 농사를 준비합니다.

07 농부가 되기 위해 필요한 능력

1 자연 친화적 성격

농부는 자연 속에서 일하며, 자연 속에서 수확의 기쁨을 누리는 직업입니다. 따라서 흙이나 벌레를 만지는 것을 싫어하는 사람은 농사를 지을 수가 없습니다. 또한 농사짓는 일에 대한 흥미와 관심을 가지고 있어야 하며, 재배 방법에 대한 지식과 기술이 필요합니다.

2 체력과 인내심

농사를 짓는 일은 육체노동이라서 체력 소모가 많습니다. 따라서 농부는 힘이 세고 건강해야 합니다. 또한 태풍이나 가뭄, 병충해와 같이 사람이 예측하기 힘든 자연재해가 언제 일어날지도 모르는 일입니다. 이런 재해로 인해 열심히 일한 농작물이 하루아침에 허사가 되는 경우도 종종 있습니다. 이럴 때 좌절하지 않고 극복할 수 있는 인내심과 침착함이 필요합니다.

3 끊임없는 노력

농사 기법도 과학의 발전에 따라 발달하고 있습니다. 또한 새로운 농기구가 개발됨에 따라 그것을 익히는 능력도 필요합니다. 따라서 농부는 시간이 날 때마다 농업 기술원이나 농업 기술 센터에서 새로운 경작법과 재배 기법을 배워서 생산량을 늘릴 수 있어야 합니다.

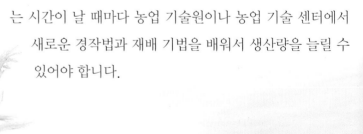

08 농부의 장단점

1 장점

'땅은 거짓말을 하지 않는다.'라는 말이 있습니다. 농사일은 열심히 일한 만큼 보람을 얻을 수 있다는 의미입니다. 농부의 가장 놓은 점은 땀 흘려 일한 후 거두는 수확의 기쁨을 맛볼 수 있다는 점입니다.

또한 복잡한 현대 사회에서 자연과 더불어 일하면서 넉넉하고 여유로운 삶을 누릴 수 있는 것도 농부의 장점입니다. 지나친 경쟁으로 피곤한 삶을 사는 도시인들에 비해 농부는 삶의 여유를 느낄 수 있는 직업입니다.

그리고 안전한 먹거리를 추구하는 소비자의 요구에 맞춰 친환경 농법으로 농사를 지어 판매한다면 수익도 올리고, 보람도 느낄 수 있습니다.

농업을 미래 산업이라고 말하는 사람이 많습니다. 그 까닭은 머지않아 지구에 식량 위기가 올 거라는 주장이 있기 때문입니다. 다국적 기업들이 국제 식량 가격을 좌지우지하는 현실에서 농업 주권을 지켜야한다는 것입니다. 현재 우리나라의 식량 자립도는 30%밖에 되지 않습니다. 국제적인 분쟁이나 전쟁이 벌어져 식량 수입이 원활하게 되지 않으면 크나큰 식량 문제를 겪을 수 있습니다. 이럴 때 농업 종사자들의 존재는 더욱 빛이 날 것입니다.

또한 미래의 농업은 생산 중심의 먹는 농업에서 벗어나 기능성 농업, 치료 농업, 관광 농업이 어우러진 미래형 6차 산업으로 나아가야 한다고 합니다. 빌딩 안에서 컴퓨터로 온도와 습도를 조절하는 수직형 빌딩 농장, 바닷물로 농사짓는 해수 농업, 대체 에너지원으로 주목받는 미세조류 등 우리 농업의 미래 변화는 무한하다고 할 수 있습니다.

따라서 농부라는 직업이 당장 눈

앞에 펼쳐지는 현실은 다소 어려울 수 있으나, 먼 미래를 내다본다면 그 어떤 직업보다도 전망이 밝다고 할 수 있습니다. 그러니 젊은이들도 도전해 볼 만한 직업이라 여겨집니다.

2 단점

농부는 자연 속에서 구슬땀을 흘린 만큼 수확의 기쁨을 맛볼 수 있는 직업입니다. 그러나 현실은 녹록치 않습니다. 힘들게 일한 농산물을 제값을 받지 못하는 경우가 많기 때문입니다.

그 이유로는 첫째, 값싼 외국 농산물이 많이 들어오기 때문입니다. 미국산 오렌지나 칠레산 포도, 필리핀산 바나나 등이 대량으로 수입되면 소비자들은 그 과일을 사 먹고, 우리나라에서 생산된 과일 값은 떨어지게 됩니다.

또 하나는 중국산 마늘이나 양파 등이 싼 값에 수입되어 국산 농산물로 둔갑하여 팔리는 경우가 많기 때문입니다. 이렇게 공급량이 많다 보면 국내산 농산물 가격이 떨어져서 애써 지은 농산물을 헐값에 넘겨야 하는 경우가 생깁니다.

게다가 나라 간 관세를 철폐하는 자유 무역 협정(FTA)도 농민들에게 매우 불리한 것이 현실입니다. FTA는 자동차와 전자제품 같은 대기업 제품에는 유리하지만 농산물은 가격 경쟁에서는 매우 불리합니다. 끝없이 펼쳐진 들판, 지평선이 보일 정도로 거대한 농장에서 대량 생산된 농산물이나 사육된 소고기가 싼 값에 밀려들면 우리 농민들은 설 자리를 잃게 됩니다.

또한 농사는 날씨의 영향을 많이 받습니다. 가뭄이 들면 농작물이 말라죽고, 홍수가 나면 물에 잠겨 먹을 수 없게 됩니다. 또 갑자기 날씨가 추워져도 농작물이 얼어 죽어 쓸모 없게 됩니다. 그래서 농부는 늘 날씨에 귀를 기울여 자연재해에 대비해야 합니다.

이런 여러 가지 환경으로 인해 젊은이들이 농촌을 떠나고, 현재 농사를 짓는 사람들은 대부분 60대 이상의 노인들입니다. 또한 농촌의 불편한 환경 때문에 여성들이 농부와 결혼을 꺼려서 농촌 남성의 결혼 비율이 도시의 남성보다 낮은 실정입니다. 그래서 농촌의 노총각들은 동남아시아 등 외국 여성과 국제결혼을 하는 경우가 늘고 있고, 농촌 지역에 다문화 가족이 점점 늘고 있습니다.

3 농부와 소비자 둘 다 좋은 직거래 장터

농부는 힘들게 지은 농산물을 좋은 가격에 팔고 싶을 것입니다. 또한 소비자는 질 좋은 농산물을 싼 가격에 사고 싶어 합니다. 이렇게 농부와 소비자 둘 다 만족할 수 있는 방법이 있습니다. 바로 직거래 장터입니다.

대부분의 농산물은 농부 → 도매상 → 소매상 → 소비자의 단계를 거쳐 판매됩니다. 그리고 이 과정에서 도매상과 소매상이 많은 이익을 가져갑니다. 그런데 농부와 소비자가 직거래를 하면 중간의 두 단계를 생략하므로 농부는 원하는 가격에 농산물을 팔 수 있고, 소비자는 저렴한 가격에 질 좋은 농산물을 구입할 수 있습니다. 그야말로 '누이 좋고 매부 좋다.'라는 속담이 생각납니다.

이러한 농산물 직거래는 인터넷을 통해 앞으로 더욱 활기를 띨 전망입니다.

4 로컬 푸드와 농산물 이력 추적제

칠레산 포도, 필리핀산 바나나, 뉴질랜드산 키위 등이 우리나라까지 신선함을 유지해서 오려면 농약이나 방부제 등의 사용이 필수입니다.

게다가 먼 거리에서 이동해 오기 위해서는 석유 등 화석 연료를 많이 사용할 수밖에 없고, 화석 연료 사용으로 인한 이산화 탄소 배출량이 늘면 지구 온난화를 비롯한 기후 변화를 유발시킵니다. 따라서 우리의 건강을 유지하고 기후 변화를 방지하기 위한 실천 중 하나가 국산 식품 등 로컬 푸드(근거리 농산물)를 이용하

165

는 것입니다.

또한 현재 실시되고 있는 제도 중에 '농산물 이력 추적제'라는 것이 있습니다. 예를 들어 소고기의 경우 소의 출생에서부터 판매에 이르기까지의 정보를 기록·관리하여 위생이나 안전에 문제가 발생할 경우 그 이력을 추적하여 신속하게 대처할 수 있습니다. 어른 소와 새로 태어난 송아지, 수입된 소 등에 12자리의 개별 식별 번호를 붙여 이력 추적 시스템에 정보가 입력됩니다. 그리하여 휴대전화나 인터넷을 통하여 개별 식별 번호를 입력하면 소의 출생일·종류·성별·소유주·사육지·도축일자·등급·브랜드명 등의 정보를 한눈에 알 수 있습니다. 만약 개별 식별 번호가 붙어 있지 않거나 망가진 경우에는 사고팔거나 수출을 할 수 없습니다. 이런 이력 추적제는 소뿐만 아니라 많은 먹을거리에 적용되고 있습니다. 농산물 이력 추적제는 생산자와 소비자 모두에게 윈윈(win-win) 전략이 될 수 있습니다.

5 쌀로 만드는 다양한 음식

대부분의 농부는 가을에 추수한 다음 벼 상태로 파는데, 일부 농부는 쌀을 가공하여 상품으로 만들어 팔기도 합니다.

가장 많이 이루어지는 쌀 가공 제품은 한과입니다. 한과는 쌀을 반죽하여 튀긴 다음, 조청과 튀밥을 묻혀서 만듭니다. 그 밖에 약과, 강정 등도 함께 만들어 시장에 내놓습니다. 한과는 추석이나 설에 많이 팔립니다. 또한 밥을 눌려서 누룽지를 만들어 팔기도 합니다. 누룽지는 바쁜 도시인들에게 간편한 아침 식사로 애용됩니다.

그 밖에 쌀로 만드는 음식은 아주 많습니다. 쌀로 가장 많이 만드는 것은 당연히 밥입니다. 밥이라고 해서 흰쌀밥과 잡곡밥만 떠올리면 안 됩니다. 나물밥, 김치밥, 무밥, 고구마밥, 콩나물밥, 약밥, 연잎밥 등 다양하게 만들어 먹을 수 있습니다. 또 갓난아기나 환자가 먹는 미음과 팥죽, 녹두죽, 김치죽, 깨죽 등 다양한 죽을 쑤어 먹기도 합니다. 그리고 인절미, 가래떡, 진달래화전, 쑥떡, 수리취떡, 송편, 팥시루떡, 증편(술떡) 등 다양하고 맛있는 떡도 만들어 먹고, 달콤한 식혜도 빼놓을 수 없습니다. 막걸리와 청주, 소주 같은 술도 담그고, 요즘에는 쌀피자, 쌀국수, 밥버거 등 새롭게 개발되는 쌀의 쓰임이 무궁무진합니다.

갈수록 쌀 소비가 줄어들고 있는 현실에서 쌀의 다양한 쓰임을 연구한다면 농부의 미래는 그만큼 밝을 것입니다.

09 농부가 되기 위한 과정

1 곡물 및 채소 생산업자가 되려면

자연을 좋아하고 농사에 흥미가 있다면 누구나 농부가 될 수 있습니다. 하지만 좋은 작물을 더 많이 생산하기 위해서는 농업계 고등학교나 농업 대학, 영농 센터 등에서 과학적인 농사 기법을 배우는 것이 좋습니다. 또한 농사도 점차 기계화되고 있으므로 농업 기계를 다룰 수 있도록 운전이나 수리, 작동법 등을 익히는 것이 도움이 됩니다. 관련 자격증으로는 농기계 운전 기능사, 농기계 정비 기능사, 농업 기계 기사(산업 기사), 유기 농업 기사(산업 기사, 기능사) 등이 있습니다.

최근에는 도시에서 살다가 농촌으로 가서 농사를 짓고 싶어 하는 사람들을 위한 귀농 프로그램을 운영하는 사회단체도 많이 생겨났습니다.

2 특용 작물 재배자가 되려면

인삼이나 버섯, 담배 등을 기르는 특용 작물 재배자가 되기 위한 학력 제한은 없습니다. 그러나 농업계 고등학교나 전문 대학, 4년제 대학교 등에서 농업 관련 학과를 졸업하는 것이 유리합니다. 학교에

167

서는 특용 작물의 종류와 재배 방법, 기술 등을 배우게 됩니다.

관련 자격증으로는 농기계 운전 기능사, 농기계 정비 기능사, 농업 기계 기사(산업 기사), 유기 농업 기사(산업 기사, 기능사) 등이 있습니다. 농기계 운전 기능사는 안전하고 효율적으로 농기계를 사용할 수 있도록 전문화된 능력을 배우는 자격증입니다. 농기계 정비 기능사는 농업 기계의 사용이 증가함에 따라 이를 보수하고 예방, 점검할 수 있도록 숙련된 기능을 양성하기 위한 자격증입니다.

3 화훼 재배 기술자가 되려면

꽃이나 과수, 정원수를 길러 판매하는 화훼 재배 기술자가 되기 위해서는 전문 대학이나 대학교의 원예 관련 학과를 졸업하는 것이 유리합니다.

관련 자격증으로는 시설 원예 기술사(기사), 원예 기능사, 화훼 장식 기사(기능사) 등이 있습니다. 공채나 교육 기관 소개 등을 통해 화훼 재배 농장, 골프장 및 위락 시설의 원예 관련 부서 등에 채용될 수 있습니다.

4 조림 영림 및 벌목원이 되려면

산에 나무를 심고 가꾸거나 나무를 베는 직업인 조림 영림 및 벌목원이 되기 위해 요구되는 학력의 제한은 없으나, 농업계 고등학교, 전문 대학, 4년제 대학교에서 임업 관련 학과를 졸업하면 유리합니다. 산림 조합 중앙회의 임업 기계 훈련원에서 육림, 조림, 산림 보호 등에 대한 교육과 훈련을 받을 수 있으며, 또는 현장에서 숙련공을 보조하면서 필요한 기능을 습득할 수 있습니다.

관련 자격증으로는 산림 기술사(기사, 산업 기사, 기능사), 임업 종묘 기사(기능사), 종자 기술사(기사, 산업 기사, 기능사) 등이 있습니다. 공채나 교육기관의 소개 등을 통해 묘목 농장, 벌목업체, 조림업체, 임업 시험장, 국유림 관리소, 산림 조합 등에 취업할 수 있습니다.

5 축산업자가 되려면

소, 돼지, 닭, 오리 등을 키우는 축산업자가 되기 위해 특별한 자격

Tip

자신의 목장을 경영하려면 숙련된 경험이 중요하므로 축산업을 시작하기 전에 목장, 양돈장, 양계장 등에서 직접 체험하며 필요한 지식이나 기술을 습득하는 것이 좋습니다.

은 필요 없지만 농업계 고등학교나 대학의 축산 관련 학과에서 전문 지식을 습득하면 보다 유리합니다. 학교에서는 가축을 기르는 방법과 기술을 익히며, 현장에서 적용할 수 있도록 훈련합니다. 관련 자격증으로는 축산 기술사(기사, 산업 기사, 기능사) 등이 있습니다. 축산 관련 자격증은 가축을 합리적으로 사육할 수 있는 전문 인력을 양성함으로써 품질 좋은 축산물을 생산·공급하고, 축산 경영의 계획이나 설계 등 축산 기술을 발전시키기 위한 자격입니다. 가축 인공 수정사는 가축의 품질 개량과 가축의 생식기 관련 질병을 예방하고 치료하기 위한 전문 인력 양성을 위한 면허증입니다.

Tip
축산 산업 기사 이상의 자격을 취득한 사람은 별도의 시험 없이 가축 인공 수정사 면허를 받을 수 있습니다(농림축산식품부).

학교를 졸업하거나 자격증을 획득하면 육우, 젖소, 돼지, 양 등을 사육하는 목장이나 서울 어린이대공원 동물원, 용인 에버랜드 동물원 등에 가축 사육자로 취업할 수 있습니다. 그렇지 않으면 자신이 직접 목장을 경영할 수도 있습니다. 축산업자가 된 이후에도 생산과 품질을 높이기 위해서 외국의 앞선 기술을 익히고, 사료를 개발하는 등 꾸준히 공부해야 합니다.

6 양식 어업자가 되려면

바다에서 물고기나 조개류, 해조류를 기르는 양식 어업자가 되기 위해 요구되는 학력의 제한은 없으며, 양식장에서 보조하는 일 등으로 실무 경험을 익히면 양식 어업자로서 일할 수 있습니다.

관련 자격증으로는 수산 양식 기술사(기사, 산업 기사, 기능사), 어로 기술사(산업 기사) 등이 있는데, 자격증을 따면 일하는 데 크게 도움이 됩니다. 직접 양식업체를 운영하거나 양식업체에 취업할 수도 있습니다.

10 농부의 마인드맵

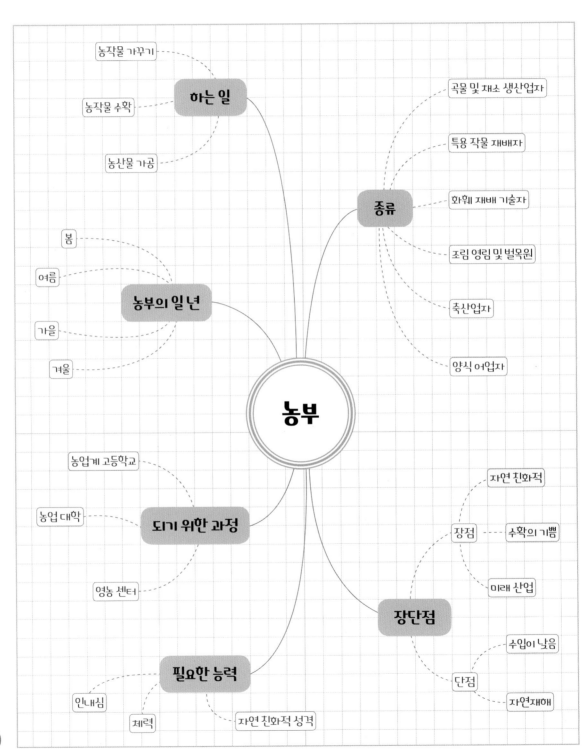

11 농부와 관련하여 도움받을 곳

1 직업 정보를 얻을 수 있는 기관

● 농업박물관(http://www.agri museum.or.kr) 1987년 설립된 박물관으로, 사라져 가는 농경 유산을 보존해서 농업을 잘 모르는 젊은 세대들에게 농업의 새로운 가치를 심어 주기 위해 세워졌습니다. 서울에 위치한 이 박물관에서는 체험과 교육 등 다양한 프로그램이 진행되고 있습니다.

2005년에 박물관을 신축 개관했으며 오감 만족의 입체 전시는 많은 사람들의 인기를 끌고 있습니다. 또 2012년에는 쌀 박물관을 개관했는데, 쌀 소비 감소로 생산 기반이 위협받고 있는 농민을 위해 만들어졌습니다.

농업박물관에서 개최하는 체험 활동으로는 농촌 문화 체험 교실, 전통 농경 체험 교실, 어린이 농업 박사 등이 있습니다.

● 평택시 농업기술센터(https://agri.pyeongtaek.go.kr) 경기도 평택에 위치한 이 기관은 농업생태원, 농촌문화체험관, 평택꽃나들이, 자연테마식물원, 평택농업전시관 등으로 구성되어 있어 배우면서 즐길 수 있는 공간입니다. 다양한 체험 공간을 통해 어린이와 청소년에게 우리 농경 문화의 역사와 현재, 그리고 미래에 대한 비전을 제시해 줍니다. 또한 농부라는 직업에 대한 호기심과 자연 학습의 살아 있는 교육장으로 이용할 수 있습니다.

평택농업전시관에는 옛날의 농경 유물과 문화, 현재 우리 농업 현장의 체험, 미래 농업에 대한 상상력을 키울 수 있도록 구성되어 있으며, 자연테마식물원에는 171종의 다양한 식물 및 볼거리가 준비되어 있습니다.

그리고 첨단 영농 과학을 농사 현장에 접목시켜 농부와 소비자 모두 만족할 수 있는 친환경 농사법 등을 개발하여 질 좋은 농산물을 생산하기 위해 노력하고 있습니다.

열린 마당에서는 농가 상담도 이루어지고 있습니다. 주말농장에 관한 정보, 귀농을 준비하는 사람들에게 도움이 되는 정보, 그 밖에 다양한 농산물의 농사법과 농약 사용법, 비닐하우스 설치법, 농기계 사용법 등 농사와 관련한 다양한 상담이 이루어지고 있습니다.

2 직업 체험 프로그램

●**주말농장** 도시에 사는 사람들이 가까운 농촌에 농장을 만들어 놓고, 주말마다 찾아가서 농작물을 돌보는 곳을 말합니다. 대부분 얼마간의 돈을 내고 5평 정도의 텃밭을 빌려서 1년 동안 원하는 농작물을 기릅니다.

사람들이 주말농장을 찾는 이유는 도시의 답답함에서 벗어나 자연과 접하고 싶기 때문입니다. 자녀들에게 자연의 소중함과 땀 흘려 일하는 기쁨을 느끼게 하고, 직접 가꾼 무공해 채소를 먹을 수 있기 때문에 주말농장을 찾는 사람들이 꾸준히 늘고 있습니다.

주말농장에서 가꾸기 알맞은 식물은 시금치, 상추, 쑥갓, 호박, 고추, 오이, 배추, 참외, 토마토, 옥수수 등 우리가 평소에 많이 먹고, 가꾸기 쉬운 것들입니다.

주말농장은 전국의 도시 인근 곳곳에 있습니다. 그 중 몇 군데만 소개하면 다음과 같습니다.

서울	
무수골 주말농장	http://hanhome.jinbo.net
행복한 도시농장	https://m.cafe.daum.net/simgok3dong
경기도	
파주 주말농장	http://cafe.naver.com/pajujumal
바람새 마을	https://baramsae.modoo.at
하나 농장	http://www.onefarm.co.kr

기타 지역	
보리나라 학원농장	http://www.borinara.co.kr
신동산 주말농장	http://blog.naver.com/namho5200
가족사랑 주말농장	http://blog.kbmyshop.com
아리 주말농장	http://www.ariji.kr

● 전북 임실 치즈마을(http://cheese.invil.org) 전북 임실에 위치한 치즈마을은 한국 치즈의 원조인 임실치즈의 뿌리를 가진 마을입니다. 마을 사람들이 직접 진행하는 치즈 낙농 체험과 흥겨운 각종 농촌 체험을 함께할 수 있습니다.

치즈 낙농 체험에서는 젖소 농장을 견학하고, 치즈와 요구르트를 직접 만들어 볼 수 있습니다. 이곳에서 만드는 치즈는 피자에 들어가는 모차렐라치즈입니다. 또 송아지에게 우유를 먹일 수도 있고, 덤으로 풀밭에서 썰매를 타는 즐거운 체험도 할 수 있습니다.

체험은 월요일을 제외하고 일 년 중 아무 때나 가능하지만 예약제로 운영되기 때문에 최소 3일 전에 예약을 해야 합니다.

12 유명한 농업인

1 윤민현

30대 초반의 젊은 농부로 현재 강동구 고덕동에 위치한 1,500여 평의 농장에서 각종 꽃을 재배하고 있습니다. 윤민현이 농사를 짓게 된 것은 어려서부터 꽃을 재배하던 아버지 일을 도우며 자연스럽게 농사일을 익혀 온 덕분입니다. 윤민현은 한국농수산대학 화훼학과를 졸업한 후에 본격적으로 농부의 생활로 접어들었고, 네덜란드 등 화훼 강국에 견학도 다녀오면서 꽃 재배에 대한 시야를 넓혔습니다.

오랫동안 터를 잡고 농사를 지었던 세곡동이 재개발되면서 2010년부터 강동구 고덕동 지금의 자리에서 다시 농사를 시작하게 됐고, 그때부터 아버지로부터 독립해 직접 운영하고 있습니다.

윤민현은 아침 8시에 일을 시작하여 저녁 7시 무렵이면 퇴근을 합니다. 하지만 꽃을 사러 오겠다는 고객이 있으면 밤 11시나 12시까지 기다리기도 합니다. 그가 기르는 꽃은 아버지 때부터 해 오던 팬지, 비올라, 베고니아 등인데, 최근 매달아 놓고 키우는 국화를 개발했습니다. 키가 커지면 위로 물주기 어려우니 아래 물받이에 물을 담아 뿌리가 빨아들이도록 디자인한 특수 화분입니다.

윤민현의 농장에서 꽃을 사는 사람들은 소매상과 도매상이 대부분이며, 관공서나 수목원, 공원 등에서 화단을 조성할 때 대량으로 구매해 가기도 합니다. 그의 농장은 서울에 위치해 있으므로 판매에 매우 유리합니다. 독립한 지 얼마 되지 않아 많은 이익을 내지는 않지만 매년 매출이 증가하고 있어 앞으로 기대가 됩니다.

2 조옥향

경기도 여주에서 은아목장을 경영하며 젖소, 말, 오리, 칠면조 등을 기르고 있습니다. 또한 다양한 체험 프로그램도 준비하고 있습니다. MBC 프로그램 '아빠, 어디 가?'의 촬영이 이루어진 후에 세상에 널리 알려졌습니다.

조옥향과 남편이 1983년 이곳에 처음 왔을 때는 수풀이 우거진 산속이었습니다. 신혼부부였던 이들은 텐트를 치고 살면서 돌을 고르고 풀을 뽑으며 초지를 조성하고 목장을 만들었습니다. 한동안 전기도 안 들어오는 산속에서 개울물에 쌀을 씻고, 나뭇가지를 주워 불을 피우며 살았습니다. 더구나 조옥향은 어릴 적 소아마비를 앓아 다리가 불편한 몸이었습니다. 그래서 땅과 싸우느라 다리뼈도 여러 번 부러졌습니다. 이렇듯 갖은 고생을 하며 하나하나 일궈 나간 끝에 젖소 세 마리로 시작한 그녀의 목장은 최고의 목장이 되었습니다.

은아목장은 처음에는 우유만 생산하다가 차츰 치즈, 요구르트, 버터 등 유제품도 만들어 팔게 되었고, 체험 학습 프로그램까지 개발하면서 점점 발전하였습니다. 은아목장의 체험 프로그램은 젖소에게 여물 주기, 송아지에게 우유 주기, 트랙터 타고 목장 돌기, 치즈, 원유 넣은 소시지, 밀크 아이스크림, 피자 만들기 등 매우 다양합니다. 또한 하룻밤 머물고 싶다면 펜션에서 숙박도 할 수 있습니다.

'은아목장'이란 이름은 그녀의 두 딸 김지은·김지아의 이름을 한 자씩 따서 지은 것입니다. 그 이름처럼 두 딸은 엄마 못지않게 목장 일에 열심입니다. 큰딸은 숙명여대 르 코르동 블루에서 제과 과정을 공부한 후 '은아목장표' 치즈 케이크, 쿠키 등을 만들어 냈고, 둘째 딸은 건국대 축산학과를 거쳐 세계 유일의 낙농 대학인 일본 홋카이도의 낙농학원대학에서 공부했습니다.

성공한 농장 관리인이 되어 최근 신지식 농업인으로 선정되는 영광을 누리기도 한 조옥향 부부는 지금도 새벽 4시 30분이면 어김없이 소를 돌보러 나갑니다. 순전히 노력으로 성공적인 목장을 일구어 낸 조옥향은 많은 예비 농부들의 롤 모델이 되고 있습니다.

13 이 직업을 가진 사람에게 듣는다

농업 경영인 이석무

농촌으로 내려가 블루베리 농장을 창업한 도시인이
'팜핑(farmping, farm + camping)'을 통해 또 다른 도시인들을 농촌으로 초대하고 있다.
신개념 농업 경영인 '젊은 농부들' 이석무 대표의
창의성을 더한 농업 경영인의 삶을 알아본다.

Q1 청소년기를 어떻게 보냈나요?

몸을 움직이는 걸 좋아해서 운동을 즐겨했고, 소위 강남 8학군이라는 곳에서 살았기 때문에 좋은 학원을 다니기도 했습니다.

어릴 때부터 사업가가 꿈이어서 주변 친구들에게 나중에 커서 사업을 하겠다며 말하고

다녔습니다. 사업가의 꿈을 갖게 된 것은 사업을 하시는 아버지 덕분이기도 하지만 자유분방한 것을 좋아하고 구속받기보다는 내가 하고 싶은 것을 하며 살고 싶었기 때문입니다.

Q2 농업을 선택하게 된 배경을 말해 주세요.

저는 농업이 아니라 농업 경영을 하는 사람입니다. 보통 농부는 농사를 짓는 사람이라고 많이 생각하는데, 저는 농사보다는 농업 경영의 개념을 가지고 이 일을 시작했습니다. 결국 제 청소년기의 꿈인 사업을 지금 실천하는 중인 것이지요. 즉 사업의 여러 아이템 중 하나로서 농업을 선택한 것입니다.

제가 농업 경영을 선택한 이유는 이 일이 매력적이었기 때문입니다. 농산물에 기반을 두고 농사만 짓는 것이 아니라, 가공이나 관광업까지 무궁무진하게 확장할 수 있는 사업이라고 생각해서 선택했습니다.

Q3 블루베리 농장을 경영하게 된 과정을 설명해 주세요.

농사를 짓기 위해서 블루베리를 선택한 것이 아니라, 블루베리 때문에 농업을 선택하게 되었습니다. 몇 가지 기준을 정하고 사업 아이템을 선정하는 과정에서 고령화 사회에 사람들이 안티에이징(노화 방지 또는 항노화)에 관심이 많다는 것에 주목했습니다. 블루베리가 안티에이징과 암 예방에 좋다는 정보를 자주 접하면서 관심을 갖게 되었고, 과일로서 가능성이 있다고 생각해서 연구를 계속 했습니다. 블루베리를 가공하는 것과 수입해서 파는 것에 대해서 고민해 봤는데, 직접 농사를 지으면 더 많은 일을 할 수 있을 거라고 생각해서 농장을 경영하게 되었습니다.

Q4 초기 자본이 없는 사람은 어떻게 농사를 지을 수 있을까요?

정부의 일괄적인 정책이 있지만 귀농인 지원 정책은 지자체마다 차이가 있습니다. 지자체마다 주요 산업과 주력 상품이 다르고, 이에 따라 지원이 달라집니다. 그러므로 본인이 원하는 상품이 그 지역에 어울리는지 사전에 조사하는 것이 필요합니다.

제가 사는 충북 음성 지역은 농업과 공업을 주요 산업으로 삼고 있어서, 농업 위주의 지자체보다는 지원이 부족할 수도 있습니다. 또한 음성은 고추, 복숭아, 인삼, 수박이 주요 작물이기 때문에 이런 상품을 재배하면 보다 많은 지원을 받을 수 있습니다. 저는 블루베리를 선택했기 때문에 혜택이 적을 수도 있지요.

궁극적으로는 농업도 사업이기 때문에 자본이 필요합니다. 더군다나 농업은 인풋이 들어간다고 해서 아웃풋이 바로 나오지 않습니다. 이 때문에 최소 3년은 버틸 수 있는 자금이 필요합니다.

Q5 블루베리 재배 기술은 어디에서 습득하셨나요?

농사를 짓는 지식이 전무해서 일단 책을 통해서 배웠고, 그 후에는 견학을 다니면서 실질적인 재배 기술에 대해 배웠습니다. 또 정부나 지자체에서 실시하는 농업 기술 교육에도 많이 참여했습니다.

재배 기술은 책을 통해서만 습득할 수는 없습니다. 옆에서 누가 도와주거나 경험으로 배우는 것이 더 좋습니다. 물론 책에는 블루베리

177

나무를 심을 때의 깊이와 폭, 그리고 흙의 배합 비율 등이 자세히 나와 있습니다. 하지만 한두 그루도 아니고, 수천 그루를 땅의 깊이나 흙의 배합 비율까지 맞춰 가면서 심는 건 불가능합니다.

블루베리 나무가 죽으면 왜 죽었는지 이유를 찾아봐야 합니다. 저의 경우 2~3년 정도는 나무가 잘 자라지 않아서 전부 다시 뽑고 다시 심었습니다. 주변에 배우러 다니기도 하고, 오랫동안 농사지은 분들을 모셔와서 무엇이 문제인지 조언도 구하면서 습득했습니다.

Q6 농장의 규모와 일하는 사람은 얼마나 되나요?

농장의 규모는 5~6천 평 정도 됩니다. 블루베리 같은 1차 생산물을 생산하는 면적은 3천 평 정도이고, 나머지는 체험장이나 기타 공장과 카페 등으로 구성되어 있습니다.

현재 3명이서 근무하는데, 상근자는 저를 포함하여 두 명이고, 한 명은 밖에서 인터넷이나 블로그를 관리하는 비상근 직원입니다.

농사를 짓는 데 1년 내내 많은 사람이 필요하지는 않습니다. 특히 과수 농업의 경우에는 노동력이 필요한 시기가 정해져 있습니다. 길게 두 달 정도인 수확기와 비료를 줘야 하는 시기, 그리고 가지치기해야 하는 시기 등 세 번 정도입니다. 사람이 많으면 고정비가 많이 들기 때문에 시스템을 잘 만들어 놓고 최소한의 인원으로 일하고, 사람이 필요할 때만 쓰는 것이 좋습니다.

Q7 '보라숲'은 블루베리뿐만 아니라 캠핑으로도 유명한데, 캠핑은 어떻게 시작하게 되었나요?

'보라숲'의 농촌 체험 캠핑을 '팜핑'이라고 부르는데, 팜핑은 제가 만들어서 사용하는 말입니다. 농장을 뜻하는 팜과 캠핑을 뜻하는 핑의 합성어지요.

저는 소비자의 욕구에 맞는 농촌 프로그램을 만들고 싶었고, 도시에서 유행하는 것이나 도시 사람들이 원하는 것을 찾게 되었습니다. 그러던 중에 도시에서 캠핑 붐이 일어났다는 것을 뉴스에서 접하고, 도시 사람들이 원하는 것을 농촌에서 제공해 주자는 취지로 팜핑을 시작하게 되었습니다.

Q8 사람들이 농사나 농업 경영 등에 대해 흔히 갖는 오해는 무엇일까요?

앞에서 말씀드렸듯이 '농업 경영은 사람이 많이 필요하고, 굉장히 더럽고 힘들 것이다.' 즉, 일종의 3D 업종이라고 생각하는 사람이 많습니다. 농사는 분명 육체적인 노동이 수반되기 때문에 전혀 힘들지 않다고 말씀드릴 수는 없습니다. 그러나 예전보다는 깨끗한 환경에서 편안한 생활을 하면서 농사를 지을 수 있게 변화하고 있는 건 분명합니다.

Q9 농사를 처음 지을 때 가장 어려운 점은 무엇이었나요?

농사를 지어 본 적이 없어서 농사짓는 기술이 얼마나 필요한지도 몰랐고, 노하우 등도 부족해서 처음에는 시행착오를 많이 겪었습니다. 앞에서 말씀 드렸듯이 심었던 나무들을 뽑고 다시 심은 적도 있지요.

또 제가 살던 곳과 떨어져서 지낸다는 것도 힘들었습니다. 서울에서 소외된 느낌이 들고, 아는 사람도 없어서 외로웠지요. 적응하는 데 1년 정도 걸린 것 같아요. 요즘은 이곳이 더 편해서 볼일이 있어 서울에 가더라도 그날로 꼭 내려와서 잠은 이곳에서 잡니다.

Q10 본인의 어떤 성격이 농업 경영에 적합하다고 생각하나요?

저는 농업 경영 자체를 사업이라고 생각합니다. 새로운 일에 도전하는 것을 좋아하고, 남한테 간섭받지 않고, 내가 하고 싶은 일을 하고자 하는 제 성격과 잘 맞는 것 같습니다.

농사짓는 일에는 인내심이 중요합니다. 일하다 보면 정신적, 육체적으로 한계에 부딪힐 때가 많은데, 이를 극복하기 위해서는 의지나 끈기가 있어야 합니다. 아무리 좋아하는 일도, 막상 하게 되면 마냥 재미있는 건 아니잖아요. 참고 하는 것이지요. 저는 자연에서 편안하게 살려고 농촌에 온 것이 아닙니다. 땡볕에서 농사를 짓는 것도 힘들고 자연 속에서 늘 행복한 것은 아닙니다. 하지만 참고 일하면 어떤 식으로든 즐거움이 되어 돌아온다는 믿음으로 일합니다.

Q11 농업 경영인으로서 본인을 업그레이드하기 위해 어떤 노력을 하고 있나요?

제 일의 근간은 1차 산업인 농사입니다. 그런데 농사라는 건 어떤 시도를 하고 결과물이 나오기까지 일 년이 걸립니다. 새로운 비료나 농작법의 효과를 확인하는 데도 시간이 걸리기 때문에 농업 기술을 쌓는 것은 쉽지 않습니다.

저는 멘토 농가를 정해서 그분에게 농사를 배우고 있습니다. 주변에 블루베리 농사를 크게 짓는 농가가 있는데, 그분들의 일 년 스케줄을 그대로 따라하면서 그분들의 농작법, 물 주는 시기나 비료법 등도 그대로 적용했습니다. 그분들에게 배워 가면서 수확물의 질을 높이는 연습을 하고 있습니다.

또 마케팅은 수익과 직결되기 때문에 판매나 마케팅 서비스에 대한 책도 읽고, 포토샵이나 일러스트 등 컴퓨터를 다루는 일도 따로 공부하고 있습니다.

Q12 예전과 비교해 우리나라의 농업은 어떻게 달라졌나요? 또 앞으로는 어떻게 달라질 거라고 생각하세요?

현재 우리나라 농업은 고령화되어 있고 소농이 많습니다. 남쪽으로 내려가면 대농이 꽤 있지만 대부분은 소농 위주의 고령화, 이것이 우리나라 농업의 현실입니다.

이 와중에 새롭게 등장한 사람들이 귀농인이나 부모님의 농업을 물려받은 젊은 후계농들입니다. 귀농인들은 창의적인 농사법을 많이 시도합니다. 개중에는 아예 새로운 것을 시도하다가 실패하는 사람들도 있지요. 후계농들은 비교적 탄탄한 기반이 있기 때문에 그 기반 위에서 수익을 내면서 조금씩 변화를 시도합니다.

또 최근에는 소비자와 직접 소통하려는 노력이 늘고 있습니다. 정보 통신 기술이 발달하면서 소비자와 직접 연결할 수 있는 통로가 많이 생겨난 덕분입니다. 인터넷을 통해서 회원을 확보하고 소비자에게 판매까지 하는 6차 산업에 도전하는 농가가 늘고 있습니다. 1차 산업에서 3차 산업까지 한 곳에서 이뤄지는 것을 6차 산업이라고 하는데, 정부에서도 6차 산업 농가를 1,000곳 이상 키우기 위해 노력하고 있습니다.

마지막으로 공장형 농장이 점차 많아지는 추세이고, 새로운 특용 작물이 계속해서 나타나고 있습니다. 새송이버섯이나 파프리카, 토마토 등을 연중 내내 생산하기 위한 공장형 농장들이 늘어나고 있으며, 외국에서 재배되던 작물이 우리나라에서 재배되는 일도 증가 추세에 있습니다.

이처럼 많은 농민들이 부가 가치가 높은 작물 위주의 재배를 시도하고 있는데, 반드시 잘 되리라는 보장은 없습니다. 블루베리 같은 경우는 대중화에 성공했지만 잠깐 유행을 타고 실패한 작물들도 많습니다. 아무리 영양소가 뛰어난 작물이라도 대중화되지 않으면 소용없습니다. 소비량이 받쳐주지 않으면 결국 생산자는 재배를 포기할 수밖에 없지요. 블루베리는 이미 2~3년 전에도 즙이나 아이스크림을 통해서 접한 사람이 많을 정도로 상품화가 잘되어 있었습니다. 소비자에게 친숙하게 다가갔기 때문에 대중화에 성공할 수 있었던 것입니다.

Q13 블루베리 농사만으로 생활이 가능한지 궁금합니다.

블루베리를 지어서 생활이 가능한 수준이 되기 위해서는 최소한 4,000평 이상의 땅을 경작해야 합니다. 하지만 2차 가공이나 체험 활동처럼 다양한 농업 경영을 하면 더 많은 부가 가치를 낼 수 있습니다.

Q14 농업의 매력과 이 일을 하면서 기뻤던 때와 힘들었던 때를 말씀해 주세요.

제가 생각하는 농업의 매력은 농업을 기반으로 다양한 사업을 할 수 있다는 점입니다. 농작물을 생산해서 가공이나 유통을 할 수 있고, 관광업이나 판매업에 이용할 수도 있습니다. 생각보다 정말 다양한 아이템이 있습니다.

저는 팜핑을 하기 때문에 캠핑 용품을 판매할 수도 있고, 블루베리를 이용한 디저트 카페도 계획 중입니다. 디저트 카페가 농업과 무슨 상관이 있냐고 의문을 가질 수 있지만, 저는 이것도 일종의 농업이라고 생각합니다. 이처럼 농장에서 나온 생산물을 이용해서 펼칠 수 있는 사업이 무궁무진하다는 점이 농업의 가장 큰 매력입니다.

가장 기뻤을 때는 농사를 지어서 처음으로 열매를 맺고 수확했을 때입니다. 지금도 그때의 느낌이 남아 있는데, 기쁘다기보다는 놀라운 경험이었습니다. 어떤 일의 결과물을 열매라고 말하잖아요. 말로만 듣던 열매를 경험한 순간이어서 굉장히 뿌듯했습니다. 또 제가 시도하는 새로운 농업에 관심을 가지고 바라봐 주는 사람들이 있을 때도 힘이 나고 기쁩니다.

마지막으로 농업 교육을 통해서 보람을 느끼기도 합니다. 제가 고등학교와 한국농수산대학교에 나가서 농업 교육 강의를 하는데, 학생들이 "선생님 덕분에 농업을 다시 봤습니다.", "저도 농업인이 되고 싶습니다."라고 말할 때 보람을 느낍니다.

힘들거나 그만 두고 싶을 때는 셀 수 없이 많았습니다. 몸이 힘든 것도 견딜 수 있고, 돈이 부족하면 빌리거나 은행에서 대출을 받을 수 있습니다. 하지만 정신적으로 회의감이 들면 정말 괴롭습니다. 저보다 앞서 이 일을 시작한 사람들 중에서 잘된 사례를 찾기 힘들고, 방향성에 대한 두려움이 생기면 '내가 과연 옳은 방향으로 가고 있는가?', '잘되고 있나?'와 같은 의문과 두려움이 생깁니다. 이러한 두려움을 이겨 내는 방법은 자기 확신을 갖는 것밖에 없습니다. 저는 정신적인 트레이닝을 하면서 이겨 나갔습니다.

Q15 앞으로의 계획이나 비전을 말씀해 주세요.

제가 하는 사업은 굉장히 다양한데, 이제 선택과 집중을 할 시기입니다. 어떤 일에 중점을 두고 경영할 것인지 고민 중입니다. 또 제가 지금 하고 있는 일에서 선구자적인 역할을 할 수 있는 성과물을 계속 내기 위해 노력 중입니다. 새로운 것을 시도하고, 농업 교육과 농업 서비스 등을 좀 더 전문화시키고 싶습니다.

저는 원래 서울에서 생활하다가 지금은 농촌에 살고 있으므로 도시와 농촌의 삶, 둘 다 잘 알고 있고, 도시 사람들과 농촌 사람들을 이어주는 일에 관심이 많습니다. 도시 사람들이 농촌에 오고, 농촌의 상품이나 문화가 도시로 전달되는 일을 도우면서 농촌과 도시의 가교 역할을 하는 사람이 되고 싶습니다.

Q16 농업인을 꿈꾸는 학생들에게 조언 한 마디 해 주세요.

어떤 꿈을 꾸든지 현실화하려는 노력이 가장 중요합니다. 꿈이 있으면 글로도 써 보고 그림도 그려 보는 것이 필요합니다. 실제로 그 일을 하고 있는 사람을 만나보면서 '지금 내가 꾸는 꿈은 옳다.' 혹은 '이렇게 하면 잘할 수 있겠다.'라는 자기 확신을 갖는 것이 필요합니다.

또한 농업 분야에 대해서 여러 가지 많은 경험을 해 보기를 권합니다. 여러 농산물과 시장의 흐름에 대해 많이 접하면 본인만의 작물을 선택할 수 있고, 자신이 어떤 농업 경영을 할 것인지 구체적으로 계획할 수 있을 것입니다.

엔지니어
실재형

R

ENGINEER

엔지니어(실재형)

엔지니어(공학자)는 컴퓨터, 전기, 기계, 전자, 선박, 항공기, 자동차, 로봇 등의 첨단 기계 제품들을 개발하고 점검하는 일을 합니다. 과학자들이 연구하여 이론을 세우면, 엔지니어들은 과학자들이 세운 이론을 바탕으로 실생활에서 필요한 기술을 개발합니다. 과학 기술이 빠르게 발전하면서 최첨단 제품들도 눈부시게 진화하고 있는데, 그 중심에는 엔지니어들이 있습니다.

01 엔지니어 이야기

1 엔지니어란?

엔지니어는 휴대폰, 컴퓨터, 자동차, 텔레비전 등 생활 속에서 꼭 필요한 전자 제품을 전문적으로 다루고 개발하며, 점검하는 일을 합니다. 기계에 대한 전문적인 지식을 바탕으로 제작, 보수, 정비 등 전체적인 관리를 합니다. 전자 제품이 잘 돌아가도록 수시로 점검하고, 기계 오작동이나 고장이 발생하면 이를 수리하는 것도 엔지니어의 몫입니다. 이처럼 엔지니어는 우리 생활과 아주 밀접한 직업입니다.

2 엔지니어의 종류

엔지니어는 첨단 기계를 설계하고 생산하며, 유지하거나 보수하는 일까지 맡는 경우가 많으므로 우리 산업 전 분야에 걸쳐 다양한 업종에서 활약하고 있습니다.

화학 분야의 엔지니어만 하더라도 환경, 화공, 대기, 수질, 석유 화학, 제약, 반도체, 원자력 등 다양한 분야에서 활동하고 있습니다. 컴퓨터 분야에서 활동하는 엔지니어에는 네트워크 또는 시스템 엔지니어, 소프트웨어를 개발하는 소프트웨어 엔지니어가 있습니다. 이 밖에도 자동차를 연구하는 자동차 엔지니어, 기계를 다루는 기계 엔지니어, 음향을 다루는 음향 엔지니어, 방송 장비를 다루는 방송 엔지니어, 디지털 가전 제품을 다루는 디지털 가전 엔지니어, 항공기를 다루는 항공기 엔지니어, 선박을 다루는 선박 엔지니어 등 엔지니어는 전자 기계로 구성된 모든 분야에서 활동하고 있습니다.

3 근무 환경

엔지니어는 각자 맡은 분야에서 제품 혹은 시스템이 안정될 때까지 업무를 신속히 처리해야 하므로

> **Tip**
>
> 엔지니어는 기술, 수학, 과학 지식을 사용하여 실용적인 문제를 해결하기 때문에 기술만 갖고 있는 기술자와는 구분됩니다. 보통 대학에서 공학 분야를 전공한 사람들입니다.

근무 시간 외에도 초과 근무가 많은 편입니다. 개발 마감 일자에 맞추기 위해 마감 시간에 쫓기기도 하고, 최적의 시스템을 오류 없이 만들어 내야 한다는 부담감 속에 일을 해야 하는 직업입니다.

자칫 실수로 문제가 발생할 경우에는 그것을 해결할 때까지 업무가 끝나지 않아 심한 스트레스를 받기도 합니다. 그렇지만 그 분야에서 최고라고 인정받을 수 있는 첨단 기술은 아무나 가질 수 있는 것이 아니므로 자부심을 가지고 일할 수 있는 직업이기도 합니다.

일반적으로 엔지니어는 다른 직업에 비해 많은 보수를 받고 좋은 환경에서 일하고 있으며, 직업도 안정적이라 할 수 있습니다.

Tip

엔지니어는 얼마나 고도의 지식과 기술을 가지고 있느냐에 따라 연봉 협상 시 좋은 대우와 많은 연봉을 요구할 수 있다는 점도 큰 장점입니다.

E N G I N E E R

R

4 엔지니어가 일하는 장소

최첨단의 기술을 가지고 활동하는 만큼 엔지니어들은 기계 장비가 많고 최고의 기술력을 필요로 하는 IT 기업에 많이 근무하며, 각종 기계, 전자 기업의 연구소 역시 엔지니어가 많이 포진해 있는 곳입니다.

네트워크 엔지니어의 경우 망(network)을 다루는 기술이므로 각종 인터넷망 회사 소속으로 AS 문제가 발생했을 때 각 가정이나 기업을 방문해 일을 처리하기도 합니다. 항공기, 선박, 자동차, 컴퓨터 등 해당 분야의 대기업에서부터 그에 파생된 수많은 하청업체까지 기업의 일선 현장에서 엔지니어는 핵심적이고 중요한 업무를 담당하고 있습니다.

5 직업 전망

첨단 제품이 개발될수록 그 기술을 보유한 엔지니어에 대한 관심과 역할도 늘어나고 있습니다. 특히 네트워크 엔지니어의 경우, 그 성장 가능성은 무한대로 전망되고 있습니다. 네트워크망 하나로 전 세계가 하나의 생활권이 되는 인터넷 시대에 네트워크 산업 시장 규모는 천문학적으로 늘어날 것으로 예상되기 때문입니다. 게임이나 쇼핑, 메신저, 뉴스, 방송 등 모든 것이 네트워크 인터넷망을 빼고는 가동될 수 없을 정도로 밀접하게 연관되어 있어 이 분야에 대한 기술이 더욱 중요해지고 있습니다. 이쪽으로 좀 더 경력이 쌓이면 네트워크 구축 프로젝트를 총괄하고 지휘하는 프로젝트 관리자(PM)가 될 수도 있습니다.

또한 네트워크 파트 자체가 전문직이므로 엔지니어는 이직을 하더라도 20년 이상 근무가 가능한 직업이라 할 만큼 안정적이라는 것도 장점입니다. 자신의 전문적인 기술과 지식을 바탕으로 끊임없이 기술을 업그레이드해 나간다면 나이가 들어도 필요로 하는 일터는 지속적으로 존재할 것입니다. 얼마나 좋은 기술력과 지식을 갖고 있느냐가 엔지니어의 경쟁력을 좌우하는 큰 무기인 셈입니다.

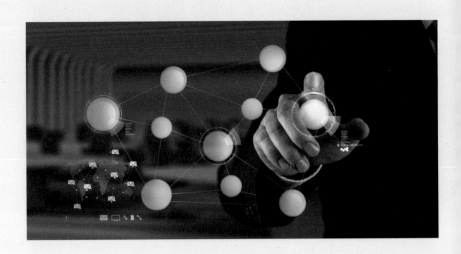

앞으로 첨단 과학이 점점 발달할 것이므로 네트워크 엔지니어뿐만 산업 전체적으로 엔지니어에 대한 수요도 꾸준히 늘어날 것으로 전망됩니다.

02 엔지니어의 종류

1 네트워크 엔지니어

엔지니어 중 가장 많은 수를 차지하고 있습니다. 네트워크 엔지니어는 전산망과 관련된 각종 하드웨어와 소프트웨어에 대한 네트워크 시스템을 분석하고 설계하며, 이러한 시스템을 만들어 내는 등의 일을 합니다.

네트워크 엔지니어가 하는 일을 구체적으로 살펴보면, 먼저 사람들이 네트워크를 편리하게 이용할 수 있도록 기본 네트워크 시스템에 대한 기능을 개선하고 안정적으로 이용할 수 있게 만들어 줍니다. 또한 이용자가 늘어나거나 줄어드는 상황에 맞게 네트워크를 확장하고 축소하는 등 그때그때의 사정에 맞게 관리하여 편리하게 이용할 수 있도록 구조를 설계합니다. 우리 생활에서 쉽게 만날 수 있는 인터넷이나 전화선 설치 기사도 네트워크 엔지니어에 속합니다.

두 번째로 네트워크 구성 요소에 대한 세부 사양을 설정하고, 시스템에 대한 분석이나 벤치마킹을 통해 네트워크 고장이 발생하면 빠르게 원인을 파악하여 신속한 복구 대책을 마련합니다. 그리고 시스템 운영 관리자에 대한 교육도 시행합니다.

최근에는 개인 정보가 중요해짐에 따라 보안 문제가 네트워크 엔지니어에게 있어 새로운 화두로 떠오르고 있습니다. 개인 정보 유출 사건이 반복적으로 발생하고, 이에 대한 범죄 가능성이 늘어남에 따라 보안 문제에 대한 사회적 관심이 폭발적으로 증가하고 있습니다. 이러한 상황에서 네트워크 엔지니어들은 네트워크를 통한 보안상의 문제가 발생하지 않도록 대책을 수립하며, 오류가 발생하면 이를 즉시 해결하기 위해 노력하고 있습니다.

2 소프트웨어 엔지니어

수많은 엔지니어 직종 중 최근 가장 뜨거운 관심을 받고 있는 직종입니다. 소프트웨어 엔지니어는 흔히 'Software Engineer'를 줄여서

> **Tip**
>
> 네트워크 엔지니어는 LAN (local area network, 구내 정보 통신망), WAN (wide area network, 광역 통신망), 인터넷, 인트라넷 등과 같은 네트워크 시스템의 구조를 분석하고 평가하여 문제점과 개선책을 마련하는 일을 합니다.

'SE'로 부릅니다.

소프트웨어 엔지니어는 소프트웨어를 만드는 데 따른 어려움을 다양한 방식으로 개선, 해결하는 역할을 합니다. 업무 강도는 높지만 오늘날 기업과 정부의 데이터 수요가 폭발적으로 늘어나고 있어 장래성이 높으며, 연봉도 업계 최고 수준으로 유지되고 있습니다.

소프트웨어 엔지니어는 소프트웨어 분야의 의사와 같은 존재라 할 수 있으며, 지식 산업의 결정체라 하는 소프트웨어의 문제를 해결하는 일이기 때문에 실력이 떨어지면 도태될 수밖에 없습니다. 소프트웨어 엔지니어는 그만큼 업데이트되는 수많은 기술과 정보를 자기 것으로 만들어야 하므로 그 어떤 직업보다도 끊임없는 노력과 자기 계발이 필요합니다.

Tip

미국 네트워크 회사인 '구글 SW 엔지니어'의 2014년 평균 연봉은 1억 4,000여만 원으로 세계 최고 수준을 기록했습니다.

3 방송 엔지니어

Tip

방송 엔지니어의 경우 축적된 지식과 전문적인 기술이 있어야 방송 사고를 예방할 수 있으며, 수시로 고장 나는 장비도 그때그때 손볼 수 있습니다.

방송국에서 일하는 직업을 말해 보라고 하면 주로 연기자, 가수, 개그맨, 아나운서, PD, 방송 작가 등을 떠올릴 것입니다. 이들 외에도 핵심 역할을 하는 주인공이 있는데 바로 방송 엔지니어들입니다.

방송 엔지니어가 하는 일은 크게 제작 기술 부분과 송출 기술 부분 두 가지로 나눌 수 있습니다. 대부분의 드라마나 영화에서 표현되는 엔지니어의 모습이 제작 기술 파트 엔지니어들입니다. 라디오를 진행할 때 감독이 '큐' 사인을 내리면 음향을 조절하는 사람이 바로 제작 기술 엔지니어입니다.

이에 비해 송출 기술 엔지니어들은 제작된 드라마나 라디오FM을 전기 신호로 받아 안테나로 쏘며 각 가정의 텔레비전이나 라디오에 보내는 일을 합니다. 사람들이 집에서 텔레비전 프로그램을 시청할 수 있는 것은 송출 기술 엔지니어 덕분이라 할 수 있습니다. 그런데 송출 기술 파트는 적은 인원으로 운영되고 있으므로 송출 기술 엔지니어들은 프로그램 송출뿐만 아니라 관련 장비를 점검하고 보수하는 일도 하고 있습니다.

송출 기술 엔지니어가 되려면 대학에서 전자 공학이나 통신 공학, 컴퓨터 공학 등을 전공하는 것이 유리합니다. 방송국에서 송출 기술 엔지니어를 뽑을 때 기초 공학 지식을 갖춘 전공자들을 우대하기 때문입니다.

그리고 실제로 작업을 하려면 기술 공학적 지식뿐만 아니라 숙련된 노하우가 있어야 합니다. 즉 실무 현장에서 수년 간 열심히 노력해야 송출 업무를 제대로 수행할 수 있습니다.

송출 기술 엔지니어뿐만 아니라 제작 기술 엔지니어 등 방송 엔지니어들은 간혹 고장 난 장비를 고치느라 밤을 꼬박 새는 경우도 있습니다. 따라서 제때에 퇴근하는 경우가 드물 정도로 노동 강도가 센 편입니다. 일주일에 몇 번씩 밤샘 근무를 하기도 하고, 주말에도 업무를 봐야 하는 경우가 많습니다. 심지어 추석이나 설날 등과 같은 명절에도 방송국에서 보내는 경우가 있습니다. 왜냐하면 방송은 일 년 365일 끊이지 않고 나가야 하기 때문입니다.

이런 많은 어려움에도 불구하고 방송 엔지니어들은 방송이 사고 없이 잘 이루어져서 각 가정에 무사히 전달될 수 있도록 최전선에서 일하는 만큼 일에 대한 보람도 크게 느낍니다. 실제로 많은 방송 엔지니어들은 자신의 직업에 대한 자부심과 만족도가 큰 편이라고 합니다.

4 자동차 엔지니어

거리에 넘쳐나는 자동차들은 저마다 다양한 기술과 성능으로 사람들을 매료시키고 있습니다. 이러한 자동차가 탄생하기까지 핵심적인 역할을 하는 사람이 바로 자동차 엔지니어입니다.

자동차 엔지니어들은 설계, 해석, 시험, 평가, 생산 등 여러 분야에서 보다 안전한 자동차를 만들기 위해 노력하고 있습니다. 그 중 자동차 설계가 자동차 엔지니어의 가장 중요한 업무라 할 수 있습니다.

자동차 설계 담당 엔지니어가 되려면 4년제 대학에서 자동차 공학이나 기계 공학을 전공해야 합니다. 연구소 쪽은 석사 이상의 학위를 요구하기도 합니다.

대학의 자동차 공학과에서는 자동차의 설계, 엔진의 설계 및 수치 측정, 자동차가 움직이는 원리 등 다양한 지식

Tip

새로운 자동차가 개발
되기 위해서는 기획 단
계에서부터 자동차 설
계, 해석, 충돌 시험, 소
음 진동 시험, 운전자
및 탑승자의 안전을 위
한 다양한 평가 시험을
통과해야 합니다.

을 쌓을 수가 있어서 일하는 데 도움이 됩니다. 대학 4년 동안 자동차
와 관련된 이론이나 실험 등을 이수하면 자격증이 주어지기도 합니다.
일반적으로 자동차 회사들과 협약을 맺어서 2학년 때 공장 실습을 나가
고, 거기서 성적이 좋으면 스카우트되는 경우도 종종 있습니다. 요즘에
는 자동차에 전자 제어 기술이 적용되는 추세이므로 전자 전기에 대한
공부를 해 두어도 도움이 됩니다.

5 항공 엔지니어

항공 엔지니어가 하는 일은 크게 두 분야로 나누어집니다. 항공기 정
비에 대한 확인을 하는 업무와 비행기에 관한 연구 실험 설계를 담당하
는 업무입니다. 보통 항공기 정비를 하는 사람을 '항공 정비사'라 하고,
비행기 연구와 설계를 담당하는 사람을 '항공 엔지니어'라고 부릅니다.
또한 기장이라고 부르는 비행기 조종사도 엄격히 따지면 엔지니어에
속합니다.

이처럼 항공 엔지니어는 기계 분야, 전자 통신 분야, 항공 우주 분야,
첨단 무기 분야, 무인 항공기 분야, 대형 발전 분야 등 여러 분야를 포
함하고 있습니다. 어떤 분야든 대학에서 항공 기계, 항공 우주 공학 등
을 전공해야 항공 엔지니어가 될 수 있습니다.

그 밖에 항공 엔지니어가 종사하는 분야에 인공위성 분야, 항공기 부

Tip

항공 엔지니어의 인기
는 갈수록 높아지고 있
으며, 항공대학교의 경
우 입학생들의 수능 성
적이 1, 2등급일 정도
로 높은 경쟁률을 보이
고 있습니다. 대학에 들
어가서도 영어는 기본
이고 수학이나 물리학
등 항공 기계나 항공 역
학의 기본이 되는 학문
을 공부해야 하며, 항공
기능사, 항공 기사, 항
공 정비사 면장, 공장
면장 등의 자격증을 따
두면 유리합니다.

품 분야 등도 있습니다. 앞으로 항공 수요가 계속 늘어날 것으로 보여 급여나 대우 면에서 더 크게 인정받을 수 있는 안정적인 직종이라 할 수 있습니다.

6 음향 엔지니어

음향 엔지니어는 크게 라이브 음향, 레코딩, 포스트 프로덕션(P.P)의 세 분야로 나눌 수 있습니다. 음향 엔지니어가 되려면 무엇보다 좋은 소리란 무엇인지, 어떻게 만들어야 하는지 등의 본질적인 질문에 대해 호기심과 열정을 가져야 합니다. 운용 방법이나 테크닉 등은 열심히 배우면 되지만, 결국 음향인의 실력을 가르는 기준은 얼마나 좋은 소리를 들을 수 있고, 만들 수 있느냐가 핵심이기 때문입니다.

음향 엔지니어 중 레코딩을 하는 음반 엔지니어는 녹음실에서 일을 하면서 가수의 음반을 가장 효과적이고 감동적으로 들려줄 수 있도록 생생하고 아름답게 믹싱하는 작업을 합니다. 음반 엔지니어 과정은 방송국의 공채보다는 바닥부터 일을 배우는 것이 일반적입니다.

영화 음향 엔지니어는 포스트 프로덕션 과정에 속하는데, 텔레비전이나 DVD용 음향 작업을 주로 맡습니다.

음향 엔지니어는 무대와 관객들에게 좋은 음향을 들려줄 수 있도록 콘솔을 잡고, 마이크와 케이블을 설치하고, 스피커를 세우는 등 다양한 일을 담당합니다. 야외 현장에서 이러한 작업을 하려면 체력 소모가 많으며, 고도의 순발력과 빠른 판단력이 요구됩니다.

이 분야 역시 취업하면서 바로 콘솔을 잡을 수 있는 것이 아니고 숙련된 노하우가 쌓이기까지 밑바닥부터 심한 육체노동과 싸우며 다양한 스태프와 조화를 이루는 방법 등을 익히면서 하나씩 밟아 오를 수 있습니다. 몇 년간 스피커와 전원선 마이크 케이블만 설치할 정도로 밑바닥 일을 장기간 거칠 수 있음을 알아두어야 합니다. 이러한 엄청난 노동 강도로 인해 인력 부족인 경우가 허다하므로 오래 버티는 소수는 그만큼 인정받을 수 있습니다.

Tip

음향 엔지니어가 되려면 평소 좋은 음악을 많이 듣고, 영상에 소리가 어떻게 입혀졌는지, 어떤 것이 좋은 소리인지 느껴 보고, 음악적 감성을 기르는 것이 중요합니다.

Tip

콘솔이란 전기 · 통신 기기 따위의 각종 스위치를 한곳에 모아 제어할 수 있도록 한 조정용 장치를 말합니다.

7 보안 엔지니어

최근 개인 정보 유출 사건이 자주 일어나면서 사회적으로 큰 문제가 되고 있습니다. 각 금융사 혹은 포털 업체 등에 회원 가입한 시민들의 정보가 해킹 또는 분실되어 주민 등록 번호, 주소, 연락처, 금융 계좌 번호 등 중요한 정보들이 줄줄이 유출되었습니다.

이렇게 유출된 개인 정보는 금융 거래 사기에 악용되기도 하고, 개인의 이동 경로에 따른 위치 정보, 지출 정보 등도 실시간으로 노출되기도 합니다. 따라서 이에 대한 대책 마련이 여느 때보다 절실히 요구되는 가운데 주목받는 직종이 보안 엔지니어입니다.

현재 보안 네트워크 산업은 정치, 경제, 사회, 문화 등 여러 분야와 떼려야 뗄 수 없는 긴밀한 관계를 맺고 있습니다. 정부와 지자체는 CCTV 설치를 비롯해 통합 관제 센터의 구축을 시도하고 있으며, 기업 내에서도 정보 보호뿐 아니라 총체적 위험 관리를 위해 정보 보안 전문가를 확보하고자 노력하고 있습니다.

이처럼 개인 정보 보호에 대한 관심의 증가는 향후 컴퓨터 보안 관련 엔지니어의 고용을 늘리는 긍정적 요인으로 작용할 것으로 보입니다. 실제로 향후 5년간 컴퓨터 보안 전문가의 고용은 크게 증가할 것으로 보이며, 그 중요성은 앞으로 계속해서 강조될 것으로 예상됩니다.

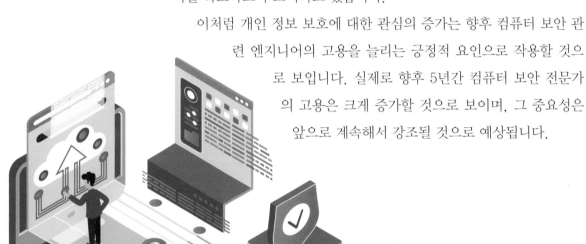

03 책과 영화 속에서 만나는 엔지니어

1 관련 책

1) 〈인프라 엔지니어의 교과서〉 사노 유타카 지음. 길벗. 2014

서버는 무엇이고 운영 체제는 뭘까요? 네트워크와 대규모 인프라 관리는 어떻게 해야 할까요? 〈인프라 엔지니어의 교과서〉는 이에 대한 답을 쉽고 자세히 서술한 책입니다. 이 책의 저자는 LINE 사의 창업 멤버이자 인프라 엔지니어인 사노 유타카로서, 신입 사원들이 인프라에 대해 쉽게 이해할 수 있도록 정리하였습니다. 인프라에 대한 기본 개념부터 대규모 인프라로 확장할 때 고려할 사항까지 골고루 담고 있어 신입 사원 교육용으로 더없이 좋습니다. 또한 새롭게 인프라 엔지니어로 뛰어드는 사람, 소프트웨어 엔지니어로 인프라를 처음 배우는 사람에게도 도움이 될 수 있는 책입니다.

2) 〈엔지니어, 꿈, 도전 그리고 성공방정식〉 노영백 외 지음. 북마크. 2013

우주 일렉트로닉스 회장, 삼신회장 등 이공계 출신 멘토 16명의 성공 스토리를 담은 책입니다. 이공계 출신으로서 사회에서 느끼고 경험했던 많은 이야기와 성공 과정을 그리고 있어 엔지니어들의 세계를 생생하게 체험할 수 있습니다. 그들이 이공계 기피, 천시라는 시대의 벽과 싸우며 얼마나 많은 실패와 좌절을 겪었는지, 그것을 어떻게 극복하며 대한민국의 경제를 이끄는 글로벌 리더가 됐는지 현장의 이야기를 생동감 있게 담고 있습니다. 실제 사례를 바탕으로 쓰인 꿈과 도전의 경로는 공학자를 꿈꾸는 청소년들에게 값진 인생 수업이 될 것입니다.

3) 〈세상을 바꾸는 여성 엔지니어 3〉 최순자 외 지음. 생각의 나무. 2008

공학은 남자들의 학문이라고 할 만큼 여성들의 도전이 협소한 분야

입니다. 그런데 이 책에는 이러한 사회적 분위기와 통념을 깨고 여성들이 진출하여 성공한 사례와 경험담이 생생하게 실려 있습니다. 건설, 화학, 환경, 원자력, 정보 통신 분야에서 활발히 활동하는 24명의 여성 엔지니어들이 겪었던 사회적 편견과 통념에 대한 이야기, 양성 평등을 위해 어떤 노력이 필요한지, 여성 과학 기술 인력을 어떻게 육성해야 하는지 등에 대한 이야기가 담겨 있습니다.

이 책은 미래의 주인이 될 청소년에게 남녀 직업의 고정 관념을 깨뜨려 주고, 여성 공학자들이 실제 현장에서 느꼈던 경험담들이 실려 있어 공학자의 길을 가고자 하는 청소년들에게 많은 도움이 될 것입니다.

2 관련 영화 및 드라마

1) 〈봄날은 간다〉

2001년 우리나라에서 개봉한 영화입니다. 주인공 상우의 직업은 음향 엔지니어로 라디오 PD인 은수와 일을 함께 하면서 사랑에 빠집니다. 음향 엔지니어가 하는 일은 녹음실에서 소리나 음악을 음반으로 제작하는 스튜디오 레코딩, 공연 행사 등에서 현장 확성을 담당하는 PA, 드라마나 영화 등 촬영 현장에서 동시 녹음을 하는 현장 녹음 등의 업무가 주어지는데, 그 중 상우는 동시 녹음 쪽의 사운드 엔지니어로 활동합니다.

이 영화의 대표적인 이미지라 할 수 있는 억새밭에서 양손에 붐 마이크를 들고 소리를 담아내던 상우의 모습은 우리 영화사에서 남을 유명한 스틸 컷이 되었습니다.

영화의 포스트 프로덕션은 영화 음악 후반 작업을 지칭하는데, 사람들에게 강한 인상으로 감동을 줄 때에는 어김없이 영화 OST가 등장하고 있어 음향 엔지니어가 담당하는 역할이 얼마나 중요한지 짐작할 수 있습니다.

2) 〈아이언맨 3〉

이 영화에는 엔지니어의 모습이 여실히 드러나고 있습니다. 테러리스트 '익스트리미스'는 토니 스타크의 저택에 공격을 감행하는데 불안 증세에 시달리던 토니는 테러리스트의 일격에 손 한번 못 쓰고 패하고 맙니다. 그에게 남은 것은 단한 벌의 아이언맨 슈트입니다. 위기에 처한 세상과 사랑하는 사람을 구하기 위해 토니는 인공지능으로 작동하는 40여 벌의 슈트를 만들고 테러리스트와의 일전을 준비합니다.

이 영화에서 관객의 눈길을 가장 많이 끈 것은 주인공이 입고 다니는 슈트로서, 미국 매사추세츠 공대(MIT)를 나온 천재 공학자인 토니가 만든 것입니다. 슈트에는 다양한 과학적 요소가 숨어 있어 많은 볼거리를 제공합니다. 또한 재미있는 사실은 주인공인 토니 스타크를 모델로 한 실제 인물이 있다는 점입니다. 무엇이든 뚝딱 만들어내는 천재 공학도, 영웅적인 기질, 자유로운 영혼, 스타성까지 갖춘 이히어로의 실제 모델은 바로 남아공 출신의 공학자 엘론 머스크입니다.

테슬라모터스의 CEO이자 솔라시티의 회장인 엘론 머스크는 무일푼으로 캐나다로 건너와 고등학교 시절 통나무 베기와 청소 일을 하며 대학 갈 돈을 모았습니다. 대학에서는 물리학과 경영학을 동시에 전공하며 '세상을 움직일 수 있는 사회 혁신가'가 되기 위해 기업을 운영할 기반을 쌓았습니다. 스탠퍼드 대학원에 입학한 지 이틀 만에 자퇴한 그는 온라인 출판 소프트웨어 회사 ZIP2를 창업했으며, 4년 여의 우여곡절 끝에 회사를 무려 250억 원에 컴팩에 매각하는 성과를 올렸습니다. 이후에도 페이팔, 우주 항공 회사 스페이스X, 전기 자동차 회사 테슬라모터스를 설립하는 등 끊임없는 혁신과 도전을 보였습니다.

3) 〈유령〉

2012년 SBS에서 방영된 20부작 드라마로서, 사이버 수사대를 배경으로 하여 관심을 모았습니다. 당시 이슈가 되었던 우리나라 정보 보안 문제를 다루고 있으며, 스토리가 탄탄하고 다양한 에피소드가 등장하여 눈길을 끌었습니

다. 해킹과 관련된 다양한 이야기를 풀어 내면서 소프트웨어 엔지니어가 세상을 구한다는 결말로 끝이 났습니다. 엔지니어에 대한 대중의 이해를 높이고 새로운 이미지로 인식하게 만든 계기가 된 드라마로 인정받고 있습니다.

04 엔지니어는 무슨 일을 할까?

1 엔지니어의 하루

엔지니어의 종류가 워낙 다양한 만큼 하는 일도 다양합니다. 그 중에서 가장 많은 비중을 차지하는 네트워크 엔지니어의 하루 일과를 따라가 보기로 합니다. 네트워크 엔지니어의 가장 중요한 일과는 네트워크 개발자들이 만든 소프트웨어가 장비 안에서 잘 돌아가는지를 확인하고, 상황에 맞는 네트워크 시스템을 구축하는 일입니다.

 회사에 출근하여 제일 먼저 컴퓨터를 켜고, 지난밤의 test LOT 진행 상황을 파악하여 이상이 없는지 확인합니다.

 부서별로 회의를 합니다. 회의에서 부장이나 팀장에게 업무 진행 상황을 보고하고, 앞으로 어떻게 해야 할지 의논합니다. 팀장이나 부장은 오늘 일정을 계획한 후 사원들에게 업무 분담을 합니다.

 회의가 끝나면 오늘 중 해야 하는 테스트나 지난밤에 나온 데이터를 정리하고 그에 대한 보고서를 작성합니다. 또한 업무 중간중간에 끊임없이 라인에서 LOT 관련 정보가 들어오므로 일을 하면서 이것도 처리해야 합니다.

점심시간에는 동료들과 식사를 하면서 오후 업무 등에 대해 이야기를 합니다.

 점심 식사 후에도 오전에 했던 보고서 작업이나 LOT 작업을 합니다. 특히 test LOT은 밤새 진행되므로 급하게 처리해야 할 LOT이 있으면 퇴근 시간이 지나도 마쳐야 합니다. 그래서 일주일에 2~3번 정도 야근을 하는 것이 보통입니다. 심하면 밤을 꼬박 새우는 경우도 있습니다. 야간 근무는 낮에 근무하는 것보다 육체적으로 훨씬 피로하기 때문에 평소 건강 관리를 잘 해야 합니다.

2 끊임없는 자기 계발

IT 기술이 다양하고 복잡한 현대 사회에서 이에 대한 기술과 지식을 습득하는 것은 엔지니어가 갖춰야 할 가장 중요한 덕목이라 할 수 있습니다. 빠르게 변화하는 IT 분야에서 엔지니어들이 도태되지 않고 살아남기 위해서는 방심이나 게으름은 금물입니다. 끊임없는 자기 계발이 필요합니다.

엔지니어 중에서 가장 많은 비중을 차지하는 네트워크 엔지니어의 경우를 예로 들자면, 기본적인 네트워크 장비인 스위치와 라우터를 다룰 줄 아는 기술이 필요하며, 네트워크 문제를 해결할 수 있는 트러블 슈팅 능력도 갖추어야 합니다. 또한 각 서버별 네트워크 연동 기술을 익혀야 하므로 윈도와 리눅스에 대한 깊은 수준의 지식도 필요합니다. 특히 대기업이나 공기업에 취업하기 위해서는 유닉스 서버까지 익혀두면 보다 유리합니다.

네트워크 엔지니어가 되기 위해 다양한 자격증을 모두 갖출 수는 없지만, 자신이 원하는 직장에 들어가려면 그에 필요한 자격증은 반드시 갖추어야 합니다. 엔지니어로서의 성실성과 능력을 인정받는 하나의 척도가 될 수 있기 때문입니다.

이러한 자격증은 취업뿐만 아니라 엔지니어로서 경력을 쌓고 이직하는 과

> **Tip**
>
> IT 관련 엔지니어가 되려면 여러 가지 자격증이 필요합니다. 자바, 리눅스, 네트워크, 윈도, 유닉스, 데이터베이스, 정보 보안 등의 분야에서 OCJP, LPIC, CCNA, OCA, OCP, CISA 등 다양한 자격증이 있습니다.

정에서도 위력을 발휘할 수 있습니다. 남들이 갖추지 못한 자격증을 갖고 있다면 자신의 가치와 능력을 돋보이게 하는 수단이 될 수 있습니다.

또한 기술의 변화가 급속도로 진행되는 현대 사회에서 남들에 뒤처지지 않기 위해서는 끊임없이 관련 지식을 습득하며 업그레이드하는 노력이 필요합니다.

엔지니어에게 있어서 자격증은 곧 경쟁력이며 그 사람의 가치를 말해 주는 척도가 될 수 있습니다. 그래서인지 자격증을 따기 위한 학원에서는 취업 준비생뿐만 아니라 직장인과 대학생, 심지어 고등학생이나 중학생까지 다양한 연령층이 자신의 가치를 높이고자 노력하고 있습니다.

05 엔지니어가 되기 위해 필요한 능력

1 호기심

새로운 기계와 장비가 탄생하는 것은 언제나 호기심에서 시작합니다. 호기심은 개인과 사회가 발전할 수 있는 원천입니다. 엔지니어는 다양한 분야의 전기 전자 제품을 개발하고 상품화하는 최전선에 위치한 만큼 그들의 호기심이 곧 세상의 가치 있는 발전이 될 수 있습니다.

2 창의성

세상을 바꿀 위대한 개발을 위해서는 미래 창조를 위한 핵심 키워드, 창의성이 기반이 되어야 합니다. '어떻게 하면 세상을 더 편리하게 만들 수 있을까?', '이걸 바꾸면 어떤 결과가 나올까?', '어떻게 하면 더 즐거운 경험을 만들어 낼 수 있을까?' 등에 대한 고민을 통해 남들과는 다른, 기존에 해 왔던 관성과는 차별화된 생각을 해 낼 수 있어야 합니다. 그래야만 남과 다른, 뛰어난 결과를 얻어 낼 수 있습니다.

실제로 세상을 바꾼 엔지니어들은 늘 해 오던 관습대로 생각하지 않고 남다른 발상으로 특이하고 새로운 결과물을 만들어 냈다는 공통점이 있습니다.

3 부지런함

세상을 호기심 있게 바라보고 남다르게 생각하더라도 중요한 건 행동입니다. 백 번 생각하는 것보다 한 번 행동으로 옮기는 것이 더 큰 경험과 자산이 될 수 있습니다. 따라서 훌륭한 엔지니어가 되기 위해서는 궁금한 것을 테스트해 보고 몸소 그것을 느껴 봐야 합니다. 그러한 경험들이 곧 본인의 가장 중요한 자산이 될 수 있습니다. 병원에서도 임상경험이 많은 의사를 선호하듯, 엔지니어도 마찬가지입니다. 경험이 많은 엔지니어가 다양한 변수에 대한 노하우가 많으며, 여러 가지 측면을 고려하여 제품을 개발해 내기 때문에 실용적이면서도 튼튼한 제품을 설계할 수 있습니다. 그러자면 늘 부지런하게 움직여야 합니다.

4 마케팅 지식

과학 기술을 다룬다는 점에서 과학자와 엔지니어는 공통점이 있습니다. 다른 점은 과학자들은 과학 기술을 연구하지만, 엔지니어는 그 기술을 실생활에 적용할 수 있도록 한다는 점입니다. 과학 지식을 이론에만 머물게 하는 것이 아니라 그것을 일상에 적용시킬 수 있도록 연구하는 일이 엔지니어의 의무이자 역할입니다.

또한 엔지니어는 자신이 개발한 기술을 제품에 적용시킬 때 많은 사람들이 편리하게 사용할 수 있도록 마케팅 지식도 갖추는 것이 필요합니다. 마케팅 지식은 어떤 제품을 만들어야 잘 판매될 것인지, 시장 반응이 어떨지 끊임없이 고민하고 관심을 가질 때 생겨납니다.

5 분석력과 판단력

엔지니어의 업무는 '무엇이 문제인가?', '어떤 것을 최우선적으로 개선해야 하는가?', '어떤 기술이 가장 필요한가?' 등 분석적인 사고와 정확한 판단력을 필요로 합니다.

특히 전기 문제로 고장이나 사고가 났을 경우에는 이를 신속하고 정확하게 분석하고 판단할 수 있어야 합니다. 그리고 구조적인 문제나 지엽적인 문제도 원만하게 해결할 수 있는 능력을 갖추어야 합니다. 자칫 엔지니어가 잘못된 분석과 판단을 내릴 경우, 비록 그것이 사소한 문제에서 시작됐다 하더라도 그 결과는 엄청난 기업의 손실로 이어질 수 있습니다. 특히 사고가 났을 경우 그에 대한 복구 시간은 2~3배 길어질 수밖에 없으며, 이에 대한 손해는 고스란히 기업이 감당해야 합니다.

따라서 분석력과 판단력, 논리적인 사고는 엔지니어로서 역할을 다하기 위해 반드시 필요한 요소입니다.

6 열정과 끈기

빌 게이츠, 엘론 머스크, 스티브 잡스 등 세계적으로 크게 성공한 엔지니어들의 공통점은 무엇일까요? 모두 자신의 일을 사랑하고, 크고 작은 실패가 반복적으로 있었음에도 불구하고 열정을 가지고 노력하여 극복했다는 점입니다.

세상에 없던 기술과 제품을 선보이는 일은 끊임없는 인내를 필요로 합니다. 하나의 기술을 개발하기 위해서는 만족할 만한 결과를 낼 때까지 끊임없이 파고드는 노력이 필요합니다. 그러자면 단순히 좋아하는 일이라고 해서 도전할 것이 아니라, 성공으로 가기 위한 지루하고 견디기 힘든 과정을 내가 과연 인내하고 감내할 수 있을지, 그 과정을 잘 견뎌 낼 끈기와 열정을 갖췄는지를 판단해야 합니다.

06 엔지니어의 장단점

1 장점

1) 전문성과 안정성

엔지니어로서 가장 큰 장점은 자신만의 고유한 기술과 노하우로 전문성을 인정받을 수 있다는 점입니다. 엔지니어는 누구나 쉽게 할 수 없는 기술적인 전문성을 가지고 있으므로, 그에 걸맞은 대접을 받고 일할 수 있으며, 나이 들어서도 정년이 될 때까지 안정적으로 일할 수 있습니다.

2) 보람이 큽니다

엔지니어는 보람을 많이 느낄 수 있는 직업입니다. 세상에 없던 물건을 만들어서 사람들이 그동안 불편해했던 부분을 없애 주고, 사회의 각종 장애가 되었던 낡은 기술을 개선하는 등 사회 발전에 이바지할 수 있습니다. 자신의 노력으로 세상을 바꾸어 나가고, 세상의 흐름을 주도해 나가는 일은 정말 신나고 짜릿한 기분을 맛보게 합니다.

3) 전망이 밝습니다

앞으로 첨단 기술이 발전하면서 엔지니어의 역할이 보다 커질 것으로 전망됩니다. 인터넷망이 일반화되고 첨단 전기 전자 제품에 대한 의존도가 높아질수록 엔지니어의 역할이 증대할 것입니다. 열심히 기술을 배우고 연마한다면 그만큼의 보상을 받을 수 있는 직업입니다.

2 단점

1) 개인 시간이 부족합니다

엔지니어의 가장 큰 단점은 개인적인 시간이 부족하다는 점입니다. 기술과 개발 등에 투입되어야 하는 절대적인 시간 자체가 긴데다가, 시스템이나 기계가 오작동하거나 고장이 날 경우 이를 해결해야 할 책임이 전적으로 담당 엔지니어에게 있기 때문에 문제가 해결될 때까지 퇴근을 할 수 없습니다. 기계는 당연히 사용 기간이 늘어날수록 문제가 발생하게 마련이며, 따라서 야근과 휴일 근무, 추가 근무가 너무나 자연스러운 직업입니다.

2) 육체적으로 힘듭니다

엔지니어의 업무 특성상 파견 근무가 많아서 체력이 약한 사람은 피곤할 수 있습니다. 기본적으로 몸으로 하는 일이 많고, 야근도 잦으며, 퇴근을 했더라도 한밤중에 불려나갈 경우가 있으므로 노동 강도가 높은 편입니다. 이에 대비해 평소 자신의 건강과 체력을 잘 관리해 두어야 합니다.

3) 끊임없이 노력해야 합니다

엔지니어들의 또 하나의 단점은 새로운 서버나 장비가 나오면 새롭게 공부를 해야 한다는 점입니다. 기술의 발전 속도가 예전과는 비교가 안 될 정도로 빨라진 만큼, 이에 대해 계속해서 자신의 지식과 경험을 업그레이드해 놓지 않으면 업계에서 도태되기 쉽습니다. 제대로 된 실무 능력이 없으면 취업을 할 수 없고, 취업을 한다고 해도 오래 살아남을 수가 없습니다.

하지만 반대로 생각하면 끊임없이 자신의 지식과 능력을 업그레이드할 수 있는 계기가 될 수 있습니다. 그러자면 진취적이고 적극적인 자세가 필요합니다.

07 엔지니어가 되기 위한 과정

엔지니어가 하는 일은 크게 어렵지 않은 업무에서부터 최첨단 고기술 분야의 업무까지 스펙트럼이 다양합니다. 이를 위해 전문화된 특성화 고등학교, 전문대, 4년제 대학교 등 다양한 교육 과정이 있는데, 엔지니어가 꿈인 학생들은 어느 쪽이 자신의 적성과 진로에 맞는지 잘 체크하고 검토할 필요가 있습니다.

1 특성화 고등학교의 엔지니어 관련 학과

엔지니어로서 뜻을 펼치고자 하는 결심이 확고하다면, 남들보다 일찍 고등학교부터 그 진로를 향해 나아갈 수 있습니다. 엔지니어 양성 특성화 고등학교에서는 학생들이 각 분야의 엔지니어로 클 수 있도록 도움을 주고 있습니다. 그만큼 일찍 기술과 노하우를 접할 수 있다는 것이 장점입니다.

엔지니어 양성 특성화 고등학교		
지역	학교명	학과명
서울특별시	서울로봇고등학교	첨단로봇 설계과, 첨단로봇 제어과 첨단로봇 시스템과, 첨단로봇 정보통신과
서울특별시	선린인터넷고등학교	정보보호과, 소프트웨어과 IT경영과, 멀티미디어과
부산광역시	부산자동차고등학교	자동차정비과정, 자동차부품가공과정, 자동차생산자동화과정
대구광역시	대구전자공업고등학교	전자과, 전자응용과, 전기과
경기도	한국디지털미디어 고등학교	E-비즈니스과, 디지털콘텐츠과, 웹프로그래밍과, 해킹방어과
경기도	세경고등학교	미디어콘텐츠디자인과, 반도체 디스플레이과, 건축미디어디자인과, 디지털정보전자과, 디지털자동차과
경기도	수원정보과학고등학교	컴퓨터전자과, 디지털네트워크과, IT산업디자인과, IT경영정보과, IT소프트웨어과
경기도	경기영상과학고등학교	방송촬영조명과, 스마트영상통신과, 방송미디어과
충청남도	공주마이스터고등학교	전기전자과
전라북도	한국게임과학고등학교	컴퓨터게임개발과, 소셜미디어개발과

2 전문대 및 4년제 공과대학

보다 전문적이고 깊이 있는 지식을 얻고자 한다면 대학에서 공학도로서의 길을 걷는 것이 좋습니다. 전문대 및 4년제 대학의 공대에는 많은 학과가 있는데, 그 학과들이 모두 엔지니어를 양성한다고 볼 수 있습니다. 기계공학과, 전자전기공학과, 컴퓨터공학과, 정보통신학과, 화학공학과 등 사람들에게 널리 알려진 학과 외에도 로봇공학과, 제어계측공학과, 메카트로닉스공학과 등 다양한 학과가 있어서 자신이 원하는 진출 분야에 따라 선택할 수 있습니다.

이렇듯 수많은 학과 중에서도 공대하면 메인 학과로 떠오르는 것이 전기전자공학과입니다. 많은 학생들이 이 전공을 선택하고자 하는데,

전기전자공학과가 이렇게 인기가 많은 이유는 취업률이 높고, IT 및 반도체 산업 중심인 우리나라 대기업에서 필요로 하는 인재를 양성하는 학과이기 때문입니다.

그렇지 않으면 공대가 특성화된 대학에 진학하는 것도 좋은 방법입니다. 카이스트로 불리는 한국과학기술원, 포스텍이라 불리는 포항공과대학교, 울산과학기술원, 광주과학기술원 등 공대가 발달한 대학교는 그 분야의 전문성을 높이 평가받고 있으므로 그만큼 실력도 키울 수 있고 취업에도 도움이 됩니다.

3 자격증 취득

엔지니어는 수많은 기술을 습득하는 것이 기본이므로 이러한 기술 습득을 돕는 자격증 학원도 많습니다. 특히 보안 엔지니어로 취업하기 위해서는 자격증이 많은 도움이 됩니다. SIS는 정보 보안 산업 기사, 정보 보안 기사 자격증으로 국가 공인 자격증인데, 이 같은 자격증을 취득하면 취업하는 데 유리합니다. 또한 CISA와 CISSP는 국제적인 자격증으로 CISA는 감사 자격증, CISSP는 시스템 보안 전문가 자격증으로 둘 다 취업과 승진에 도움이 됩니다.

이 같은 자격증을 바탕으로 기본적인 해킹 보안 기술을 익히고, 취업 파트에 맞춰 필요한 실무 능력을 키울 수 있게 준비하는 것이 좋습니다. 또한 해킹 보안 기술을 익히기 위해서는 전반적인 컴퓨터 시스템에 대한 이해력이 필요한데 기본적인 프로그래밍 언어(C언어, C++, 자바)와 컴퓨터 시스템인 서버(리눅스, 윈도, 유닉스)와 인터넷망인 네트워크(CCNA, CCNP)에 대한 지식을 토대로 해킹 보안 기술을 익혀 나가면 됩니다.

이 외에도 다양한 자격증이 있으므로 진출하고자 하는 부문에서 필요로 하면 미리 따 놓아야 합니다.

- 자바: OCJP, OCJD, OCWCD
- 리눅스: RHCE, LPIC
- 네트워크: CCNA
- 윈도: MCSE, MCITP
- 솔라리스(유닉스): OCSA
- 데이터베이스: OCA, OCP, OCM
- 정보 보안: 정보 보안 기사/산업 기사, CISA, CISSP

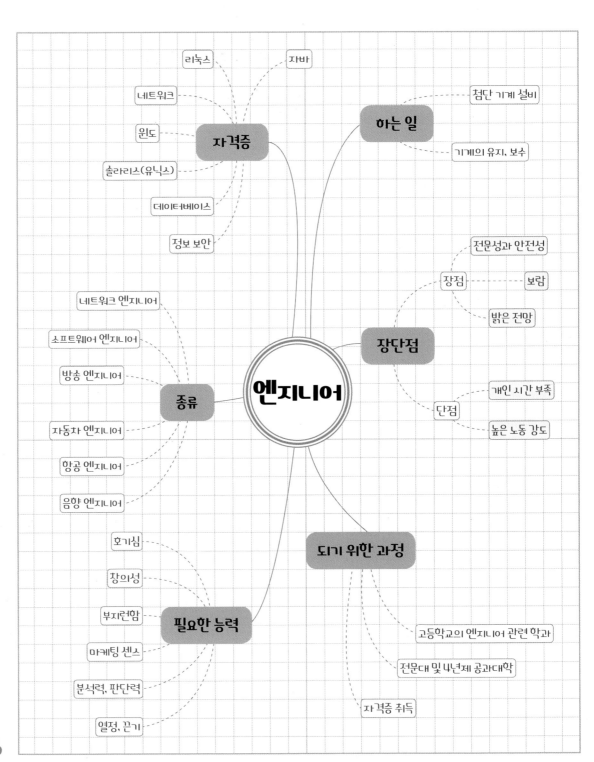

자격증
- 리눅스
- 자바
- 네트워크
- 윈도
- 솔라리스(유닉스)
- 데이터베이스
- 정보 보안

하는 일
- 첨단 기계 설비
- 기계의 유지, 보수

장단점
- 장점
  - 전문성과 안전성
  - 보람
  - 밝은 전망
- 단점
  - 개인 시간 부족
  - 높은 노동 강도

종류
- 네트워크 엔지니어
- 소프트웨어 엔지니어
- 방송 엔지니어
- 자동차 엔지니어
- 항공 엔지니어
- 음향 엔지니어

엔지니어

되기 위한 과정
- 고등학교의 엔지니어 관련 학과
- 전문대 및 4년제 공과대학
- 자격증 취득

필요한 능력
- 호기심
- 창의성
- 부지런함
- 마케팅 센스
- 분석력, 판단력
- 열정, 끈기

09 엔지니어와 관련하여 도움 받을 곳

1 직업 정보를 얻을 수 있는 기관

●고용노동부 워크넷(http://www.work.go.kr) 한국고용정보원에서 운영하는 사이트로, 무료로 직업 심리 검사를 이용할 수 있습니다. 직업 정보 검색, 직업·진로 자료실, 학과 정보 검색 등의 정보를 제공하며 직업·학과 동영상, 이색 직업, 테마별 직업 여행, 직업인 인터뷰 자료를 볼 수 있습니다. 온라인 진로 상담 서비스를 제공합니다.

●진로정보망 커리어넷(http://www.career.go.kr) 한국직업능력개발원이 운영하는 사이트로, 초등학생부터 성인, 교사에 이르기까지 대상별로 진로 및 직업 정보를 제공하며 온라인 상담도 할 수 있습니다. 심리 검사를 무료로 이용할 수 있으며, 학생들이 만든 UCC 자료도 무료로 제공하고 있습니다.

●국비지원교육정보센터(http://www.gukbi.com) 엔지니어로서 갖춰야 할 다양한 자격증 등에 관한 교육을 받을 수 있는 정보가 있습니다. 국비 지원으로 비용 부담없이 수강할 수 있는 콘텐츠도 다수 안내가 되어 있어 매우 유용합니다.

2 직업 체험 프로그램

●영 엔지니어 드림 프로젝트(http://www.bmwkorea futurefund.co.kr) BMW 그룹코리아와 딜러사가 갖고 있는 재능을 청소년에게 나누고 있는 사업으로 공고 및 마이스터 학교 자동차학과 학생 중 저소득 가정 청소년들에게 전공 분야 및 진로에 대한 멘토링을 제공하는 프로젝트입니다. 엔지니어로 진로를 결정했다면 이러한 프로그램에 적극 도전하는 것이 좋습니다.

● 현대 모터스튜디오 서울(http://motorstudio.hyundai.com) 현대자동차 브랜드 체험관인 현대 모터스튜디오 서울은 강남 도산공원 앞에 위치해 있습니다. 고객이 직접 자동차에 대한 생생한 경험을 할 수 있는 새로운 '고객 소통 공간'으로 마련한 것입니다.

건물 1층에는 영국 출신 세계적 미디어 아티스트 그룹 UVA가 현대차의 브랜드 방향성 '모던 프리미엄'에서 영감을 얻어 제작한 조형물이 전시되어 있습니다.

이곳의 가장 큰 특징은 다양한 차들을 감상할 수 있다는 점입니다. 자동차에 관심이 많은 미래의 자동차 엔지니어에게는 좋은 볼거리를 제공합니다. 건물 3층에서 5층까지 3개 층 창가에는 9대의 제네시스를 공중에 매달아 조금씩 돌아가게 하는 '카 로테이터'를 전시해 고객들이 문화 예술로 새롭게 해석된 현대차를 만날 수 있습니다. 그리고 3층 '프리미엄 라운지'에는 자동차 인테리어의 최고급 소재로 꼽히는 리얼 우드의 18단계 제작 과정을 소개한 아트월을 비롯하여 천연 가죽, 알루미늄 등 현대차 고급 세단에 적용되는 다양한 내외장 소재의 실물을 선보이고 있습니다.

서울 이외에 경기도 고양과 하남에도 현대 모터스튜디오가 있으니 가까운 곳으로 방문하여 자동차와 관련된 다양한 전시를 즐기고 여러 가지 체험도 해 보기를 추천합니다.

10 미래 사회에서 주목받는 엔지니어는 누구일까?

10년 뒤 과학 기술 분야에서 가장 주목받을 직업은 무엇일까요? 한국과학기술기획평가원(KISTEP)이 최근 과학 기술 분야 박사 623명을 대상으로 10년 뒤 과학 기술 분야 유망 직종에 대한 설문 조사를 벌였습니다. 10년 뒤면 현재 중·고등학생들이 대학을 졸업하고 사회에 진출하는 시기로서 어떤 과학 기술 분야의 엔지니어가 유망할지 판단할 수 있는 잣대가 되어 사람들의 흥미를 끕니다.

지금부터 미래에 인기 있을 만한 엔지니어들을 하나하나 알아보기로 합니다.

1 로봇 전문가

로봇을 필요로 하는 사람의 기호와 목적에 맞게 로봇의 설계·개발·판매·관리하는 일을 합니다. 로봇 전문가를 다시 세분하면 로봇 개발자 또는 설계자, 로봇 콘텐츠 개발자, 로봇 프로그래머, 로봇 엔지니어 등이 있습니다.

2 바이오·의학·공학 전문가

생명 과학, 의학, 공학 분야의 융합 기술을 토대로 의료 목적의 시술과 수술을 지원하고 사람들의 삶의 질을 높일 수 있도록 다양한 제품을 개발하며, 관련된 서비스를 제공합니다. 이 분야의 직업으로는 유전자·줄기세포 연구원, 인공 장기 개발자, 의료 장비 개발자, 유해성 평가 전문가, 식량 전문가 등이 있습니다.

3 인지·뇌 공학 전문가

뇌의 작용 원리와 의식 현상에 대한 연구를 바탕으로 의학, 공학 분야는 물론 마케팅, 교육, 인공지능 개발 등 여러 응용 분야에서 전문가로서 활동합니다. 인공지능 개발자, 뇌분석·뇌질환 전문가, 두뇌 계발 전문가 등이 이 분야의 직종에 속합니다.

4 환경 · 에너지 전문가

전 세계적으로 환경 보호와 대체 에너지 개발에 대한 관심이 증가하면서 환경 · 에너지 전문가들의 역할 또한 크게 늘어날 것으로 전망됩니다. 이들은 기후 변화에 따라 환경이 어떻게 변화할지 예측, 조사하며 다양한 규제를 분석함으로써 기업과 국가 차원의 대응 전략을 수립할 수 있도록 합니다. 또한 환경 영향 평가, 업무 환경 개선 방안 컨설팅 등의 다양한 업무도 맡게 됩니다. 그 밖에 대체 에너지를 연구, 개발하고 그 성능을 평가하고 인증하는 등 다양한 분야에서 활동하게 됩니다. 이 분야에 종사하는 직종으로는 환경 · 기상 컨설턴트, 에너지 컨설턴트, 친환경 제품 개발자, 차세대 에너지 연구원 등이 있습니다.

5 유비쿼터스 · 사이버 전문가

향후 기술의 융합 추세에 따라 중요시되는 분야입니다. IT 기술은 하나의 기능으로 작용하는 것이 아니라 2~3개, 혹은 그 이상의 다양한 기능을 복합적으로 갖는 방향으로 진화하고 있습니다. 따라서 이와 관련한 전문가의 수요가 지속적으로 증가할 것으로 보입니다.

유비쿼터스 · 사이버 전문가가 하는 일을 살펴보면, 다양한 첨단 기술을 접목한 건축, 도시 설계 혹은 이러한 기술을 개발하는 일 모두가 해당됩니다. 또한 사이버 공간을 이용하는 고객의 욕구를 분석해 사이버 시스템 개발 및 관련 분야 서비스를 제공하기도 합니다. 이 분야에 속하는 직종으로는 유비쿼터스 시스템 · 네트워크 전문가, U-City 전문가, 사이버 환경(가상현실) 전문가, U-Learning 개발자 등이 있습니다.

6 생활 안전 전문가

최근 들어 그 역할이 중요시되고 있는 직종입니다. 온라인이나 정보 통신 매체를 활용한 각종 범죄를 예방하고 수사하며, 기업의 기술 유출 방지 등과 관련해 활동합니다. 이 분야에 해당하는 직종으로는 정보 보안 전문가, 사이잭(Cyjack, 해커를 잡는 직업), 방재 전문가, 제품 안전 진단 전문가 등이 있습니다.

7 건강 · 실버 전문가

IT 등의 공학적 지식을 배경으로 개개인의 건강 상태를 과학적으로 분석, 관리하는 개인 맞춤형 서비스를 제공하는 일을 합니다. 100세 시대라 불리는 오늘날, 인간의 수명이 늘어나면서 삶의 질을 높일 수 있는 다양한 방법이 모색되고 있는 만큼 주목받는 직종입니다. 주로 노인들의 삶의 질 향상 및 의료 서비스 산업과 관련해 활동합니다. 이 분야에 해당하는 직종으로는 다이어트 프로그래머, 건강 코디네이터, 병원 코디네이터, U-헬스케어 서비스 전문가, 실버시터 등이 있습니다.

8 R&D 컨설팅 전문가

지식 기반 산업이 발달하는 미래에는 그 역할이 더욱 중요해지는 직종이라 할 수 있습니다. 새로운 기술을 발굴하고, 지식 재산(특허)을 창출하여 이를 사업화하는 일을 합니다. 또 기술 거래 등 지식 재산의 활용을 전문적으로 지원하는 역할도 하며, 산 · 학 · 연 간의 공동 연구, 수탁 연구의 추진 및 연구 성과 홍보 등을 지원하게 됩니다. 이 분야의 직종으로는 지식 재산 전문가, 산 · 학 · 연 협력 코디네이터, 기술 지원 컨설턴트, Lab 매니저, 전문 테크니션 등이 있습니다.

9 서비스 전문가

뛰어난 수리적 능력과 연구 개발 능력을 바탕으로 움직이는 것이 특징입니다. 따라서 하는 일 역시 효과적인 금융 활동 지원을 위한 최적화된 비용 산출 및 재원 활용 컨설팅 활동을 담당합니다. 비용 산정 전문가, 금융 상품 및 자산 관리 전문가, 사이버 금융 전문가 등이 이에 속합니다.

11 유명한 엔지니어

1 이재웅(1968~)

다음(Daum)의 창업주입니다. 연세대학교 컴퓨터과학과를 졸업하고 프랑스 파리 제6대학원에서 인지 과정을 전공했습니다. 그리고 졸업 후 프랑스 국립과학연구소 연구원으로 일하기도 했습니다.

1995년에 귀국하여 이택경, 고 박건희와 함께 26세의 나이에 다음커뮤니케이션을 창립했습니다. 이후 1997년 한메일을 시작으로 인터넷 비즈니스를 본격화하면서 1999년 다음 카페 등을 잇따라 선보였는데 이는 말 그대로 '혁신'이라 불릴 만큼 선풍적인 인기와 함께 큰 화제를 모았습니다. 또한 이러한 열풍 속에서 1999년 코스닥 상장과 함께 일약 벤처 재벌로 떠오르기도 했습니다.

우리나라 벤처 1세대로 불리는 이재웅은 당시로서는 생각지도 못했던 다양한 기획을 선보일 만큼 시대를 앞선 행보로 당시 업계 1위의 지위를 누리며 상당 기간 큰 성과를 거두었습니다.

하지만 강력한 경쟁자였던 네이버가 비약적으로 성장하며 1위를 내어준 이후, 2007년 전문 경영인에게 회사를 맡기고 대표직에서 물러났고, 2008년 6월에는 아예 퇴사했습니다. 현재는 다음의 대주주 지위(2012년 10월 기준 16.3%)를 유지하며 다음과의 인연을 유지하고 있습니다.

이재웅은 기업 경영 외에도 다양한 사회 활동을 보인 것으로도 화제가 됐습니다. 2001년 다음세대재단을 설립해 정보화 격차 해소 등의 활동을 벌였으며, 2008년 9월 제주도에서 개최된 혁신적인 글로벌 컨퍼런스 LIFT ASIA가 한국에서 개최되는 데 기여했습니다. 지금은 소셜 벤처 인큐베이터 업체 에스오피오오엔지(SOPOONG)의 대주주로 활약하고 있습니다.

2 데니스 홍(홍원서, 1972~)

데니스 홍은 7살 때 영화 '스타워즈'를 보고 너무나 감동을 받았다고 합니다. 신기하게 움직이는 로봇을 보고 그때부터 로봇 공학자가 되기로 결심했습니다. 미국 퍼듀 대학에서 석사, 박사를 마치고 바로 버지니아 공대 기계공학과 교수가 되어 전 세계적으로 유명한 RoMeLa(Robotics & Mechanisms Laboratory)를 세우고 학생들과 함께 로봇 연구를 시작했습니다. 그는 로봇을 "차가운 기계가 아니라 인간을 위한 이로운 기계들이며, 또한 로봇 연구는 그저 기술을 개발하는 것이 아닌 우리가 도구로서 사용할 수 있는 유용한 기술과 지식을 만들어 가는 과정입니다."라고 정의하였습니다.

데니스 홍은 로봇, 레이저 거리 측정기, GPS와 스마트 피드백 도구들을 이용해서 시각 장애인들을 위한 자동차도 만들고 있습니다. 그는 이 자동차는 자율 주행 자동차가 아니고 앞을 볼 수 없는 사람들이 속도, 차간 거리, 경로를 스스로 결정할 수 있는 독립적인 운전이 가능한 차라고 이야기를 합니다.

현재는 미국 캘리포니아 대학교 로스앤젤레스 캠퍼스 로봇매커니즘 연구소 소장으로 근무하면서 인류를 위한 로봇 연구를 진행하고 있습니다.

3 이찬진(1965~)

우리가 문서를 작성할 때 많이 사용하는 워드프로세서 '아래아한글'을 만든 소프트웨어 개발자이자 벤처 기업인으로, 우리나라에서 손꼽히는 엔지니어입니다.

서울대학교 기계공학과를 졸업하고 1989년에 한글과 컴퓨터사를 설립하며 '한국의 빌 게이츠'라고 불릴 정도로 찬사를 받았습니다. 1999년 이후 온라인 포털사이트 '드림위즈' 대표와 2009년에는 모바일 솔루션 전문 업체 '터치커넥트'의 대표이사직을 맡고 있습니다.

이찬진은 서른 살에 신고한 재산이 32억 원일 정도로 성공한 벤처 사업가임에도 평소 검소한 생활로도 유명합니다.

안철수 새정치연합 국회의원, 이재웅 전 다음 창업주와 함께 대표적인 대한민국 '벤처 1세대'로 불리는 이찬진은 1990년대 국내 IT 산업의 르네상스를 이끌었다는 평가를 받고 있습니다.

4 김택진(1967~)

우리나라 게임 산업을 이끄는 엔지니어로 엔씨소프트를 창업했습니다. 서울대학교 전자공학과 학사, 석사를 마쳤으며 박사과정 중 엔씨소프트를 창립했습니다. 엔씨소프트 창립 이전 이찬진과 함께 '아래아한글'을 공동 개발했으며, 한메소프트를 창립하여 도스용 '한메타자교사'를 개발하는 등 소프트웨어 개발자로서도 명성을 얻었습니다.

그가 선보인 것 중 가장 인기 있는 온라인 게임은 '리니지', '리니지2', '길드워' 등입니다. 게임 마니아들에게는 교과서와 같은 이러한 게임을 개발하여 엔씨소프트를 세계적인 게임 기업으로 성장시켰습니다.

5 김범수(1966~)

무료 스마트폰 메신저 카카오톡을 개발한 주인공입니다. 서울대 산업공학과 학사와 석사 과정을 마치고, 삼성SDS에 입사해 평범한 샐러리맨 생활을 했습니다. 하지만 곧 퇴사하고 1998년 한게임(현 NHN엔터테인먼트)을 설립했습니다. 2000년 삼성SDS 동기 이해진이 이끄는 네이버컴과 합병하고 NHN 공동대표를 맡았으며, 이후 카카오를 창업하여 이사회 의장을 맡았습니다. 2014년에는 다음 커뮤니케이션과 합병하여 현재 새로운 통합 법인인 다음카카오의 이사회 의장을 맡고 있습니다.

우리나라의 IT, 인터넷 발달을 선도한 김범수의 업적은 높이 평가받고 있습니다.

12 이 직업을 가진 사람에게 듣는다

전기 엔지니어 조상훈

자신의 분야에서 대체 불가능한 엔지니어가 되기를 꿈꾸는
조상훈 엔지니어가 말하는
오랫동안 엔지니어로 살아남는 방법

Q1 **현재의 직장과 하루 일과를 말씀해 주세요.**

LNG(액화 천연가스)를 연료로 사용하는 열 병합 발전소에서 운영 근무를 하고 있습니다. 전기는 생산과 소비가 동시에 이루어지기 때문에 저장이 되지 않습니다. 여러분이 전기를 사용하고 있다는 것은 어딘가의 발전소가 가동되고 있다는 뜻이지요.

우리나라에는 많은 발전소가 있지만, 모든 발전소가 가동되지는 않습니다. 경제성을 고려해서 원자력 발전소, 화력 발전소와 같이 kw당 생산 가격이 저렴한 발전소부터 가동이 됩니다.

열 병합 발전소는 상대적으로 발전 가격이 높아 항상 가동되지는 않고 하루 중 또는 계절적으로 전기를 많이 사용하는 시기에 가동됩니다. 저는 주·야간 교대 근무를 하는데 주로 상황에 맞게 발전기를 가동, 정지하는 것이 저의 출근 후 일과입니다. 발전기를 가동하고 있지 않을 때에는 발전기 및 관련 기기의 기능과 상태가 이상이 없는지 점검합니다.

Q2 어렸을 때는 어떤 학생이었나요?

어렸을 때는 공부를 열심히 하기보다는 친구들과 만화방 같은 곳에서 놀고, 혼자 있을 땐 주로 음악 감상이 취미인 학생이었습니다. 그렇게 중학교 생활을 보내다가 고등학교 2학년 때 공부를 열심히 하지 않으면 전문대도 갈 수 없는 상황에 이르렀지요. 그때 우연히 선생님의 도움으로 수학 공부를 시작했습니다. 수학 머리는 따로 있고 노력해도 안 된다는 이야기들을 많이 하는데, 꼭 그런 것 같지는 않습니다. 저는 수학을 정말 못했는데 선생님의 지도를 받으며 하나하나 공부하다 보니 수학에 재미도 느끼고 가장 좋아하는 과목이 되었습니다. 다른 과목에 비해 수학 성적이 좋았고, 자연스럽게 수학이 기반이 되는 공대에 입학하게 되었습니다.

Q3 엔지니어를 선택하게 된 배경을 말씀해 주세요.

어렸을 때는 진로에 대해 진지하게 생각한 적이 거의 없습니다. 우유부단한 성격이어서 거의 주변의 말을 듣고 결정한 경우가 많았습니다.

고2 때 문과와 이과 중에 선택할 때는 선배들이 "남자는 이과에 가야 한다."라고 말해서 이과를 선택했습니다. 고3 때는 "남자는 공대에 가야 한다."라는 말에 공대를 선택했지요. 어떻게 보면 좀 어리석어 보이지만, 제 전공을 공부하고 회사 생활을 하면서 선배들이 왜 그렇게 말했는지 이해하게 되었습니다.

학창 시절에는 부모님이 의식주를 모두 해결해 주시고 공부만 하면 되기 때문에 큰 걱정이 없습니다. 하지만 어른이 되면 본인이 모든 것을 스스로 해결해야 하기 때문에 경제 활동은 가장 중요한 일이 됩니다. 저는 구직 활동을 꽤 오래했고, 지금의 일을 하기 전에 몇 개의 회사를 거치면서 '나의 능력이 다른 사람에 의해 대체 가능하냐, 안 하냐?'에 대해 고민을 많이 했습니다.

세계 최고의 축구 스타인 메시나 호날두를 모르는 사람은 없을 것입니다. 많은 구단들이 높은 연봉을 주더라도 메시와 호날두를 영입하려는 이유는 이들을 대체할 선수들이 없기 때문입니다. 저 역시 엔지니어 분야에서 저를 대체할 만한 사람이 없을 만큼 능력 있는 엔지니어가 되고 싶습니다. 저는 호날두나 메시처럼 제가 아니면 안 되는, 대체할 수 없는 사람이 되기 위해 하루하루 열심히 노력하고 있습니다.

Q4 전기 엔지니어가 되려면 어떻게 해야 하나요?

일반적으로는 전문대나 4년제 대학의 전기공학과에 진학하여 관련 전공을 이수하면 전기 엔지니어가 될 수 있습니다. 하지만 전기공학에도 다양한 분야가 있습니다. 그 중 하나를 선택해 더 깊이 공부하고 싶으면 대학원에 진학하여 석·박사가 될 수 있습니다. 보통 전기 관련 일을 하더라도 고등학교, 전문대 졸업의 경우 전기 시설 시공, 설치 등의 일을 많이 하며, 대학을 졸업하면 설계를 합니다. 석·박사들은 교수가 될 수도 있고 졸업 후에 연구소에 들어가서 신기술 연구를 진행할 수도 있습니다.

전기 분야에서 대표적인 자격증으로 전기 기사, 전기 공사 기사, 소방 전기 기사 등이 있는데, 타 분야의 전공을 이수하여 졸업하더라도 전기 관련 자격증을 취득하고 일정 경력을 얻으면 충분히 전기 분야의 일을 할 수 있습니다. 더 나아가 많은 경력이 쌓이면 국가 기술 자격증 중에 기술사를 취득할 수 있는데, 이는 그 분야의 최고의 기술을 가지고 있는 사람이 취득할 수 있는 자격증으로, 발송 배전 기술사, 건축 전기 기술사 등으로 진출할 수 있습니다.

Q5 전기 엔지니어는 어떤 곳에서 일하나요?

전기 엔지니어는 정말 다양한 분야에서 일하고 있습니다. 지금 당장 전기가 없다면 어떻게 될지 상상해 보세요. 도시의 밤은 캄캄해지고, 텔레비전도 볼 수 없으며, 컴퓨터도 켤 수 없어 좋아하는 게임도 할 수 없을 것입니다. 이렇게 전기는 생활의 필수품이기 때문에 전기 엔지니어는 정말 다방면에서 일할 수 있습니다.

크게 분류하면 먼저 전선, 차단기, 변압기 등과 같은 전기 제품을 만드는 공장에서 일할 수 있습니다. 두 번째로는 이러한 제조 공장이나 발전소 등과 같은 전기 시설이 들어가는 건축

물의 설계, 시공 설치, 운영, 제조, 생산, 관리, 점검, 유지 보수, 전기 안전 등의 관련 업무를 할 수 있습니다.

저는 위에서 설명했듯이 전기공학을 전공하고 현재 열 병합 발전소 운영 근무를 하고 있는데, 구체적으로는 발전기를 가동, 정지시키거나 발전기를 돌리고 나온 폐열을 회수하여 지역에 난방수를 공급하는 일을 하고 있습니다. 현재는 발전소 운영을 하고 있지만 계전팀에서 전기 시설의 유지 보수 업무에 관한 일도 할 수 있습니다.

Q6 엔지니어로서 본인을 업그레이드하기 위해 어떤 노력을 하나요?

제가 일하는 곳에서는 발전기를 운영하는 일을 하지만, 발전기를 설계하고 만들지는 않습니다. 그래서 이런 주기기 및 보조 기기들의 특성을 공부해서 '어떻게 하면 효율적이면서도 보다 안정적으로 운영할 수 있을까?'를 늘 고민합니다. 그리고 발전 계통, 송전 계통 등을 공부하거나 발전교육원에 입소해서 교육을 받고 또 위에서 언급했던 자격증 취득을 위해 공부하고 있습니다.

Q7 엔지니어로서 가장 힘들 때와 보람을 느낄 때는 언제인가요?

저는 일하면서 특별히 힘들 때는 없습니다. 단 제 실력에 대해 부족함을 느낄 때는 스스로 초라해지는 기분이 들어서 계속 공부하고 있습니다.

발전소에서 일하면서 보람을 느낄 때는 제

실력에 만족함을 느낄 때입니다. 가끔 원자력 발전소가 정지되었다는 기사를 본 적이 있을 겁니다. 발전기가 허용하는 운전 범위를 벗어나면, 발전기 및 중요 기기의 손상 및 파손이 발생하고, 더 큰 이상이 발생하기 전에 발전기는 자동으로 정지됩니다. 기기의 안전을 위해 정지되는 것이기 때문에 자연스럽고 정상적인 상황입니다. 하지만 간혹 오작동 혹은 이상 상황이 발생하여 굳이 정지되지 않아도 되는 상황에서 정지하는 경우가 있습니다. 이러한 경우에 상황을 빨리 파악하고 안정적으로 처리해서 회사에 손실이 생기지 않고 운전을 재개할 때 보람을 느낍니다.

Q8 엔지니어의 가장 큰 매력은 무엇일까요?

대학을 졸업하고 핸드폰 부품을 만드는 회사 연구소에서 잠깐 근무한 적이 있습니다. 그때 선임들이 "우리가 만든 제품이 들어간 핸드폰을 주변에서 사용하고 있을 때 큰 보람을 느낀다."라고 말했는데, 저 역시 제가 운영하는 발전기 덕분에 많은 사람들이 편리하게 전기를 쓰고 있다는 생각을 하면 뿌듯합니다.

또한 엔지니어로서 전문성을 확보하면 기술의 명장이 될 수 있고, 회사를 그만둔 후에도 자기 사업을 할 수도 있으며, 그 밖에 다양한 일을 할 수 있습니다.

Q9 우리나라에서 엔지니어의 비전은 어떻다고 생각하세요?

엔지니어는 현실적으로 필요로 하는 곳이 많아서 전망이 밝다고 생각합니다. 열심히 공부하고 필요한 자격증을 따면 일할 수 있는 곳도 많고, 나중엔 창업을 할 수도 있습니다.

대학에서 공학을 공부하고 바로 창업을 하기는 쉽지 않습니다. 보통 회사에 들어와서 수년간 경험을 쌓고 그 사업 분야에 대해 파악하다 보면 틈새시장이 보이고 아이디어가 보이지요. 이렇게 해서 창업을 하기도 하고 그 사람의 실력이 매우 우수하여 업계에 소문이 나면 고액 연봉을 조건으로 스카우트 제의가 오는 경우도 있습니다.

엔지니어는 기술을 소유한 직업이므로 본인의 노력 여하에 따라 나이가 들어서도 필요로 하는 곳에서 계속 일할 수 있습니다.

Q10 청소년 시절로 돌아가면 어떤 일을 하고 싶나요?

취업을 준비하던 대학생 시절에 이런 질문을 받았다면, 영어 공부를 열심히 하겠다고 대답했을 것입니다. 영어 실력이 부족해서 취직하는 데 어려움을 겪는다고 생각했거든요. 하지만 지금은 생각이 달라졌습니다. 인생을 살아가는 데는 지식보다 지혜가 더 중요하다는 생각이 듭니다. 그래서 청소년 시절로 돌아가면 책을 많이 읽고 싶습니다. 독서도 훈련입니다. 어릴 때부터 꾸준히 독서를 하면 속독도 가능하고, 이해력도 높아져서 더 효과적으로 많은 책을 읽을 수 있습니다. 청소년 시절로 돌아간다면 책을 많이 읽고, 책 읽는 훈련도 하고 싶습니다.

Q11 엔지니어로서 앞으로의 계획이 궁금합니다.

열 병합 발전기의 큰 개념은 변하지 않으므로 운전을 해 본 경험을 바탕으로 앞으로 최적의 효율적인 운영을 하고 싶고, 만약 유지 보수 부서로 가게 된다면 빠른 시간에 문제를 해결할 수 있는 능력을 갖기 위해 노력하고 싶습니다.

예전에 〈부자 아빠 가난한 아빠〉라는 책을 읽은 적이 있습니다. 이 책의 주제는 '돈이 돈을 벌게 만들고, 하루빨리 은퇴해서 여생을 즐기라.'는 내용입니다. 옛날엔 이게 진리라고 생각했는데, 회사 생활을 하면서 조금 바뀌었습니다.

돈도 중요하지만 일도 직장 동료들도 제 인생의 한 부분이라는 것을 깨달았습니다. 동료들과 서로의 삶을 얘기하고 조언도 주고받으면서 이 일을 오래 하고 싶어졌습니다. 앞으로도 계속 공부하면서 엔지니어로서 오랫동안 일하는 것이 제 계획입니다.

Q12 엔지니어를 꿈꾸는 청소년들이 준비해야 할 것이 있다면 무엇일까요?

저는 청소년들이 꿈을 너무 일찍 정하지 않았으면 좋겠습니다. "난 의사가 돼야지." 혹은 "난 선생님이 될 거야." 등 어른들이 정해 준 직업을 선택하고, 그런 사람이 되기 위해 자신의 삶을 허비하는 청소년들을 보면 안타깝습니다.

저도 발전소에서 운영 근무를 하게 되리라고는 한 번도 생각해 본 적이 없습니다. 그냥 열심히 준비하고 취업 원서를 쓰다 보니 이곳에서 일하게 되었습니다. 다행히 제 성격과 잘 맞는 일이기 때문에 매우 만족하고 있습니다.

청소년들이 인생의 목표를 정하기 전에 먼저 자신을 제대로 알아가는 시간을 갖기를 바랍니다. 자신이 좋아하는 것이 무엇이고 어떤 일을 할 때 가장 행복한지, 평생 어떤 일을 하면서 살고 싶은지 등에 대해 부모님, 선생님, 친구들과 많은 대화를 해 보기 바랍니다. 어떤 때는 자기 자신보다 주변 사람들이 더 정확하게 보는 경우가 많습니다.

이런 과정을 거친 후 엔지니어가 되고 싶다면 무엇보다도 수학 공부를 열심히 해야 합니다. 공학 공부의 반 이상이 수학입니다. 모든 현상을 수학으로 설명하고 모든 것을 수치화시키고 계량화시켜 가격으로 환산하기 때문에 수학이 많이 필요합니다.

그리고 호기심을 많이 갖기를 바랍니다. '에어컨을 켜면 시원한 바람이 나오는구나.'라고 당연하게 여기지 말고 '에어컨은 어떻게 해서 시원한 바람을 만들어 낼 수 있을까?' 하는 호기심을 갖고 인터넷 검색을 해 보거나 관련 도서를 찾아 읽고 그 원리를 이해하는 자세가 공학도로서 좋은 모습입니다.

어떤 교수님이 "공학은 돈이다."라는 말씀을 하셨습니다. 한 예로 냉장고를 너무 튼튼하게 만들면 가격이 비싸집니다. 비싸면 잘 팔리지 않겠지요. 그렇다고 적당한 재료를 사용해서 적당히 만들면 가격은 저렴해지지만 내구성이 좋지 않아 잘 팔리지 않게 됩니다. 소비자가 원하는 성능, 그리고 원하는 가격에 맞춰 제품을 생산해야 이익을 낼 수 있습니다. 그리고 그 시작이 바로 공학입니다.

219

Q13 엔지니어가 아니라 직장 선배로서 미래의 직장인인 청소년들에게 조언 한 마디 해 주세요.

저는 인격과 경쟁·협력에 대해 말하고 싶습니다. 오랜 직장 생활 후에 은퇴하신 분들에게 "직장 생활에서 가장 어려웠던 점은 무엇입니까?"라고 물어보면 대부분 "인간관계가 가장 어려웠다."라고 말씀하십니다. 저도 직장 생활을 하면서 동의하는 부분입니다.

사람과 사람이 어울려 살아가는 사회에서는 이해관계 때문에 갈등과 잡음이 생겨납니다. 아무도 손해 보고 싶어 하지 않으므로 갈등은 심화되게 마련입니다. 이런 상황들의 타협점을 찾고 중재해서 문제를 해결하기 위해 가장 중요한 것은 인간관계의 기술이 아닌 인격이라고 생각합니다. 상대방의 입장에서 생각하고 진심과 예의를 다해 상대방을 대하고, 해결책이 보이지 않을 때에도 실망하지 않고 절차에 맞게 하나하나 해결해 나갈 수 있는 긍정적이고 진취적인 인격을 갖추기 위해 저도 매일 노력하고 있습니다.

청소년 여러분도 이런 노력을 했으면 좋겠습니다. 특별한 방법이 있는 것은 아니지만, 지금 반 친구들과 다툼이 있을 때, 그 원인을 분석해 보고 내가 잘못한 것은 무엇인지 반성하는 시간을 가질 때 멋진 인격체로 성장할 것입니다.

두 번째는 경쟁과 협력에 대해 말하고 싶습니다. 모두가 현대는 경쟁 사회라고 말하고, 저도 그렇게 생각하면서 늘 친구들과 경쟁하며 살아왔습니다. 옆에 있는 친구를 경쟁자로 정하고, 친구보다 잘하기 위해 노력했지요. 능력이 있는 사람만이 원하는 것을 얻을 수 있기 때문에 경쟁은 필연적이지요. 그런데 너무 빨리 경쟁할 필요는 없다고 말하고 싶습니다.

제 경우 중고등학교 친구들 중에 연락되는 친구는 다섯 명 정도입니다. 그런데 이 친구들에겐 경쟁의식이 전혀 없습니다. 함께 어린 시절을 보냈던 소중한 친구들이기 때문에 늘 잘되기를 바라고, 지금은 연락되지 않는 옛 친구들도 잘 살고 있는지 궁금합니다. 돌이켜보면 평생의 친구들을 만날 청소년 시기에 경쟁 때문에 많은 친구들을 잃는 게 아닌가 안타깝습니다.

지금 옆자리의 친구는 경쟁 상대가 아니라 서로 도움을 주고받아야 할 협력자들입니다. 경쟁보다는 서로 도와주는 협력을 먼저 배우고 실천했으면 좋겠습니다. 먼 훗날 직장에서도 경쟁보다 협력이 필요할 때가 더 많습니다. 꼭 기억하길 바랍니다.

실재형 출처

공통 출처

– 〈한 권으로 보는 그림 직업 백과〉: 유수정 · 조은주 글. 진선아이. 2009
– 〈21세기 웅진학습백과사전〉
– 고용노동부 워크넷(www.work.go.kr)
– 진로정보망 커리어넷(www.career.go.kr)

요리사

– 〈궁금해요! 요리사가 사는 세상〉: 박찬일 · 김성호 지음. 창비. 2010
– 〈요리사가 말하는 요리사〉: 한영용 외 지음. 부키. 2011
– 〈맛을 지휘하는 요리사〉: 유영소 지음. 주니어랜덤. 2008

운동선수

– 〈태릉선수촌〉: 박선희 글. 국일아이. 2011
– 〈나도 멋진 프로가 될 거야〉: 다이안 린드시 리브즈 외 지음. 을파소. 2002
– 〈13살, 내 꿈을 잡아라〉: 한선정 글. 조선북스. 2009

군인

– 〈나는 해병이다〉: 김환기 글. 플래닛미디어. 2011
– 〈대한민국 공군의 위대한 비상〉: 김환기 · 임상민 글. 플래닛미디어. 2011
– 〈나의 직업 군인(육군)〉 청소년행복연구실 지음. 동천출판. 2014

농부

– 〈나는 농부란다〉: 이윤엽 글 그림. 사계절. 2012
– 〈행복한 어린이 농부〉: 백승권 글. 다산어린이. 2011
– 〈어진이의 농장 일기〉: 신혜원 글 그림. 창비. 2010
– 〈노야네 목장은 맨날 바빠!〉: 조혜란 글. 사계절. 2012
– 〈슬로 푸드 슬로 라이프〉: 김종덕 지음. 한문화. 2010
– 〈농업의 대반격〉: 김재수 지음. 프리뷰. 2014

엔지니어

– 〈인프라 엔지니어의 교과서〉: 사노 유타카 지음. 길벗. 2014
– 〈엔지니어 꿈, 도전, 그리고 성공방정식〉: 노영백 외 지음. 북마크. 2013
– 〈세상을 바꾸는 여성 엔지니어〉: 최순자 외 지음. 생각의 나무. 2014

직업의 세계

01 실재형 (R)

초판 1쇄 발행   2015년 5월 20일
　　5쇄 발행   2021년 9월 10일

저　　자 | 스토리텔링연구소
발 행 인 | 신재석
발 행 처 | (주)삼양미디어
등록번호 | 제10-2285호
주　　소 | 서울시 마포구 양화로 6길 9-28
전　　화 | 02 335 3030
팩　　스 | 02 335 2070
홈페이지 | www.samyangM.com

I S B N | 978-89-5897-298-3 (44370)
　　　　　978-89-5897-297-6 (6권 세트)